漢学とは何か

漢唐および清中後期の学術世界

川原秀城〈編〉

KAWAHARA Hideki

〈目次〉

漢学とは何か
漢唐および清中後期の学術世界

序文

漢学とは中国学において宋学と対をなす概念である。宋学は宋代に仏教理論の影響をうけて起こり、元明期に隆盛になり、清代初期に急速に影響力を失った儒学の二大流派の一つ。朱子学がその主流を構成する。隆盛期からいえば元学と称すべきであるが、古来、宋学と通称される。一方、漢学は宋学と学術精神を異にする儒学の二大流派の一つ。漢代以降、大半の時期、中国の学術に標準的な理論と方法を提供し、中国社会に規範として影響力を発揮した。宋学が漢学を訓詁のみと批判したため、そのように理解されることが多い。いわゆる漢唐訓詁学と清朝考証学がそれである。

本書は宋学を隠れた対概念としながら、漢唐・北宋および清中後期の学術を分析し、歴代漢学の総覧を通して学的特徴とその限界について考察することを企図する。

そもそも宋学は自らの性理学倫理学以外を「玩物喪志」と批判し、仏教道教を異学として排斥し、思想体系的な性格が強いが、漢学はむしろ思想の体系性よりも思想の客観性を重視し、雑学も含めて中国諸学に宥和的のみならず、外来学術にも好意的である。その排他性を嫌う学的性格のため、漢学の学術研究の範囲は驚くほど広い。今日の概念を借りていえば、人文学（狭義の哲学）のそれを大きく凌駕している。

経学の定義に即して、漢唐学と元明学と清学の研究対象の広狭をのべれば、漢唐の五経→元明の四書→清の二十一経がそれである。段玉裁など清朝漢学者は十三経にくわえて、(14)『国語』、(15)『大戴礼記』、(16)『史記』、(17)『漢書』、(18)『資治通鑑』、(19)『説文解字』、(20)『周髀算経』、(21)『九章算術』を必読の経書とし、歴史学・言語学・自然科学を含む広大な分野にたいして研究を展開した。特に清朝中期、従来術数学に属した天文算法類が経学に昇華したことは注目に値する。天文算法の経学化は宋学への反動と位置づけすべき現象であろうが、客観をことのほか重んじる漢学の特徴をよく説明してあまりある。

本書の重要な基本作業の一つは、学術研究の博さに焦点をあてつつ、漢学の諸成果を多角的に分析することである。多角的な分析を通して、正しい命題の理論的追求、換言すれば正統異端の分別を主とする宋学研究とは違った、客観を重んじる諸学並存的ないし相互補完的な知的世界がみえるにちがいない。漢学の客観性重視は、漢学が一面、今日の科学に比すことのできる論理主義的な傾向を強くもつことを示している。

ただ本書には大きな課題が一つ残っている。北宋学の思想史的な分析である。筆者は北宋の朝廷アカデミズムは漢唐のそれをよく継承したとみ、沈括や司馬光などを当時を代表する碩学ととらえるが、同解釈には反対する中国研究者も多いかもしれない。北宋期、朱熹に直結する二程の学が鬱然と起こったからである。だが南宋学（朱子学）勃興の最大の原因を朝廷アカデミズムの崩壊におけば、両宋間の巨大な精神の変化をうまく説明することができる。詳細な分析は将来の研究に譲るが、少なくとも朱熹の解釈に依拠して思想史の画期を考えることは客観性を欠くと思えてならない。

本書は二〇一九年五月十八日に開催の第64回国際東方学者会議のシンポジュウムの発表にもとづくものであるが、単行本とするにあたって、漢学の広範な諸成果を具体的に示すべく、掲載する論文数を大きく増やした。筆者のみるところ、漢学の博さを示すにはまだまだ足りないが、漢学の特徴はうまく明らかにすることができたと自負している。

掲載論文は併せて十三本、大きく四部に分類した。第一部四本は両漢、第二部三本は六朝唐、第三部四本は清の漢学を分析し、第四部二本は総論である。論文は漢学に造詣の深い研究者に執筆を依頼した結果、客観性に優れどれも精緻であるが、同時に個性的な性格も顕著である。先行研究とは一線を画した驚くべき内容も含んでいる。読者諸氏おかれては論文と知的格闘を試みられんことを心から希望してやまない。

二〇二〇年三月十五日

川原秀城 識

刊記　新型コロナウィルス禍が世界を襲い、人々は恐怖に駆られて蟄居屏息した。だが「尺蠖《しゃくかく》（尺取虫）の屈するは、以て信《の》びんことを求むるなり」。『易』繋辞下伝の短文は、禍後を待つのが新生であることをよく説明している。わたしも『易』にあやかって時の変化をありのままに受け入れ、禍後、分相応の自由／新生を若い友人たちとともに享受することにしよう。

本書は編集刊行に際して、吉田祐輔氏にまたもや、お世話になった。氏の編集は的確である。執筆者を代表して、衷心より御礼申し上げる。謝謝！

二〇二〇年六月十五日

班竹老人

今文・古文

川原秀城

かわはら・ひでき――東京大学名誉教授。専門は中国朝鮮思想史・東アジア科学史。主な著書に『中国の科学思想――両漢天学考』（創文社、一九九六年）、『関流和算書大成――関算四伝書』一～三期（共編、勉誠出版、二〇〇八～二〇一一年）、『西学東漸と東アジア』（岩波書店、二〇一五年）などがある。

経今文学と経古文学の争いは、漢代ひいては後代の儒学思想の帰趨を決定した重要な事件の一つである。だが従来の通論は二学の理論対立を強調して、今文学を今文専修、古文学を古文専修とした。だが実際には古文学者は今古文の兼修を通して自説を創成しており、今文も兼修していたことは間違いない。本文の目的は通論を修正するところにある。

一、今文学と古文学

今文学・古文学とは、漢学内の二つの異なる学問（学問傾向）のこと。今学・古学ともいう。漢代と清末民国期に大きく発展した。命名は経書の字体の相違に由来し、経書の読解や研究にあたって、今文学は漢代通行の文字（今文）で書かれた伝承の確かなテキストを重んじ、古文学は前漢末に新たに発見された秦以前の文字（古文）によるテキストを重んじた。経書の字句や解釈の違いが理論の鋭い対立を生み、学風をはなはだ異にした。

二、今文・古文の争い

劉歆は前漢末（前二十六～前七）、成帝の詔命をもって宮中の蔵書（秘書）を整理した際、古文で書かれた『春秋左氏伝』を発見し、その記事を引いて『春秋経』を解釈し、「転た相発明し」た。かくして古文経伝に章句義理が備わり、古文学が誕生した。建平元年（前六）、『左氏春秋』『毛詩』『逸礼』『古文尚書』を学官に立て博士の学としようとして、五経博士とその義を講論した。両学派の理論論争はそのときに始まる。劉歆は論争の際、前漢の経学（いわゆる今文学）を次のごとく位置づけ、古文学研究の必要性を訴えた。

暴秦は経書を燔き、儒士を殺し、私家の蔵書を禁止し、道術は衰微した。漢の恵帝のとき蔵書の禁令が廃止され（前一九一）、文帝のとき衆書が世に出、武帝の建元年間（前一四〇～前一三五）、五経博士が初めて備わった。だが「全経を離るること、固よりすでに遠し」。魯の恭王は孔子の旧宅を壊した際、『逸礼』『古文尚書』などの古文経伝を壁中より発見した（前一四一）。孔安国がのちにそれらを漢廷に献上した。また『左氏春秋』は孔子に直接に教えを受けた左丘明の作であり、「秘府に蔵し、伏していまだ発せず」。成帝は当時の「学残文欠」を憂え、秘府の書を出して、経伝を校訂させた（前二十六～前七）。博士官の伝える経伝（今文経）は簡策が脱落し、配列の順序が乱れているものも少なくない。われわれが古文経を学官に立てんとするのは、優れた古文のテキストを経学の発展に寄与させたいからである（「移書譲太常博士」）。

劉歆は前漢経学史を上のごとくあとづけ、今文学全盛の当時にあって博士官の「拘守一経」「専己守残」を非難する。だが今文学を奉ずる博士よりみれば、前漢の伏勝（伏生）・董仲舒以来の確かな師承をもつ今文経に欠けたところなどあろうはずもなく、また『春秋経』の記述が哀公十四年の「獲麟」に終わるにもかかわらず『左氏春秋』は哀公二十七年にいたる出来事を記すなど、両書の記載が一対一に対応していない以上、『左氏春秋』を『春秋経』の伝（経の注釈）と認めることもできない。まして内容の浅深の順に並ぶ『詩』『書』『礼』『楽』『易』『春秋』という戦国以来の由緒正しい経書の順序を顛倒し、『易』『書』『詩』『礼』『楽』『春秋』と改め、資料的に怪しい古文経に則って孔子以来の「師法」を恣意的に改変するにいたっては、言語道断であり、誅殺に値する（公孫禄の非難）。光禄大夫の龔勝が「深く自ら罪責し」て辞任するを請い、大司空の師丹が「旧章を改乱し、先帝の立つるところを非毀す」と劉歆を弾劾したのは、今文学者として当然の反応ということができる。今文学の強い反対の結果、『左氏春秋』『毛詩』『逸礼』『古文尚書』が短期間とはいえ博士官に立てられたのは平帝の元始五年（後五）のことであり、『周礼』が学官に上ったのは王莽の居摂三年（後八）以後のわずかな期間にすぎない。

三、経今古文学に関する従来の研究

通説（たとえば、周予同「経今古文学」）によれば――、劉歆が経古文学を提唱し、今文学派とのあいだに激しい論争が繰り広げられた。二派は文字解釈のみならず理論学説までも相違し、自説を持して鋭く対立した。鄭玄や王粛の今古文の折衷ないし混淆にいたって、抗争は終息し学説は集大成された、という。

だが通説は、『漢書』律暦志(や五行志や芸文志)にみえる劉歆の経古文説を詳細には分析しておらず、かなりの修正を加えなければならない。

四、三統暦と経古文学

班固(『漢書』律暦志)は、劉歆が「『三統暦』及び『(三統暦)譜』を作り、以て『春秋』を説い」たことについて「推法、密要なり」と絶賛する。晋の杜預も『春秋長暦』において「劉子駿、三統暦を造り、以て『春秋』を修む」とのべている。劉歆は『春秋』の伝文を引用するときには、経今文学の『公羊伝』『穀梁伝』を引用せず、必ず経古文学の『左氏伝』を引用した。結局のところ、これは劉歆が経古文学すなわち『春秋左氏伝』、古史大系(新たな五徳終始説)を提唱したことを意味している。

劉歆の三統暦の暦議は下記の文章でもって「易と春秋」が「天人の道」であることを証明せんとした(『漢書』律暦志)。

経元一以統始、易太極之首也。春秋二以目歳、易両儀之中也。於春毎月書王、易三極之統也。於四時雖亡事必書時月、易四象之節也。時月以建分至啓閉之分、易八卦之位也。象事成敗、易吉凶之効也。朝聘会盟、易大業之本也。故易与春秋、天人之道也。

劉歆によれば、易学と春秋学はいずれも「天人の際」を解釈したものであり、その含意は同一の学的範疇に属するものにほかならない。劉歆のテーゼは、天人の学、いわゆる天人相与、陰陽災異の範疇において易学と春秋学、ひいてはあらゆる経学がたがいに結びつくことをのべており、天人の学が三統の哲学ないしイデオロギーの理論基部を定め、その思想体系を根底から支えたことをみごとに説明している。劉歆のみるところ、三統哲学は天人学としての経古文学にほかならない。

だが上記の『三統暦』からの引用文にたいして、全体として経今文学的なニュアンスに満ち溢れている、と感じるのはわたしのみではあるまい。事実、直接に経今文学の命題から出たことを証明しうる語句を指摘することも容易である。

たとえば、冒頭の「経元、一以て始めを統ぶ」の一句。春秋公羊学派の「元」の思想にもとづき、「大一統(一統を太ぶ)」の命題と大いに関連している。董仲舒はいう。「一を元と謂うは、始めを大ぶなり。……これ聖人は能く万物を一に属けてこれを元に繫ぐ。……元は猶お原のごとし。その義は以て天地に随いて終始するなり。……ゆえに元は、万物の本たり。しかして人の元、ここにあり。いづくにあるや。すなわち天地の前にあり」(『春秋繁露』玉英篇)。また「臣謹みて『春秋』の一を元と謂うの意を案ずるに、一は万物の従りて始まる所、元は辞の大(「本」字の誤まりか)と謂う所なり。一を謂いて元となすは、始めを大ぶを視して本を正さんと欲するなり」(天人対策の一、『漢書』董仲舒伝)と。

一方、「四時に於ては事なきと雖も必ず時月を書く」は、『春秋公羊伝』隠公六年の「此れ事なし。何を以て書く。『春秋』は事なきと雖も、首時過ぐれば則ち書く。首時過ぐれば則ち何を以て書く。『春秋』の編年は、四時具りて、然るのちに年をなす」に則っている。

劉歆の経学的著作の推論にはそのほか、経今文学にもとづく理論や語句が用いられているところも少なくない。そもそも三統説・三正説自体も、もとをたどれば今文尚書学派や春秋公羊学派や魯詩学派の学説である。十二消息卦の理論も、今文易学派の孟喜の唱導にかかっている。その点からいえば、劉歆が経学理論を組みたてる際に、今文義法を多く採用したことを事実無根と無下に否定することはできない。

劉歆と経今古文学については、われわれはいかに理解しいかに評価すべきか。わたしはその問題のばあい、基本的には楊向奎の学説に従うべきであろうと考えている。楊向奎によれば、劉歆は今文義法をもって古文経──『左伝』を解釈した者であり、その学風は東漢経師の今古文混合ないし折衷の「開端」(始まり)である。『三統暦』が暦をもって『春秋』を説き、多く『左氏』を引くのも事実であるけれども、同時に今文を排斥せず、『公羊』を排斥していない、云々と分析している(「論劉歆与班固」)。楊向奎は三統暦自体の構造や哲学についてほとんど検討していないが、その分析結果は基本的に正しい。とりわけ劉歆が今文説に依拠しながら古文経を解釈したと分析することは、注目に値する。かれの分析結果について強いて難点をあげつらえば、劉歆による今文義法の総合の面を強調しない点のみである。その点にかんして微修正を施せば、同説は現在においても理論的な使用に十分耐えることができる。三統暦の存在を全面的に否定でもしないかぎり、通説に反するとはいえども、劉歆が経今古文学の折衷を図ったことを認めざるをえないからである。

五、今文・古文の争い(続)──修正説

古文学者は、『春秋公羊伝』『春秋穀梁伝』の作者が「七十

子（孔子の弟子）の後に在る」のにたいし、『春秋左氏伝』の作者の左丘明は親しく孔子に見えたとし、伝聞の命題は直伝の知識に遠く及ばないことから『春秋左氏伝』を重んじ、また考古資料として当時通行の今文テキストの不備を正すことができるとし、訓詁解釈上、古文経の価値を高く評価したが、古文学の学術上の意味はわずかそれだけではない。それ以上に重要であるのは、博学多通を重視し、細かな章句にかかずらわず、今古文の六経すべてにわたって経伝を兼修兼通することを、経書研究の基本的な方法としたことである。古文学者はかくして劉歆以来、古文の経伝・学説にもとづいて今文の経伝・学説を正すのみならず、時には今文の経伝・学説を利用して自らの理論を構築し展開した。

たとえば、漢を火徳の王朝ととらえて巨大な歴史循環を説く劉歆の三統説（王莽の新以降、千年以上も踏襲された古史体系）は、もともと今文尚書学派や春秋公羊学派や魯詩学派の同名の理論に源を発し、五行説との理論的な整合を目指して義法を改編したものである。また許慎『五経異義』社主の項に引く古周礼説は、「虞祭の木主には桑を用い、練祭の木主には栗を用いる」というが、これは今文の『春秋公羊伝』文公二年の条にもとづいている。

今文学者は、古文学が経書の訓詁解釈を主とし経書の総体としての整合性を重視するのにたいして、一経のみを専修し、前漢以来自家に伝わる固有のテキストを墨守し、独自の章句家法を正確に展開した。かれらは複数の経伝（古文経伝も可）を学ぶことはあっても、五経間の理論の整合を追求せず、異家の学説を混じえようとはしない。後漢の五経博士の構成をあげれば、詩学――魯詩・斉詩・韓詩、書学――欧陽生・夏侯勝・夏侯建、礼学――戴徳・戴聖、易学――施讎・孟喜・梁丘賀・京房、春秋公羊学――厳彭祖・顔安楽の今文学を講ずる十四名の博士「十四博士」がそれであり、博士弟子の教育に際しては前漢以来の厳格な師法や詳細な章句を伝授し、妄りに一家の章句を改めることを許さなかった。光武帝期、短い期間、『左氏春秋』と『穀梁春秋』が学官に立てられたのをのぞいて、後漢の博士官の今文一尊のシステムにはほとんど変化がない。今文学者は、経書の社会理論「微言大義」を明らかにせんとし、経書の一字一句の義理を事細かに説明した。極端なばあい、小夏侯学（夏侯建の尚書学）を伝える秦恭は、尭典の「曰若稽古」の四字を説明するのに三万言を費やしたという（桓譚『新論』）。

代表的な今文の義法には、春秋公羊学の三科九旨説や斉詩の五際説などがある。三科九旨とは、『春秋』が殷と周の過去の王にたいし自らを新王にあてたこと（存三統）、治教が所伝聞の世＝衰乱↓所聞の世＝升平↓所見の世＝太平と進むこと（張三世）、王者が自国から始めて諸夏↓夷狄の順に天下を統一すること（異内外）である。また斉詩学派は、卯・酉・午・戌・亥の陰陽終始際会（五際）の年にあたって重大な政治的な変化が生じると主張した。

後漢を通じて、古文経の博士の設置はならなかったが、古文学は揚雄・鄭興・鄭衆・杜林・桓譚・陳元などの努力をもって学術上の影響力をしだいに増し、章帝期ごろには大きく勢力を伸張した。当時、古文学の台頭を促進した文化史上の事件には、班固『漢書』と白虎観経術会議と許慎『説文解字』などがある。

班固は「博く典籍に通じ、九流百家の学説を窮め尽くし、学問には特定の師をもたず、章句をなさず、大義を挙げるのみ」（本伝）「五経を旁貫す」（叙伝）など、古文学の理念をもって欽定の歴史書を完成した。『漢書』には律暦志や芸文志など劉歆の文章そのまま利用したところもある。伯祖の班斿は劉歆とともに秘書を校じ、成帝からその秘書の副本を賜った人物であり、班家と古文学の関係はもともと深い。

章帝は建初四年（七十九）、諸儒に詔して「章句の徒」が経書の「大体を破壊す」るのを正すべく、白虎観に会し「五経の異同を講議」させた。今文学者の魏応・丁鴻・楼望・魯恭・楊終・李育のほか、古文学者の班固・賈逵も会議に参加した。各派の義法は議論を通してかなり折衷され、その結果、今文説に基本的に左袒しながらも事実上古文説に接近したが、異説の宥和は各家義法の境界を曖昧にし、今文学のレーゾン・デートルを破壊した。会議を契機とした古文学の振興は当然の帰結である。

両漢期、古文学者には張敞・桑欽・杜林・衛宏・徐巡・賈逵など著名な小学家（文字学者）が多い。だが古文学の発展に最も影響が大きかった小学書といえば、許慎の『説文解字』を第一に推さねばならない。『説文解字』は『周礼』古文義法の六書説に則って漢字の成り立ちを説明し、また書中の正字や重文の「古文」にはみな壁中書など古文経のテキストの文字を採用した。まさに古文家の面目躍如たるところである。

今文学者は自学の危機に瀕し、古文学説の詳細な研究を行ない弱点を徹底的に批判した。李育は「頗る古学に渉猟し」『左氏伝』の文采を楽しんだが、章帝期、『難左氏義』をもって公羊博士になり、白虎観会議では公羊の義法を根拠として賈逵を論難した。また何休は「六経を精研し」、『春秋公羊解詁』や『公羊墨守』を著わして公羊学を顕彰し、『左氏膏肓』などを著わして左氏学を斥けた。また『周礼』を「六国陰謀の書」ととらえて全面的に排斥した。何休が漢代最後の今文学大師と称されるゆえんである。

古文学は馬融・盧植・服虔などの訓詁重視・五経兼修の姿勢をいっそう徹底させ、鄭玄にいたり今文学の偏狭な観念性を完膚無きまでに論破し「大典を括嚢し、衆家を網羅し」、漢代経学を集大成した。鄭玄の注釈書や著書はあわせて百余万言に達したが、とりわけ三礼注が重要である。理論構築の際には、『周礼』を中心として『儀礼』『礼記』を関連させ、学説を統一調和し、礼学の体系化を完成し礼制の無謬性を証明した。同時に礼書とそれ以外の経書の矛盾も無くし、五経体系の完璧と緻密を期した。今文・古文の争いはかくして古文学の理念の全面的勝利をもって終了したのである。

附記　本文は川原「今文・古文」（溝口雄三・丸山松幸・池田知久編『中国思想文化事典』、東京大学出版会、二〇〇一年、所収）を増補したものである。

劉歆の学問

井ノ口哲也

劉歆は、中国思想史上の最重要人物の一人であるにもかかわらず、劉向と王莽の影に隠されていて、単独でその学問が評価されることが少なかった。本稿では、王莽政権下における劉歆の古文テキストとの関わり、父・劉向とともに従事した校讎事業と劉歆が編んだ『七略』、劉歆思想の後世への展開と拡がり、の三点について考察した。

一、影の薄い知識人

中国思想史上における劉歆（前五〇頃～後二三）のイメージは、決して良いものであるとは言えない。何と言っても、二人の人物の影に隠されてしまっている。その二人の人物とは、大学者である父の劉向（前七七～前六）と、漢を簒奪して新をうち樹てた王莽（前四五～後二三）である。

劉歆は、父の劉向とともに担っていた宮中の図書の校讎事業を父の没後に引き継いで完成させたが、この事業はあくまで劉向歆父子二代にわたる事業であり、父の功績を飛び越して劉歆ひとりを評価するわけにはいかないし、どちらかと言うと、現代にあっても、劉向の仕事の方が注目されて評価されている。(1) 言わば、劉歆は、〝劉向あっての劉歆〟なのである。

王莽については、後漢初期の王充（二七～一〇〇？）が「桀・紂の悪は亡秦に若かず、亡秦は王莽に若かず」（『論衡』恢國篇）と述べ、王充と同時代人の班固（三二～九二）が王莽の人となりを「不仁」「佞邪」（『漢書』王莽伝の賛）と表現し

いのくち・てつや——東京学芸大学教育学部教授。専門は後漢思想史。主な著書に『入門　中国思想史』（勁草書房、二〇一二年）、『後漢経学研究序説』（勉誠出版、二〇一五年）、『教養の中国史』（共編著、ミネルヴァ書房、二〇一八年）などがある。

て「悪徳君主として糾弾」(2)しているように、王莽は後漢初期の知識人から極悪人と見なされている。劉歆は、前漢末の平帝期から新にかけて、政権を掌握した王莽のブレインとして活躍し、後述するように、政権の中枢から今文学派の博士たちを追い出して特定の古文テキストに博士を置くことを実現した。そのため、漢代の学問を研究対象とする清朝考証学者のうち特に今文学派の人たちから、劉歆は古文テキストの捏造者としてのレッテルを貼られ、批判された。その学問のレヴェルがきわめて高いにもかかわらず、劉歆のイメージが頗るよろしくないのは、極悪人王莽に附き従い、その力を借りて古文テキストを学官に立てたことが原因である。劉歆は、〝王莽あっての劉歆〟である、という一面も有している。(3)

このように、劉歆は劉向と王莽の影に隠されていて、単独でその学問が評価されることは少なかった、と指摘できる。加えて、私事にわたる事を記して申し訳ないが、筆者はこれまでに、中国思想の通史をものし、(4)尋いで後漢の経学に関する一書を上梓したが、(5)この二つの書を執筆した機会を通じて痛感させられたのは、筆者が漢代思想を研究対象にしている事による思い入れを割り引いても、中国思想史上の最重要人物の一人に、間違いなく、劉歆がいる、という事実である。

本稿は、劉歆思想の一端にしか触れられないが、以上が本稿を起こそうとしたゆえんである。

二、劉歆と古文テキスト

劉歆について調べる際に、まず目を通すべきものは、『漢書』楚元王伝附劉歆伝である。以下、基本的にこの伝記に基づき、(6)銭穆「劉向歆父子年譜」(7)等を用いながら、劉歆の生い立ちを確認し、劉歆と古文テキストとのかかわりについて考察したい。

劉歆は、字は子駿、前漢の高祖劉邦の末弟である楚元王劉交の五世の子孫に当たり、劉向の第三子である。「少くして『詩』『書』に通じ、能く文を属るを以て成帝に召見し、宦者署に待詔し、黄門郎と為る。」(劉歆伝)とあり、後述するとおり、実は、同時期に王莽も「黄門郎」として同僚であった。前二六年(河平三)、父の劉向は、中秘書(宮中の図書)の校讎を命ぜられた。校讎とは、同一書のいくつかのテキストを突き合わせ、木竹簡の配列を確定し、素(帛ともいう)に清書する作業である。劉歆は、「河平中、詔を受け父向と秘書を領校」(劉歆伝)した、とあるので、このころ、父と一緒に宮中の図書の校讎に従事していたのである。劉歆は宮中の図書を校讎するようになって、ある日、大発見をするのである。

劉歆伝の記述を見てみよう。

歆は宮中の図書を校讎するようになって、古文の『春秋左氏伝』を発見し、歆はそのテキストを非常に好んだ。当時、丞相史の尹咸が『左氏』をよく修得しており、歆と一緒に経伝を校訂した。歆は咸と丞相の翟方進からほぼ伝授され、大義を質し問うた。当初、『左氏伝』には古字・古言が多く、学習者は字義解釈を伝えるにすぎなかったが、歆が『左氏』を修得し、伝の文章を引いて経を解釈すると、未解決だった点がどんどん明らかになっていき、これにより章句義理がそなわった。

実は、このくだりは、歴史書において、はじめて明確に『春秋左氏伝』が登場したくだりである。皮錫瑞（一八五〇～一九〇八）の『経学歴史』は、

『史記』が『左氏春秋』と称し、『春秋左氏伝』と称していないのは、おそらく『晏子春秋』や『呂氏春秋』の類と同じように、別に一書を成しており、聖経をよりどころにしていないものであるからである。

と説明する。(8)『左氏春秋』は『史記』十二諸侯年表序に見えている。ただ、先の引用文に続く『漢書』劉歆伝の文章にも『左氏春秋』とある。文脈上、『左氏春秋』と『春秋左氏伝』を同じものと考えないと話が通じない。呼称が一定していなかったのであろうか。では、『左氏春秋』が出てくる劉歆伝のくだりを見てみよう。

……。歆は哀帝に近づくようになると、『左氏春秋』『毛詩』『逸礼』『古文尚書』を国家の学問として打ち立て、どれも学官に列したいと考えた。哀帝は歆に五経博士とその意義を議論させたところ、博士たちの中に賛成しない者がいた。歆はそこで太常博士に手紙を送り、責め立ててこう述べた。「……。」その言葉は非常に痛烈であり、儒者たちはみな歆をうらんだ。…（歆は誅罰をおそれ自ら地方の役人になることを願い出た）…。哀帝が崩御すると、王莽が政権を握った。莽は若い頃に歆とともに黄門郎だったことがあり、莽はその事を重んじ、太后に申し上げた。…（その結果、歆は復活した）…。歆は儒者たちの文書記録と占いの職（＝史官）を担当し、律暦（のシステム）を考察して安定させ、『三統暦譜』を著した。

ここに挙がった『左氏春秋』『毛詩』『逸礼』『古文尚書』は、いずれも古文のテキストである。ただし、このくだりでは、劉歆は王莽によって復活したことは分かるが、古文のテキストがどうなったかまでは分からない。そこで、次の記述を見てみよう。

平帝の時代に、さらに『左氏春秋』『毛詩』『逸礼』『古文尚書』を学官に立て、……。

（『漢書』儒林伝の賛）

これと併せると、劉歆が復活してほどなく、『左氏春秋』をはじめとする古文のテキストが学官に列せられたことが分かる。では、次の記述は、どうか。

劉歆は『周官』十六篇を『周礼』とみなし、王莽の時代に、歆は『周礼』を礼の経典としたい旨を奏上し、王莽は『周礼』に博士を置いた。(荀悦『漢紀』孝成皇帝紀二巻)

『周礼』も古文のテキストである。劉歆は、『周礼』を礼の経典に据えたのである。王莽自身も、『周礼』に基づいて周代の政治を復古させるべく、土地制度の改革や商工業の統制、貨幣制度の改革といった経済政策を実施した。

前漢時代は、口頭伝授のいわゆる今文のテキスト一つを専門とした博士たちが政権の要職を占めていた。そこに、秦の焚書で難を免れて再び世に出てきたとされる古文のテキストの正統性を主張して現れた劉歆の意図は、いったい何だったのか。政権の中枢を占める博士の座を得ようとするばあい、従来の今文テキストの修得だけでは、所詮、二番煎じでしかない。劉歆は、今文テキストの博士たちに太刀打ちできるのは、新機軸の古文しかない、と考えたのである。

三、劉歆の『七略』

目録学は、劉向・劉歆父子に始まる。ここでは、残されている記録を頼りに、劉向・劉歆の校讎について述べていこう。まず、『漢書』藝文志には、次のように記録されている。

成帝の時代になると、書籍が散佚したことを受けて、謁者の陳農にのこっている書籍を世の中から集めさせた。成帝は詔をくだして光禄大夫の劉向に経伝・諸子・詩賦を校讎させ、歩兵校尉の任宏に兵書を校讎させ、太史令の尹咸に占卜の書籍を校讎させ、侍医の李柱国に医薬の書籍を校讎させた。一書の校讎が終わるたびに、劉向はその書籍の篇目を列挙し、その趣意をつまみとり、記録してそれを奏上した。

先秦の書籍は、始皇帝による挟書律(民間人の蔵書を禁止する命令)と焚書・坑儒、そして前二〇六年の項羽(前二三二〜前二〇二)による都・咸陽の焼き打ちによって灰燼に帰したとされる。漢の恵帝の時代に挟書律が解除されると、隠されていた先秦の古書籍が出現し始めた。その後、武帝期になって以降、「孝武皇帝、丞相の公孫弘に勅し、広く献書の路を開かしめ、百年の間、書の積むこと丘山の如し。」(『太平御覧』巻八十八所引『七略』)と言われるほど、朝廷における書籍の収集が盛んに行われた。その集められた書籍が、成帝の時代に整理されることになり、劉向・劉歆が宮中の書籍の校讎事業に従事することになったのである。

劉向は、一つの書物の校讎がおわるたびに、その書物に関する記録をとった。これを書録（または叙録）という。この各書の書録については、梁の阮孝緒（四七九〜五三六）が、

むかし劉向は書籍を校讎するたびに書録をつくり、その書籍の趣旨を筋道立てて説明し、その書籍の誤りを識別した。校讎をおえたものから奏上し、いずれの書録も当該書に附載した。当時また別に多くの書録を集め、これを『別録』といった。すなわち今の『別録』がこれである。

（『広弘明集』巻三所収「七録序」）

と述べている。書録を集めて別に一書にしたものを『別録』といった。『別録』それ自体は、唐末五代の動乱で亡佚したが、『管子』『晏子春秋』『荀子』『列子』『鄧析子』『関尹子』『韓非子』『戦国策』『山海経』の書録は今日に伝わる。このうち、『山海経』の書録は、劉歆が書いたものである。

宮中に集められた書籍は、具体的にどのように校讎されたのか。当時の書写材料に注目して、次の記述を見てみよう。

劉向の『別録』によれば、「殺青」とは、ただ竹を処理して簡書を作ることにほかならない。新しい竹には汁があり、折れやすく虫に喰われやすい。およそ竹簡を作る場合は、いずれも火の上で竹をあぶって乾燥させる。陳や楚の地域では、この作業を「汗」と言うが、「汗」とは竹の汁を除去することである（＝汗簡）。呉や越の地域では（この作業を）「殺」と言うが、やはり（竹の青みを）処理することである（＝殺青）。劉向は成帝のために書籍の校讎を二十数年担当したが、どの書籍もまず竹簡に記してから、それを改変して稿本を定め、清書してよいものは素に記したのである。

（『太平御覧』巻六百六所引『風俗通』）

すなわち、宮中で整理される書籍は、まず下書きとして竹簡に記される。そして、全国から集められた複数の同一書のテキストをつき合わせ、文言や木竹簡の配列を照合し確定させる作業を行う。そうしてできあがるのが稿本となる。稿本を検討して問題がないばあい、高級な書写材料である素（帛書）に清書された。清書するということは、その決定版を作成することを意味する。高級な書写材料である素に記される段階は、文言を改変することのない決定版の清書の段階だったのである。

宮中の書籍の整理事業は、劉向の生前には終わらなかった。父・劉向の没後、息子の劉歆がこの事業を継続することになった。次の文章は、その顛末を記したものである。

劉向が死ぬと、哀帝は向の子で侍中奉車都尉の歆に父の業務を（継続させ）完了させた。歆はその際（宮中の）群

書を総括して『七略』を（編んで）奏上した。（『七略』には）輯略・六藝略・諸子略・詩賦略・兵書略・術数略・方技略（の七部門）がある。いま（わたくし班固は）『七略』の枢要をとって、この書（『漢書』）に入れた。

（『漢書』藝文志）

劉歆は、父・向の死後、宮中の書籍整理の業務を継いで完了させた。『七略』は、劉歆によって編纂された中国最初の漢籍目録であるが、父・向が記した書録があってこそ成ったものであり、これは、父子二代にわたる仕事である。

ところで、『隋書』経籍志の史部・簿録には、

七略別録　二十巻　劉向撰

七略　七巻　劉歆撰

が著録されている。『七略別録』とは『別録』のことであり、清の姚振宗（一八四二〜一九〇六）は、

劉向は校讎を担当したが、（彼が死んで）仕事を終えていない以上、『別録』は成書の過程を経ていない。二十巻が伝わってきたが、おそらくは子駿が『七略』を奏上した時に成ったのであろう。（『隋書』経籍志で）『七略別録』といっているのは、『七略』のほかに、別にこの書録があった、という意味である。劉向の当時は（『別録』は）まだ奏上されていなかったのである。

（姚振宗『七略別録佚文』叙）

と考察している。『七略』それ自体も唐末五代の動乱で亡佚し伝わらないが、劉歆の没後約六十年を経て、『漢書』の中心編纂者である班固が『七略』の枢要をとって『漢書』に編入した。これが『漢書』藝文志である。したがって、亡佚した『七略』の分類の大要は、今日、『漢書』藝文志を通して、間接的に知ることができる。『漢書』藝文志は、現存最古の漢籍目録である。

『七略』は、『漢書』藝文志の記述によると、輯略・六藝略・諸子略・詩賦略・兵書略・術数略・方技略で構成されていたようである。しかし、現在伝わる『漢書』藝文志は、六藝略・諸子略・詩賦略・兵書略・数術略・方技略で構成される。両者の違いは、二つある。

一つは、輯略の有無である。顔師古が「「輯」は「集」と同じで、多くの書物の総まとめを意味する。」と注しているように、輯略はおそらく他の六略に収められる書籍の総論であり、少なくとも書籍の目録部分に該当しない、と思われる。二つは、「術数略」か「数術略」かの違いである。これについては、後漢時代に術数も数術もほぼ同様の意味で使われている形跡があり、術数ないし数術と呼ばれる独立した学問領域があったものと解しておくのがよい。(9) したがって、『漢

書』藝文志の分類は、輯略をのぞく六略で考えればよい、ということになり、つまるところ、『七略』は六分法を採用していたのである。事実、班固と同時代人の王充の『論衡』には、「『六略』之録、萬三千篇」（案書篇）、「案『六略』之書、萬三千篇」（對作篇）という記述がある。この『六略』とは（輯略を数えていないと思われる）劉歆の『七略』のことであり、王充は劉歆の『七略』に目を通していた、ということになる。ちなみに、『七略』を踏襲している『漢書』藝文志の末尾にも、「大凡書、六略三十八種、五百九十六家、萬三千二百六十九巻」とあり、「六略」という語が使用されている。『論衡』も『漢書』藝文志も、実質をとって「六略」と呼んでいるのであろう。

ところが、この六分法は、『七略』本体の分類のみならず、その一部門である六藝略の分類にも採用されている。六藝略の分類構造について、次のような記述がある。

六経の文について言えば、『楽』は精神を柔和にする。「仁」の表れである。『詩』は言を正す。「義」のはたらきである。『礼』は秩序を明らかにする。明らかというのは顕著に現れるということであり、それゆえ（「礼」の）字義解釈は無いのである。『書』はあまねく政治を行う。「知」の術策である。『春秋』は事の是非を決する。「信」のしるしである。五者は、五常（＝仁・義・礼・知・信）の道であり、お互いを必要としあって完備する。そして『易』はこれらの源である。それゆえ（『易』繋辞上伝に）「『易』が見られないのであれば、乾坤（＝天地陰陽のはたらき）はおそらく終息したに等しい。」というのであるが、これは（『易』が）天地と終始をともにする（＝『易』は不易である）という意味である。（一方、『詩』『書』『礼』『楽』『春秋』の）五学は、時代によって改変する。それはまるで五行が交互に勢力をふるうようなものである。　（『漢書』藝文志・六藝略・大序）

すなわち、六藝略においては、『易』が他の五経（『詩』『書』『礼』『楽』『春秋』）を統べる構造になっている。六藝略の分類構造と『七略』（『漢書』藝文志）そのものの分類構造とが、ともに六分法を採用していることについて、川原秀城氏は、次のように解説し考察している。

……、不易の易学にたいし、世々変化していく五学の源流ないし統括者というもっとも枢要な地位を与えている。一方、学術総体の構造については『漢書』芸文志のなかに強いてとりあぐべき言及もないが、少なくとも、その書籍分類において経学の価値が突出しており、六芸における易経のごとく、経学を、諸学の源流と位置づけ、特別重要な位置に据えていたことは疑うべくもない。ほんらい何の関係もあろうはずもない『七略』の二重の分類構造が、まったく等しく、易学と六芸を諸学の源流と位置づけていたからには、劉歆は学術総体の六分分類についても、不易の経学が、その他の価値的に上下のない五術を統べるという、六芸のばあいとパラレルの構造ないし組織を想定していた、と考えざるをえないであろう。(10)

すなわち、六藝略が「その他の価値的に上下のない五術」(五略)を統べるという経学至上主義の学術分類システムにおいて、六藝略で『易』が他の五経を統べていることからは、『七略』(『漢書』藝文志)は『易』が当時の学術全体の筆頭であった、と言っても過言ではないのである。

このように、少なくとも『漢書』藝文志の時点では、『易』は経学を統べる役割を担っていた。ところが、その後、『易』を核とする経学の構造に変化が生じる。『周礼』が経学の中心とされてくるのである。

では、そのことは『七略』における学術分類が影響力を失ったことを意味するのであろうか。その答えは、否である。『七略』自体は、学術の四分法(漢籍の四部分類)が確立するまで、漢籍目録として、一定の影響力を保持していたようである。王倹(五世紀)の『七志』と阮孝緒の『七録』が、いずれも「七」という数に構成のバランスをもとめたのは、『七略』からの影響であると考えられるからである。(11)

四、劉歆思想の展開と拡がり

いま劉歆『七略』の後世への影響を垣間見たが、実は、中国思想史上には、劉歆思想を起点とする展開と拡がりを確認することができる。

まず、劉歆思想の展開については、川原秀城氏の次の文章を見てみよう。

班固は劉歆(?~後二三)に始まる思想運動、すなわち経古文学の理念や思想に共鳴し、『漢書』を執筆したが、その経古文学の理念を最もよく今日に伝えるのが、ほかならぬ律暦志と芸文志である。『漢書』十志は順に律暦・礼楽・刑法・食貨・郊祀・天文・五行・地理・溝洫・芸文とつづくが、経学に親和性の強い十志が先頭の律暦と末尾の芸文に劉歆の原典(『鍾律書』『三統暦』および『七略』)をほぼそのまま引用していることからいって、そのことは疑うべくもない。(12)

『鍾律書』と『三統暦』の考察については、かつては能田忠亮・藪内清『漢書律暦志の研究』によって、近年は南部英彦氏によって詳細な検討がなされているので、両者の御仕事を見ていただきたいが、いま近年の南部氏の御仕事のエッセンスだけを紹介すると、班固は、易学・洪範学・春秋公羊学を基軸として成る劉歆の三統説と不易の易学が他の五学を統べるという劉歆の六藝観「を継承したうえで、漢が天統・火徳に当り、堯の後継王朝であることを強調」した、とする。(13)

この班固の思想を全面的に継承しようとした人物がいた。張衡（七八～一三九）である。班固と張衡の作品をつき合わせて検討した岡村繁氏の次の文章を見てみよう。

ところで今試みに、あらましながら班固と張衡の作品を突き合わせてみた場合、この両者の間には、当時でも珍しいほどに、題材の類似した作品が目につく。すなわち、班固に長安と洛陽を比較した「兩都賦」があれば、張衡の方にもそれを模擬した「二京賦」があり、また班固にみずからの理念を表明した「幽通賦」があれば、張衡にも同様に「思玄賦」があり、また班固に自己を弁護した「答賓戲」「應議」があれば、張衡にもやはり「應間」と題する作品があり、さらには班固に『漢書』があれば張衡もまた『漢記』の編述に意欲を燃やす、といった調子である。思うに、この両者のように、かくも類似した作品を、かくも多面的に持ち合わせている文人は、当時のごとく前人の模擬を事とした時代においても、なお極めて稀有な事例に属するであろう。そして、それだけに、こうした両者間のしばしばな類似には、単なる模擬とはいいにくい、意図的で執拗な創作上の思惑が介入していたかも知れないことを、われわれに予測せしめる。(14)

とりわけ、張衡の「二京賦」は、班固の「兩都賦」を擬して作成されたものであり、「精思傅会して、十年にして乃ち成」（范曄『後漢書』張衡列傳）った、という。なぜ、張衡は、班固の著作の模倣に徹したのであろうか。平心に考えれば、張衡は、班固を常に目標とし、班固の著作を研究し徹底的に模倣することで、班固になりたかったのではないか。いや、「二京賦」作成の十年にわたる「執拗」さと分量において「兩都賦」を凌駕していることを思う時、張衡は班固を徹底的に真似して彼を超えようとしたのではないか。ともあれ、張衡がこれだけ徹底して班固の作品や思想を模倣しているのであれば、その天文学思想においても、班固のそれを模倣しているに相違ない、と思われる。(15)

次に、劉歆思想の拡がりについては、出土資料に確認できる。敦煌懸泉置遺址から出土した前漢末期元始五年（後五年）の『四時月令詔條』には、劉向・劉歆の思想が反映されているとの指摘がある。(16) また、出土資料では、武夷漢簡『儀礼』の簡長が後漢初期の王充の『論衡』謝短篇に記される経書の簡長二尺四寸に相当するなど、中央から離れた遠方の地域にまでも当時の経学的世界観が確実に拡がっていたことを認めることができる。清末の皮錫瑞『経学歴史』は、後漢時代を「経学極盛時代」と呼んだが、皮錫瑞が知らなかった出土資料によっても、前漢末期辺りから経学の顕著な影響をうかがうことができるのである。

おわりに

劉歆は、新への反乱軍の攻勢が激しさを増す情勢の中で、地皇四（後二三）年、自らの息子を王莽に殺害された怨みから新への謀反を図るが失敗し、自殺した。劉歆は、最期は哀れであったが、これまで見てきたとおり、その思想は着実に後学に受け継がれた。古文テキストの捏造に関する清朝考証学者たちの言説には本稿では立ち入らないが、それを抜きにしても、実は、清代の漢学において劉歆から大きな影響を受けていた人物がいた。章学誠（一七三八～一八〇一）である。梁啓超（一八七三～一九二九）の『清代学術概論』には、次のように記されている。

章学誠が考証学に汲々としなかったのは、正統派と異なる点である。また「六経皆史」を言って劉歆の『七略』をきわめて尊重したのは、今文家と異なる点である。(17)

章学誠の有名な「六経皆史」は、実は、劉歆思想の班固への展開に影響を受けたものである。(18) それは、章学誠が、決して古文学派に与して劉歆・班固を選んだわけではなく、漢代の学問の確かな拠り所として劉歆・班固を選んだにすぎない。劉歆の学問は、今文学・古文学といった人為的な学派対立を超越し、漢代の学問の確かな拠り所として清代にも存在したのである。

注

(1) 現代にあっても、例えば、人物伝で中国思想の歴史をたどる日原利国編『中国思想史』上（ぺりかん社、一九八七年三月）は、漢代については、董仲舒・司馬遷・劉向・揚雄・王充・何休・蔡邕・鄭玄・仲長統の九人の伝記を掲載しているが、劉歆は劉向の目録学の説明の中でわずかに言及されるにすぎない（宮本勝「劉向　中国目録学の鼻祖」を参照）。これ以前の同様の企画の本である東京大学中国哲学研究室編『中国の思想家』上巻（勁草書房、一九六三年五月）が、漢代の思想家としてとりあげているのは、賈誼・劉安・董仲舒・司馬遷・揚雄・王充・許慎・鄭玄・何休・仲長統というラインアップであり、劉向すら扱われていなかった。また、評伝類においても、徐興無『劉向評伝（附 劉歆評伝）』（南京大学出版社、二〇〇五年五月）では、劉歆伝は劉向伝の附録扱いである。近年も、秋山陽一郎『劉向本戰國策の文献学的研究　二劉校書研究序説』（朋友書店、二〇一八年七月）や古勝隆一『目録学の誕生　劉向が生んだ書物文化』（臨川書店、二〇一九年二月）といった劉向・

劉歆の仕事を研究対象にした研究書が出版されたが、表に出てくるのは、やはり劉向の名である。そして、最近出版された湯浅邦弘編著『中国思想基本用語集』（ミネルヴァ書房、二〇二〇年三月）には、「第二章――中国思想の本源」において「劉向」と「目録学」という二項目において劉歆に言及がある程度の扱いとなっている。

（2）東晋次『王莽　儒家の理想に憑かれた男』（白帝社、二〇〇三年十一月）の「終章」の「班固の王莽評価」三〇七頁。

（3）王莽を研究対象とする書籍は、例えば、孟祥才『王莽伝』（天津人民出版社、一九八二年十二月）、周桂鈿『王莽評伝――復古改革家』（広西教育出版社、一九九六年八月）、葛承雍『王莽新伝』（西北大学出版社、一九九七年三月）というように中国で先行して出版されていたが、二十一世紀に入ってから、東晋次『王莽　儒家の理想に憑かれた男』（前掲）、渡邉義浩『王莽――改革者の孤独』（大修館書店、二〇一二年十二月）、渡邉義浩『「古典中國」の形成と王莽』（汲古書院、二〇一九年八月）と日本でも出版されてきている。この理由について筆者の見方はあるのだが、ここでは記さない。むしろここで記すべきは、王莽を研究対象とする書籍が出版されることによって劉歆も必ず言及されることになる、ということである。

（4）井ノ口哲也『入門　中国思想史』（勁草書房、二〇一二年四月）。

（5）井ノ口哲也『後漢経学研究序説』（勉誠出版、二〇一五年二月）。

（6）古勝隆一『目録学の誕生　劉向が生んだ書物文化』（前掲）は、第4章の第一節において、楊樹達や徐興無の学説を踏まえ、「以上のことが正しいとすれば、『漢書』楚元王伝は、劉向・劉歆がみずから書いた彼ら一家の歴史であることになる。」（一〇六頁）と述べている。筆者も、これに従う。

（7）銭穆「劉向歆父子年譜」（一九三〇年発表。いま銭穆『兩漢經學今古文平議』〔商務印書館、二〇〇一年七月〕所収のものを用いる）。

（8）皮錫瑞『經学歴史』（周予同注釋本、中華書局、一九五九年十二月）の「三　經學昌明時代」。邦訳は、井澤耕一・橋本昭典「皮錫瑞『經学歴史』訳注（三）」（『千里山文学論集』第五〇号、関西大学大学院文学研究科院生協議会、一九九三年九月）を参照。

（9）劉歆にとっての数術そしてその術数学的思索については、川原秀城「中国の「計量的」科学」（原載誌掲載は一九九三年六月／川原秀城『数と易の中国思想史――術数学とは何か』、勉誠出版、二〇一八年五月）、平澤歩「王莽「奏郡神爲五部兆」の構造――劉歆三統理論との類似について」（池田知久・水口拓壽編『中國傳統社會における術數と思想』、汲古書院、二〇一六年十二月）を参照。

（10）川原秀城『中国の科学思想――両漢天学考』（創文社、一九九六年一月）七六頁。また、同書七六頁の、六藝略の分類構造と『七略』（『漢書』藝文志）の分類構造を示した図も参照。

（11）現存最古の漢籍目録は『漢書』藝文志であり、現存する二番目に古い目録が『隋書』経籍志である。両者の時間的な隔たりは約六百年であり、その間にいくつか目録が編まれたが、それらは今日伝わらない。そのうち、『七志』と『七録』については、目録の構成が伝わっている。『七略』『七志』『七録』の構成を並べて挙げてみると、次のとおりである。

『七略』―輯略・六藝略・諸子略・詩賦略・兵書略・術数略・方技略

『七志』―経典志・諸子志・文翰志・軍書志・陰陽志・術

藝志・図譜志　附道・佛

『七録』―経典録・記伝録・子兵録・文集録・技術録・佛録・道録

『七略』から『七志』『七録』への変化として、魏晋南北朝時代の特徴である道教・佛教の影響力や、歴史書の飛躍的増大（『七録』記伝録）が分類に反映されているものの、『七志』も『七録』も、基本的な分類の枠組は『七略』を踏襲している、と見てよいであろう。なお、王倹については、洲脇武志「王倹の学術」（榎本淳一・吉永匡史・河内春人編『中国学術の東アジア伝播と古代日本』勉誠出版、二〇二〇年一月）を参照。

(12) 川原秀城「第二巻「漢書律暦志の研究／隋唐暦法史の研究」解題」、『藪内清著作集』第二巻、臨川書店、二〇一八年九月）、四五七頁―四五八頁。

(13) 能田忠亮・藪内清『漢書律暦志の研究』（全国書房、一九四七年／臨川書店、一九七九年／『藪内清著作集』第二巻、臨川書店、二〇一八年九月）、南部英彦「劉歆の三統説・六藝観とその班固『漢書』への影響――「天人の道」の分析を通して」（『山口大学教育学部研究論叢』第六七巻、二〇一八年一月）と、これに関連した南部英彦「班固「典引」「両都賦」の天人論の特色」（『山口大学教育学部研究論叢』第六八巻、二〇一九年一月）を参照。南部論文からの引用は、前者の二八九頁から。このほか、川原秀城『中国の科学思想――両漢天学考』（前掲）の「Ⅳ　劉歆の三統哲学」、石合香「暦法からみた漢火徳説の再検討」（『日本中國學會報』第四十八集、日本中國學會、一九九六年十月）、佐川繭子「劉歆の三統説について」（『二松學舍大学人文論叢』第八六輯、二松學舍大学人文学会、二〇一一年三月）、佐川繭子「劉歆「世経」の示す歴史認識について」（『國學院雜誌』第一一七巻第一一号、國學院大學、二〇一六年一一月）を参照。

(14) 岡村繁「班固と張衡――その創作態度の異質性」（『小尾博士退休記念中國文學論集』、第一学習社、一九七六年三月）、一三八頁。

(15) 近年出版された髙橋あやの『張衡の天文学思想』（汲古書院、二〇一八年十二月）は、張衡についての画期的な研究書として注目されるが、今後は、この研究成果を踏まえて、班固の思想との関連で検討することが漢代思想の一つの課題であろうか。

(16) 中国文物研究所・甘粛省文物考古研究所編『敦煌懸泉月令詔條』（中華書局、二〇〇一年八月）の「敦煌懸泉置出土《四時月令詔條》研究」、馬場理惠子「「主四時」と月令――敦煌懸泉置出土『四時月令詔條』を手掛かりとして」（『日本秦漢史学会会報』第七号、日本秦漢史学会、二〇〇六年十一月）、馬場理惠子「時の法令――前漢月令攷」（『史窗』第六四号、京都女子大学史学会、二〇〇七年二月）を参照。

(17) 梁啓超『清代学術概論』の「十九　桐城派与章学誠」。邦訳は、梁啓超著・小野和子訳注『清代学術概論――中国のルネッサンス』（平凡社、一九七四年一月）の二二三頁を参照。

(18) 梁啓超著・小野和子訳注『清代学術概論――中国のルネッサンス』（前掲）の二二九頁の小野和子氏の注20「劉歆と班固は、百家九流はみな古えの官守より出ず、としたが、これは、章学誠の六経皆史説の出発点となったものであった。」を参照。

『洪範五行伝』の発展と変容

平澤 歩

ひらさわ・あゆむ――（株）松富士食品係長、早稲田大学人間科学部非常勤講師。専門は経学史、五行説史。主な著書・論文に『全訳後漢書』第七冊（渡邉義浩・高山大毅・平澤歩共編、汲古書院、二〇一二年）、「王莽「奏群神爲五部兆」の構造――劉歆三統理論との類似について」（池田知久・水口拓寿編『中國傳統社會における術數と思想』、汲古書院、二〇一六年）などがある。

『洪範五行伝』は当初、尚書学の中でのみ用いられていた。しかし、劉向・劉歆によって他経と関連付けられ、尚書学の枠を越えて用いられるようになった。このような学術の変容に伴い、やがて『洪範五行伝』のテキスト自体が変化し、本来『尚書』と関係しない様々な事物をも述べるようになった。このことについて、本稿は諸文献に見える引文を参照しながら論じる。

一、『洪範五行伝』の構造

『洪範五行伝』とは、失政と災異（天譴・天罰として生じる災害・異変）とを関連づけ、災異に対処する方法を示した文献である。概ね前漢中期までには成立し、活用されていたと考えられる。(1)

この文献の特徴として、『尚書』洪範の文言を敷衍していることが挙げられる。つまり、『尚書』に関連して形成された学術であり、当初この文献を用いたのは夏侯尚書の学者たちだった。

（1）『尚書』洪範の概要

『洪範五行伝』の元となった『尚書』洪範篇は、為政の要点として九つの項目（洪範九疇）を述べている。後の『洪範五行伝』に用いられたのは、洪範九疇のうちの第一項「五行」・第二項「五事」・第五項「皇極」・第八項「庶徴」・第九項「五福六極」の文言である。以下、これら五項目の内容を示す。

第一項「五行」

水——潤下　火——炎上　木——曲直

金——従革　土——稼穡

第二項「五事」

貌——恭——粛　言——従——乂　視——明——哲

聴——聡——聖　思——睿——聖

第五項「皇極」

皇極

第八項「庶徴」

雨　暘　燠　寒　風

・休徴

粛——時雨　乂——時暘　哲——時燠

謀——時寒　聖——時風

・咎徴

狂——恒雨　僭——恒暘　豫——恒燠

急——恒寒　蒙——恒風

第九項「五福六極」

・五福

寿　富　康寧　攸好徳　考終命

・六極

凶短折　疾　憂　貧　悪　弱

第二項「五事」に挙げられる「粛」・「乂」等が第八項「庶徴」の休徴の中にも見えるが、その他の事柄については、項目を越えての関連を見出すことはできない。つまり、『尚書』洪範篇は基本的に諸項目に属する事柄を列挙するのみであり、項目を越えたつながりを明確に説いてはいない。

（2）『洪範五行伝』の構造

一方、『洪範五行伝』は、洪範九疇の第二項「五事」や第五項「皇極」を、第八項「庶徴」や第九項「五福六極」と関連付けている。すなわち、「五事」や「皇極」の不調を原因として、「庶徴」や「六極」に挙げられた災異が生じるとしている。以下、その例を示す。[2]

貌之不恭、是謂不肅。厥咎狂、厥罰恒雨、厥極惡。時則有服妖、時則有龜孽、時則有雞禍、時則有下体生上之痾、時則有青眚青祥。惟金沴木。

（容貌が恭しくないこと、これを不粛（厳粛でない）という。これにより起こる咎徴は狂で、罰は時宜を得ない長雨、六極は悪に当たる。時に衣服の妖が起こり、時に亀の孽が起こり、時に鶏の禍が起こり、時に下半身のものが上半身に生えるという痾が起こり、時に青色の眚・祥が現れる。これらは金が木を損ねたのである。）

皇之不極、是謂不建。厥咎眊、厥罰恒陰、厥極弱。時則有射妖、時則有龍蛇之孽、時則有馬禍、時則有下人伐上之痾、時則有日月亂行、星辰逆行。

（君主が中正でないこと、これを「不建」（立たない）という。これによって起こる咎徴は眊で、その罰は曇天続き、六極では弱がこれに当たる。時に射にまつわる妖が起こり、時に龍・蛇の孽が起こり、時に馬の禍が起こり、時に下の者が上を伐つという痾が起こり、時に日月の運行が乱れ、星辰が逆行する。）

ここで挙げられている咎（「狂」）・極（「悪」「弱」）は、それぞれ洪範九疇の第八項「庶徴」・第九項「五福六極」にて凶事として述べられる事柄である。また、こうした災異を「沴」（五行の一つが別の一つないし四つによって損なわれること）として説明することにより、第一項「五行」にも関連付けている。

また、五行についての説でも、やはり洪範九疇すなわち『尚書』洪範篇の語句を敷衍して用いている。例えば以下の文では、「木」「曲直」がそれに当たる。

田猟不宿、飲食不享、出入不節、奪民農時、及有姦謀、則木不曲直。

（狩猟して休まなかったり、飲食に節度を失ったり、出入りに節度が無かったり、（農繁期に人々を使役して）農事を妨げたり、悪事を企んだりすることがあれば、木は曲げたり伸ばしたりできなくなる。）

このようにして作られた『洪範五行伝』は夏侯尚書の学派に伝わり、夏侯勝が謀反の企てを察知するのに用い、[3]また、その孫弟子の孔光が日食の示す意味を解釈するのに用いた。[4]

その一方で、劉向が宮中の書庫から見出すまでの間は、夏侯尚書以外の学派に用いられることは無かった。これは『洪範五行伝』が夏侯始昌・夏侯勝から代々の高弟のみに伝えられたということと、[5]前漢の経学が学派の純正を尊び、他派の経説を自派の学説に混ぜることを佳しとしないという事情があったからであろう。[6]

二、劉向『洪範五行伝論』

前漢後期、宮中の蔵書を調査していた劉向が『洪範五行伝』を見出し、これに基づいて『洪範五行伝論』を著した。[7]劉向の『洪範五行伝論』は、『春秋』をはじめとする諸文献に記録された災異記事を五行・五事・皇極に分類し、『洪範五行伝』に基づいて諸災異の原因を解釈した文献である。

『洪範五行伝』に基づく災異解釈自体は既に夏侯勝が行っており、『春秋』の災異記事に対する解釈も董仲舒が陰陽の説を用いて行っている。[8]しかし、『春秋』の記事を『洪範五行伝』によって解釈するという試みは、劉向の発明である。異なる学派の経・伝を総合して用いることを試みた、と謂うこともできるだろう。

（1）『洪範五行伝』に基づく『春秋』災異解釈

ここでは、劉向『洪範五行伝論』による災異解釈がどのような手法であったかを、『漢書』五行志に引かれた劉向説(9)を手掛かりに、具体的に検討する。

次の文は、郊祭の犠牲に用いる牛の口が傷ついたという『春秋』宣公三年正月の記事について、これを『洪範五行伝』の謂う「牛禍（牛に関する災異）」に分類することによって解釈を行っている。

宣公三年、郊牛之口傷、改卜牛、牛死。劉向以爲、近牛禍也。是時宣公與公子遂謀共殺子赤而立、又以喪娶、區霿昏亂。

（宣公三年、郊祭のための牛の口が傷ついた。そこで改めて占って別の牛を用意したところ、牛は死んだ。劉向は以下のように言う。これは牛禍と考えられる。当時、宣公は公子遂と共に企み、子赤を殺して即位した。更に、喪中に婦人を娶った。このように、暗愚で混迷していたためである。）

劉向説の中の「區霿昏亂」というのは、『洪範五行伝』が「思心之不容（思慮が寛容でないこと）」に対応する咎徴として挙げる「霿（愚昧で判断力に欠くこと）」に当たる。(10)『洪範五行伝』に於いて「牛禍」を引き起こすのは「思心之不容」であり、同じく「思心之不容」に分類される「霿」という状態を宣公三年当時の状況に当てはめた結果、この異常現象の原因を宣公の暗愚さと特定したのである。

また、以下の成公七年正月の記事については、ネズミが牛の角をかじったことを「青祥」に当てはめ、また「牛禍」にも当てはまるとして、二重に解釈を行っている。

成公七年正月、鼷鼠食郊牛角。改卜牛、又食其角。劉向以爲、近青祥、亦牛禍也。不敬而傋霿之所致也……（中略）……象季氏乃陪臣盜竊之人、將執國命以傷君威而害周公之祀也……（中略）……成公怠慢昏亂、遂君臣更執于晉。

（成公七年正月、ハツカネズミが郊祭のための牛の角をかじった。改めて占い、別の牛を用意したところ、ネズミがまたその角をかじった。劉向は以下のように言う。これは青祥と考えられ、また牛禍でもある。不敬であり、かつ愚昧であるために生じた災異である……（中略）……これは季氏が陪臣でありながら権勢を盗み、国主の命令を我が物として発して君主の威勢を傷つけ、周公の祭祀を危うくさせていたことの顕れである……（中略）……成公は怠慢・暗愚であり、君臣が度々晋に捕えられるということになってしまった。）

ここでは、「不敬而傋霿」（具体的には、季氏が君主の威勢を傷つけ、君主自身も暗愚であったこと）がこの災異を生じさせたと述べている。『洪範五行伝』に於いて、「不敬」（うやうやしさがないこと）は「青祥」（青いものに関する異変）の原因とされる。(11)また、「傋霿」（愚昧であること）は前述の通り「思心之不容」の咎にあたり、「牛禍」の原因である。つまり、「不敬」であり「傋霿」であったから、ネズミ（青色）と牛に関する災異が生じたというのだ。

不敬　⇓　五事「貌」の不調　⇓　青祥の発生（＝ネズミがかじること）

傋霿　⇓　五事「思心」の不調　⇓　牛禍の発生（＝牛がかじられること）

(2) 易説の活用

劉向『洪範五行伝論』には、いくつか『周易』の字句や易に関する説を用いた災異解釈が見られる。春秋と尚書だけでなく、易の学術も複合しているのである。

書序又曰、高宗祭成湯、有蜚雉登鼎耳而雊。祖己曰、惟先假王、正厥事。劉向以爲、雉雊鳴者、雄也、以赤色爲主。於易、離爲雉、雉、南方、近赤祥也。

（『書序』にまた、「高宗が成湯を祀った時に、雉が飛んで来て鼎に止まって鳴いた。祖己は、「至道の先王たちは、（このようなものを見れば）行いを正したものです」と述べた」とある。(12)劉向は次のように言う。雉で鳴くのは雄であり、色は主に赤である。また、易では、離卦は雉とされるので、雉は南方であり、従って赤祥と考えられる。）

ここで「離為雉」というのは、『周易』説卦伝の句である。また、雉（＝離卦）が南方というのも、同じく説卦伝に依拠している。そして、南方は、五行では火であり、五色では赤に当たる。従って雉の災異を「赤祥」としたのである。

また、次の記事では、十二消息卦(13)に拠って気候を説明し、災異を解釈している。

定公元年十月、隕霜殺菽。劉向以爲、周十月、今八月也。消卦爲觀。陰氣未至君位而殺、誅罰不由君出、在臣下之象也。是時季氏逐昭公、公死于外、定公得立、故天見災以視公也。

（定公元年十月、霜が降りて豆を枯らした。劉向は以下のように言う。周の十月は今の八月に当たる。消息卦では八月を観䷓とする。陰気（⚋）が君位（第五爻）まで至っていないのに豆を枯らしたというのは、誅罰が君主からではなく、臣下から出ていることの象徴である。この時、季氏が昭公を追い出し、公は外国で死に、定公が即位したので、天が災異を表して定公に示したのだ。）

以上のように、劉向『洪範五行伝論』は、『春秋』や『書序』の災異記事を『洪範五行伝』や易説を用いて解釈した。一つの経書の字句を解釈するために、その経書に関する学説だけでなく、他の多くの経典を複合的に関連付けて用いたのである。

後に、班固が次のように述べている。

周道敝、孔子述春秋、則乾坤之陰陽、效洪範之咎徴、天人之道粲然著矣。(14)

（周の政治が衰えると、孔子は『春秋』をまとめた。その際には、易の乾坤に示された陰陽の理に法り、洪範に示された咎徴の戒めに従った。こうして、天人の関係がはっきりと明らかになった。）

ここでは、易や洪範九疇による災異解釈に基づいて孔子が『春秋』をまとめたのだと言っている。もしそうだとすれば、後人は、易や洪範九疇（及びそれを詳細に解釈した『洪範五行伝』）に則って読むことによって、初めて、『春秋』に示された「天人之道」を理解できるということになる。つまり、劉向のように、複数の経書・経説を相互に関連させて研究しなければ、『春秋』一経に対する理解も十分ではないということである。

三、劉歆の『洪範五行伝』改造

劉向の子である劉歆は、複数の経典と関連させて『洪範五行伝』を運用するという劉向の手法を更に進めて、月令と整合させるために『洪範五行伝』の文言を改造するという大胆な処置を施した。

『洪範五行伝』と月令とでは、五畜・五虫について五行への配当が異なる。一方、劉歆の『洪範五行伝』(15)では、月令と同一の配当になっている。班固の『漢書』五行志はこのうちの五畜については劉歆説を否定しつつ、五虫についての配当は採用している。(16)更に後代では、『隋書』五行志の引く『洪範五行伝』が劉歆説を反映した文言になっている等、(17)その影響は無視できない。

劉歆の『洪範五行伝』（以下『劉歆伝』）は歴代芸文志には著録されていないが、(18)「劉歆貎伝」「劉歆言伝」等として、『漢書』を始めとする諸書に引文が見え、その大まかな内容を知ることができる。以下、『漢書』五行志に見える『劉歆伝』の文である。

劉歆貎傳曰、有鱗蟲之孽・羊旤・鼻痾。

（貎についての劉歆の『洪範五行伝』では、「鱗虫の孽・羊の禍・鼻の痾が起こる」と言う。）

劉歆言傳曰、時有毛蟲之孽。説以爲、於天文西方參爲虎星、故爲毛蟲。

（言についての劉歆の『洪範五行伝』では、「時に毛虫の孽が起こる」と言う。）

劉歆視傳曰、有羽蟲之孽・雞旤。

（視についての劉歆の『洪範五行伝』では、「羽虫の孽が起こる」と言う。）

劉歆聽傳曰、有介蟲孽也。

（聴についての劉歆の『洪範五行伝』では、「介虫の孽が起こる」と言う。）

劉歆思心傳曰、時則有羸蟲之孽。

（思心についての劉歆の『洪範五行伝』では、「時に羸虫の孽が起こる」と言う。）

これら『劉歆伝』の記述と、従来の『洪範五行伝』の記述とを対比すると、以下のようになる。

五畜の配当

	貌（木）	視（火）	思心（土）	言（金）	聴（水）
『洪範五行伝』	鶏禍	羊禍	牛禍	犬禍	豕禍
『劉歆伝』	羊禍	鶏禍	牛禍	犬禍	豕禍

諸孽の配当

	貌（木）	視（火）	思心（土）	言（金）	聴（水）
『洪範五行伝』	亀孽	羸虫之孽	華孽	介虫之孽	魚孽
『劉歆伝』	鱗虫之孽	羽虫之孽	羸虫之孽	毛虫之孽	介虫之孽

何故このような配当を行ったのか。これについては先行研究があり、いずれも月令に基づくと見なしている。[19] 妥当な見解である。以下は『呂氏春秋』十二紀・『礼記』月令に見える五畜・五虫の五行への配当であり、いずれも『劉歆伝』と一致する。やはり『劉歆伝』は月令に基づいたのであろう。[20]

月令の五畜・五虫の配当

	春（木）	夏（火）	中央（土）	秋（金）	冬（水）
五畜	羊	鶏	牛	犬	彘
五虫	鱗虫	羽虫	倮虫	毛虫	介虫

劉向が『洪範五行伝』と『春秋』や『周易』を結び付けて解釈したところから一歩進んで、劉歆は月令との整合をも追究し、更に総合的な体系を組み立てた。単に結び付けられるところを結び付けるだけではなく、（文言を変更することによって）相互の矛盾を解消し、より整然とした構造をつくり

上げたのである。[21]

四、月令との差異をめぐって

劉歆が『洪範五行伝』と月令との整合を求めてから、後漢期になると一層盛んに、諸物に対する五行への配当が分野によって異なることについて議論がなされるようになった。例えば、以下は蔡邕『月令問答』の文である。

問、春食麥羊、夏食菽雞、秋食麻犬、冬食黍豕之屬。但以爲時味之宜、不合於五行。月令服食器械之制、皆順五行者也。説所食、獨不以五行、不已畧乎。曰、蓋亦思之矣。凡十二辰之禽、五時所食者、必家人所畜。丑牛、未羊、戌犬、酉雞、亥豕而已。其餘龍虎以下、非食也。春木王、木勝土。土王四季、四季之禽、牛屬季夏、犬屬季秋。故未羊、可以爲春食也。……(中略)……雖有此説、而米鹽精粹、不合於易卦所爲之禽、及洪範傳五事之畜、近似卜筮之術。故予畧之、不以爲章句。聊以應問、見有説而已。

(質問、「春に麦と羊を食べ、夏に豆と鶏を食べ、秋に麻と犬を食べ、冬に黍と豕の類を食べると、月令に言います。しかし、これは単にその時ごとに味の良いものを挙げているに過ぎず、五行には適合しません。月令の服・食・器械の制度はいずれも五行に則っているのに、食べるものについて説いた章句だけは、五行に則っていないというのは、仕方なく省いたのでしょうか」回答、「私もそのことを考えたのです。そもそも、十二辰の禽獣のうち、五季に食べるのは、人々が飼っているものに決まっています。つまり、丑の牛、未の羊、戌の犬、酉の鶏、亥の豕だけです。その他の龍・虎等々は、食べません。春は木が王となり、木は土に勝ちます。土は四季それぞれで王となり、四季に属する禽獣のうち、牛は季夏に属し、犬は季秋に属すので、未の羊を春の食とすることができます。[22]……(中略)……このような説はあるものの、論理の精粗が不揃いで、また、易卦に配当される禽獣や『洪範五行伝』で五事に配当される五畜にも符合しません。まるで占術のような解釈であるので、そこで私はこれを章句とせずに、省いたのです。これは、とりあえず問いに答えるために、説が一応用意してあったことを披露したに過ぎません」)

ここでは牛を丑に、羊を未に、犬を戌に、鶏を酉に、豕を亥に当て、つまり十二生肖に基づいて五畜の五行への配当を定めている。[23]

ここで興味深いのは、「不合於易卦所爲之禽、及洪範傳五事之畜」と述べていることである。蔡邕は十二生肖に基づいて五畜を五行に配当し、その上で月令の配当に符合させるために論を展開しているのだが、それと同時に、『周易』説卦伝や『洪範五行伝』に於ける五畜に符合させる必要があったということである。

一方、鄭玄は『礼記』月令への注で、以下のように述べている。

麥、實有孚甲、屬木。羊、火畜也。時尚寒、食之以安性也。
（麦は、種に殻があり、木に属す。羊は、火に当たる家畜である。春はまだ寒く、これらを食するのは養生のためである。）

菽、實孚甲堅合、屬水。雞、木畜。時熱、食之亦以安性也。
（豆は、実が堅い殻に包まれており、水に属す。鶏は、木に当たる家畜である。夏は熱く、これらを食するのはまた養生のためである。）

稷、五穀之長。牛、土畜也。
（アワは、五穀の長である。牛は、土に当たる家畜である。）

麻、實有文理、屬金。犬、金畜也。
（麻は、実に模様があり、金に属す。犬は、金に当たる家畜である。）

黍、秀舒散、屬火。寒時、食之亦以安性也。彘、水畜也。
（黍は、穂がバラけており、火に属す。寒い時節であり、これらを食するのはまた養生のためである。豚は、水に当たる家畜である。）

鄭玄の説は、「木――鶏、火――羊、土――牛、金――犬、水――豕」という『洪範五行伝』型の配当に基づいている。その上で、月令が春に羊（火）を食べるとし、夏に菽（水）・鶏（木）を食べるとしていることについて、「時尚寒、食之以安性也」「時熱、食之亦以安性也」と説明している。もっとも、冬についても同様に「寒時、食之亦以安性也」と述べているが、冬には黍（火）とともに彘（水）をも食すのであるから、論理が衝突してしまっている。

鄭玄は、何故『洪範五行伝』型の配当を採ったのか。それは、その方が『周礼』に整合するからである。

『周礼』では、犠牲の家畜を管理する官として、地官に牛人、春官に鶏人、夏官に羊人・秋官に犬人を設けている。冬官は欠如しているが、犠牲に用いる家畜として残っているのは豚であるから、「豕人」のような官が設けられていたと推定される。これらを五行に当てはめれば、「鶏――木、羊――火、牛――土、犬――金、豕――水」となる。実際に鄭玄は、『周礼』の地官牛人・春官鶏人・夏官羊人・秋官犬人に基づいて、五畜を五行に配当する考えを明らかにしている。

膏腥、雞膏也。羔豚、物生而肥。犢與麛、物成而充。腒鱐、暵熱而乾。魚鴈、水涸而性定。此八物者、得四時之氣尤盛、爲人食之弗勝。是以用休廢之脂膏煎和膳之。牛、屬司徒、土也。雞、屬宗伯、木也。犬、屬司寇、金也。
羊、屬司馬、火也。(24)

（「膏腥」とは、鶏の脂である。仔羊と豚は、生まれながらに肥えたものである。仔牛と仔鹿は、成長して充実するものである。干し肉と干し魚は、熱で乾かして干したものである。魚と雁は、水が枯れてその特性が定まるものである。これら八種の物は、特に盛んな四時の気を得ており、そのままでは人間が食べるに耐えない。そこで、休廢の脂膏(25)を用いて調理し、調和させて食べるのである。牛は、司徒に属し、土に当たる。鶏は、宗伯に属し、木に当たる。犬は、司寇に属し、金に当たる。羊は、司馬に属し、火に当たる。）

ここでは、『周礼』に於いて牛人が地官大司徒に、鷄人が春官大宗伯に、羊人が夏官大司馬に、犬人が秋官大司寇の下に属していることを根拠として、「牛――土」「鶏――木」「犬――金」「羊――火」であると述べている。

『周礼』に根拠を見いだせる配当と一致するため、『洪範五行伝』の五畜の配当に対する鄭注は、月令に対する注とは異なり、簡明である。

雞、畜之有冠翼者也、屬貌。(26)

（鶏は、とさかや翼のある家畜である。五事では貌に属す。）

犬、畜之以口吠守者、屬言。(27)

（犬は、口で吠えて番をする家畜である。五事では言に属す。）

羊、畜之遠視者也、屬視。(28)

（羊は、遠くまで見ることができる家畜であり、五事では視に属す。）

豕、畜之居閑衞而聽者也、屬聽。(29)

（豚は、囲いの中に居て、人の言うことをよく聴く家畜である。五事では聴に属す。）

地、厚德載物。牛、畜之任重者、屬思。(30)

（地は、「厚い徳によって物を載せる」と言う。(31) 牛は、重い荷物を背負う家畜である。五事では思に属す。）

諸文献の五畜の配当

	木（春）	火（夏）	土	金（秋）	水（冬）
『周礼』	鶏	羊	牛	犬	（豕）
『洪範五行伝』	鶏	羊	牛	犬	豕
月令	羊（※1）	鶏（※2）	牛	犬	豕

※1：鄭注「羊、火畜也。時尚寒、食之以安性也」
※2：鄭注「雞、木畜。時熱、食之亦以安性也」

劉歆が月令に整合させるために『洪範五行伝』を改造した一方、鄭玄は両者のいずれの文言も変えず、『周礼』に基づいて注釈を施している。[32] その結果、『周礼』と配当の異なる月令の五畜についての解説は、やや回りくどくなっている。手法は異なるが、諸経の記述を総合して体系的な理論を構築しようとする方向性は劉歆と共通している。

五、『洪範五行伝』の変容

魏晋期以降も『洪範五行伝』と劉向『洪範五行伝論』は用いられ続け、正史五行志を始めとする様々な文献に引文が見える。[33] しかし、その中には『漢書』五行志の引く『洪範五行伝』・『洪範五行伝論』と大きく異なる文言も多い。本節ではこのテキストの変容について取り上げる。

(1)『南斉書』五行志の引く『洪範五行伝』

班固が劉向『洪範五行伝論』を藍本として五行志を『漢書』に設けて以降、『続漢書』・『宋書』等々、歴代の正史が五行志を設けた。[34] 梁代に蕭子顕が著した『南斉書』にも五行志が設けられ、雷・地震・旱・流言等々、各災異について『伝』(『洪範五行伝』)を引いて解説・解釈を行っている。

しかし『南斉書』五行志の引く『洪範五行伝』は、『漢書』五行志の載せる『洪範五行伝』の文言と大きく相違する。以下は「水」についての文である。

水、北方冬、藏萬物、氣至陰也。宗廟祭祀之象。死者精神放越不反、故爲之廟以收其散、爲之貌以收其魂神、而孝子得盡禮焉。[35] 敬之至、則神歆之、此則至陰之氣從、則水氣從溝瀆隨而流去、不爲民害矣。人君不禱祀、簡宗廟、廢祭祀、逆天時、則霧水暴出、川水逆溢、壞邑軼郷、沈溺民人、故曰水不潤下。

(水は北方・冬に当たり、万物を収蔵し、その気は至陰である。宗廟・祭祀の象である。死者の精神はあちこちに行ってしまって帰って来ないので、彼らに廟を作ることによって散り散りの精神を集め、彼らの宿る形体を作ることによって魂神を集める。このようにして、孝子が礼を尽くすことができるのである。十分に敬えば、神がそれを享受し、至陰の気が正常に運行し、水気が溝にそって流れ、人々に害をなさない。もし君主が、祈祷をしなかったり、宗廟を疎かにしたり、祭祀を執り行わなかったり、天の時に逆らったりすれば、霧・水が突然出て来て、川の水が逆流・決壊し、村落を破壊し、人々を溺れさせる。このため、水が潤い下らないと言うのだ。)

一見して、『洪範五行伝』本来の文[36]と異なることが分かる。実線部のみが『洪範五行伝』に見られる文言である。その他の部分のうち、波線部は『漢書』五行志が「説曰」として引く字句に近く、[37] 点線部は『春秋繁露』五行順逆の「水者冬、藏至陰也。宗廟祭祀之始」の内容と共通する。[38]

　波線部の由来となっている「説曰」は、元々『洪範五行伝』を補足するために作られた文であるので、ここで付加されているのはそれほど不自然ではない。一方、点線部の由来である『春秋繁露』五行順逆篇は、時令説の文献であり、『洪範五行伝』とは本来性質を異にする。

　「木」についても、以下の通りである。

東方。易經地上之木爲觀。故木於人、威儀容貌也。木者春、生氣之始、農之本也。無奪農時、使民歳不過三日、行什一之税、無貪欲之謀、則木氣從。如人君失威儀、逆木行、田獵馳騁、不反宮室、飲食沈湎、不顧禮制、出入無度、多發繇役、以奪民時、作爲姦詐、以奪民財、則木失其性矣。蓋以工匠之爲輪矢者多傷敗、故曰木不曲直。

（東方について。『易経』では地上の木を観䷓とする。そのため、人についての場合、木は威儀・容貌に当たる。木は春であり、生気の始めであり、農事の根本である。農時を奪わず、人々を年に三日以上労役させず、十分の一の税率を施行し、貪欲な企みをしなければ、木気が正常に運行する。もし君主が、威儀を保たず、木行の規則に逆らい、狩をして駆け回り、宮室に帰らず、飲食にふけり、礼や制度を顧みず、出入に節度が無く、労役を乱発して人々の時を奪い、邪な企みを弄して人々の財産を奪えば、木が本来の性質を失う。職人が車輪を作る際に失敗が増える。このため、木を曲げたり真っ直ぐにしたりできなくなる、と言うのである。）

　点線部はやはり五行順逆篇と共通する。また、波線部は漢志「説曰」に見える字句であるが、五行順逆篇にも共通する字句が多い。[39]劉歆や鄭玄のように時令・月令との整合を求めるという段階から一歩進んで、テキスト自体が『洪範五行伝』と時令文献との混淆になっているのである。[40]

　また、『南斉書』五行志の引く『伝』には、劉向『洪範五行伝論』に由来する文言もある。[41]

傳曰、雨雹、君臣之象也。陽之氣專爲雹、陰之氣專爲霰。陽專而陰脅之、陰盛而陽薄之。雹者、陰薄陽之象也。霰者、陽脅陰之符也。春秋不書霰者、猶月蝕也。

（『伝』に言う。「雹が降るのは、君臣関係を表している。陽が集中していれば雹となり、陰が集中していれば霰となる。陽が集中していれば陰がそれに迫り、陰が盛んであれば陽がそれに迫る。雹とは、陰が陽に迫っていることの表れである。霰とは、陽が陰に迫っていることの表れである。『春秋』が霰について記録しなかったのは、（陰が陽を侵す）月蝕を記録しなかったのと同様である」）

傳曰、大雨雪、猶庶徵之常雨也、然有甚焉。雨、陰。大雨雪者、陰之畜積甚也。

（『伝』に言う。「大雪が降るのは、庶徴の恒雨と同じようなことであるが、しかしそれよりも程度が酷いのである。雨は陰であり、大雪が降るというのは、陰が非常に蓄積しているということである」）

これらは、『漢書』五行志の載せる劉向説に同様の内容が見える。[42] ただし、完全に同一ではなく、『洪範五行伝論』以外から取り入れている部分がある。[43] それによって、元々の『洪範五行伝論』よりも、災異についてより詳しく解説する文面になっている。

(2)『魏書』霊徴志の引く『洪範五行伝論』

北斉の魏収が編纂した『魏書』には霊徴志が設けられ、その上篇が災異記事を収録している。ただし、従来の五行志とは異なり、諸災異の並べ方は五行五事の分類に基づく順序ではなく、「地震・山崩・大風・大水・湧泉・雨雹・雪・霜・無雲而雷・鼓妖・雷・震・霧・桃李花（季節外れの開花）・火不炎上・黒眚黒祥・赤眚・青眚・夜妖・人痾・金沴・龍蛇之孽・馬禍・牛禍・羊禍・豕禍・鶏禍・羽虫之孽・蝗虫螟・毛虫之孽」の順にしている。[44] 伝統的な尚書洪範の学から、少し距離が置かれている。

また、各災異の冒頭に『洪範五行伝』を置くことは少なくなり、『洪範論』（『洪範五行伝論』[45]）や『京房易伝』による災異解釈を多く掲げている。

そして、霊徴志の引く『洪範五行伝論』もまた、『南斉書』五行志所引のものと同様、本来の文言と異なる文字が多い。例えば、下記の通りである。

洪範論曰、陽之専氣爲雹、陰之専氣爲霰。此言陽専而陰脅之、陰専而陽薄之、不能相入、則轉而爲雹。猶臣意不合於君心也。

（『洪範五行伝論』に言う。「陽の気が集中していれば雹となり、陰の気が集中していれば霰となる。つまり、陽が集中していれば陰がそれに迫り、陰が盛んであれば陽がそれに迫るものの、中にまでは入り込めずに、雹となるのである。臣下の意図が君主の心にそぐわないというようなものである」）

洪範論曰、春秋之大雨雪、猶庶徴之恒雨也、然尤甚焉。夫雨、陰也、雪又陰也。大雪者、陰之稸積盛甚也。

（『洪範五行伝論』に言う。「『春秋』の大雪が降った記事は、庶徴の恒雨と同じようなことであるが、しかしそれよりも程度が酷いのである。雨は陰であり、雪も陰である。大雪が降るというのは、陰が非常に蓄積しているということである」）

これらは、『漢書』五行志の引くもの[46]と文面が異なり、かつ『南斉書』五行志所引のもの（前掲）と共通の文言が多い。

また、次のような例も見られる。

洪範論曰、馬者、兵象也、將有寇戎之事、故馬爲怪也。

(『洪範五行伝論』に、「馬は軍事の前触れである」と言う。戦争が起きようとしていると、馬が怪異をなすのである」と言う。)

この「馬者、兵象也」に当たる説は、『漢書』五行志には見えない。[47] 一方、『南斉書』五行志には、次のような文がある。

傳曰、易曰、乾爲馬。逆天氣、馬多死、故曰有馬禍。一曰、馬者、兵象也。將有寇戎之事、故馬爲怪。

(『伝』に言う。「『易』には「乾は馬である」という。[48] 天の気に背くと、馬が大勢死ぬ。そこで、「(君主が中正でない場合には) 馬禍が起こる」というのである」一説には、「馬は、軍事の前触れである。戦争が起きようとしていると、馬が怪異をなすのである」と言う。)

『南斉書』五行志のこの『伝』の内容は『漢書』五行志の「説曰」部分と概ね一致するが、[49] 続く「一曰」は『漢書』五行志には見えない。そして、この「一曰」の内容が、『魏書』霊徴志の引く『洪範五行伝論』の文面と一致する。言い換えれば、『南斉書』五行志が異説として引いて来たものを、『魏書』霊徴志は『洪範五行伝論』として引いたのである。

また、『魏書』霊徴志の引く『洪範五行伝論』には、従来の『洪範五行伝論』や正史五行志等に見えない文言もいくつか見られる。そして、これらの文言には、『洪範五行伝』本来の理屈にそぐわない内容が含まれている。

洪範論曰、龍、鱗蟲也、生於水。雲亦水之象、陰氣盛、故其象至也。人君下悖人倫、上亂天道、必有簒殺之禍。

(『洪範五行伝論』に言う。「龍は、鱗のある生き物であり、水に生まれる。雲も水の象である。陰気が盛んになると、その象が現れるのである。人君が下では人倫に逆らい、上では天道を乱すと、必ず簒奪・弑殺される禍があるのだ」)

洪範論曰、刑罰暴虐、取利於下、貪饕無厭、以興師動衆、取邑治城、而失衆心、則蟲爲害矣。[50]

(『洪範五行伝論』に言う。「刑罰がむごたらしく、人々から搾取し、貪欲で満足することが無く、軍隊・人々を動員して、侵略や築城を行なえば、人々の心を失う。そうして、虫が害をなすのだ」)

前者は龍について述べているが、『洪範五行伝』本来の理屈で言えば「龍蛇之孽」[51]、つまり「皇極」の不調に絡めて考えるべきところを、「鱗蟲」と言ったり「生於水」と言ったりしている。後者は虫一般について述べているが、これも『洪範五行伝』本来の理屈では蝗 (介虫之孽) か螟虫 (蠃虫之孽) かによって話が異なるべきところを、一つの範疇として扱っている。

すなわち、元々の『洪範五行伝』の論理・構造とはそぐわない内容が、『魏書』霊徴志の引く『洪範五行伝論』に見られるのである。

以上のように、『南斉書』や『魏書』に引用された『洪範五行伝』・『洪範五行伝論』には、本来のテキストよりも詳しい解説や、本来の論理とはそぐわない内容が加わっている。こういった付加によって、『洪範五行伝』・『洪範五行伝論』は、より幅広い事物を網羅したとも謂えるし、尚書学としての純正さを失って、単に災異・事物の解釈に用いるためのツールに変質したとも謂えるだろう。

(3) 隋唐期の『洪範五行伝』

隋唐期の文献を見ると、『洪範五行伝』の内容は更に増え、そして多岐に亘る。例えば『隋書』五行志の引く『洪範五行伝』には、漢志以来の『洪範五行伝』・『洪範五行伝論』と共通の内容も見られるが、(52) それらに加えて、

五行傳曰、犬、守禦者也。

(『五行伝』に、「犬は守るものである」と言う。)

洪範五行傳曰、哭者死亡之表。

(『洪範五行伝』に、「哭き声は、死亡ということの表れである」と言う。)

といった、以前の文献に見えない文言をも収録している。(53)

そして、正史の五行志以外にも、例えば、『北堂書鈔』や『初学記』には、次のような引文が見られる。

洪範五行傳曰、麻者、聖人所以揆天行而紀萬國。(54)

(『洪範五行伝』に、「暦とは、聖人が天文の運行を測り、万国を秩序づける手段である」という。)

劉向洪範五行傳曰、天子曰靈臺、諸侯曰時臺、所以觀天文之變。(55)

(劉向『洪範五行伝論』に、「天子の場合は霊台と言い、諸侯の場合は時台と言う。天文の変化を観察するところである」と言う。)

これらは、『漢書』の引く『洪範五行伝』や劉向『洪範五行伝論』には全く見えない文言であり、かつ災異の解釈と直接関係しない内容である。どちらかと言えば、その事物自体についての解説という性格が強い。これらが『洪範五行伝』や劉向『洪範五行伝論』に元々ある文面であって、『漢書』五行志にたまたま収録されなかった、とは考えにくい。つまり、やはり後世付加されたものだったのだろう。

こういった変化が何故起こったのか。一つには、これらが災異解釈という実践に用いられる書であり、実践に合わせて内容の補足・注記の類が混じって行ったことが考えられる。

またもう一つには、様々な事物について幅広く知ろうとする博物の志向により(56)、網羅する事物の範囲が拡大したことも考えられる。これらについては、他書の事例についても調査し、今後傍証を積み重ねる必要があるだろう。

いずれにしても、南北朝隋唐期に『洪範五行伝』並びに『洪範五行伝論』のテキストが肥大し、漢代とは異なる面目を呈したことは確かである。遠く遡れば、その端は、劉向・劉歆や鄭玄といった漢代諸学者が尚書学の範疇を超えて諸経との関連・整合を求めたことに発する。その流れがやがて、『洪範五行伝』を時令文献等の様々なテキストと混淆させ、ついには尚書洪範の論理からの逸脱までもが見られるようになったのである。

注

(1)『洪範五行伝』の作者については、前漢初期の伏生（伏勝）とする説が『宋書』巻三十 五行志の序文に見え、以後も定説とされて来た。これは、「洪範五行伝」が『尚書大伝』の中の一篇として流伝し、『尚書大伝』が伏生の学説をまとめたものとされているからであろう。

しかし、清代に至って趙翼が伏生制作説に疑義を呈し、その作者を夏侯始昌と考えた（『廿二史箚記』巻二「漢儒言災異」）。また、民国期には繆鳳林氏が、近年では徐興無氏・陳侃理氏が、いずれも『洪範五行伝』の作者を夏侯始昌とする考えを示している（繆鳳林「洪範五行伝出伏生辨」（南京中国史学会編『史学雑誌』第二巻第一期、一九三〇年）、徐興無『劉向評伝』（南京大学出版社、二〇〇五年）二八六―二九〇頁、陳侃理「《洪範五行伝》与《洪範》災異論」（『国学研究』第二六巻、二〇一〇年）。

夏侯始昌説の根拠は、『漢書』で述べられている『洪範五行伝』の来歴である。ここでは伏生についての言及が無く、『洪範五行伝』に通達した人物として夏侯始昌が最初に挙げられている（巻二十七中之上 五行志中之上）。また同じく『漢書』の夏侯勝伝に、夏侯勝が夏侯始昌より『洪範五行伝』を授けられ、『洪範五行伝』に基づく諫言を行ったとあることも、その根拠である（巻七十五 夏侯勝伝）。しかし、伏生が『洪範五行伝』を説いたという明証が無い一方で、夏侯始昌が『洪範五行伝』を創作したという記述も見当たらない。すなわち、夏侯始昌説もまた論拠が足りない。

以上の通り、作者については定論が無いのが現状である。ただ、夏侯始昌・夏侯勝に至って活用されるようになったというのは確かであり、つまり成立の下限は前漢中期である。

(2)『洪範五行伝』の現存テキストはいずれも後世の輯本と考えられる。本稿で『洪範五行伝』の文言を示す場合には、主に『漢書』五行志から引く。ただし第五節では、検討のために他書に引かれた文言も用いる。

(3)『漢書』巻七十五 夏侯勝伝。

(4)『漢書』巻八十一 孔光伝。

(5)『漢書』巻二十七中之上五行志中之上。

(6) 夏侯勝の弟子夏侯建が五経諸派から『尚書』と関連する事柄を習い、それを自らの経説に反映させたところ、それを夏侯勝が「章句小儒」と非難した（『漢書』巻七十五 夏侯勝伝）。この逸話に、学派の純正を尊ぶ当時の伝統意識が現れているだろう。また、前漢の諸学者の中には、夏侯勝の師である夏侯始昌をはじめ、王吉や董仲舒など、五経を兼修した者もいたのだが(『漢書』巻八十八 儒林伝)、彼らが異なる学派の説同士を組み合わせて用いたという記録は見当たらない。

(7)『漢書』巻三十六 楚元王伝附劉向伝。

(8) 董仲舒による災異解釈の特徴については、和田恭人「『漢書』五行志に見える災異説の再検討――董仲舒説について」(『大東文化大学中国学論集』第二〇号、二〇〇三年)に詳論されている。

(9)『漢書』五行志の引く劉向説には、『洪範五行伝』を用いていることが明らかなものと、『洪範五行伝』との関係が不明瞭なものがある。黄啓書氏は、『漢書』劉向伝に掲載された上奏文等を考察し、劉向の災異説には、董仲舒説に依拠したものと『洪範五行伝』を用いたものとがあると指摘している。そして、『洪範五行伝論』も、『洪範五行伝』だけでなく董仲舒説も用いていると言う(「試論劉向災異学説之転変」、『台大中文学報』第二六期、二〇〇七年)。また、坂本具償氏の研究では、董仲舒説と劉向説との弁別を試みている(「『漢書』五行志の災異説――董仲舒説と劉向説の資料分析」、『日本中国学会報』第四〇集、一九八八年)。ここでは、明らかに『洪範五行伝』に依拠しているもののみを引いて考察を進める。

(10)「思心之不睿、是謂不聖。厥咎霿、厥罰恒風、厥極凶短折。時則有脂夜之妖、時則有華孽、時則有牛禍、時則有心腹之痾、時則有黄眚黄祥、時則有金木水火沴土」(『漢書』巻二十七下之上 五行志下之上引『洪範五行伝』)

(11)「貌之不恭、是謂不肅。厥咎狂、厥罰恒雨、厥極惡。時則有服妖、時則有龜孽、時則有雞旤、時則有下體生上之痾、時則有青眚青祥。唯金沴木」、前節にて既出。

(12) 商書 高宗肜日の序。

(13) 毎月に一卦ずつを当てる説。例えば、一月は泰䷊、四月は乾䷀、七月は否䷋、十月は坤䷁に当たる。

(14)『漢書』巻二十七上 五行志上。

(15) 班固によれば、『洪範五行伝』の系統は、「夏侯始昌――夏侯勝――許商」の師承、劉向、及び劉歆の三者であり、劉歆の用いたテキストのみが前二者と異なるという(『漢書』巻二十七中之上 五行志中之上)。劉歆は、父劉向と共に宮中の蔵書を校定した際に『洪範五行伝』を見たのであるから、つまり、劉向と同じテキストを元にしながら、それを改変したものと考えられる。

(16)「毛虫之孽」を「言之不従」の項目に配し(『漢書』巻二十七中之上 五行志中之上)、「臝虫之孽」を「思心之不睿」の項目に配している(同 下之上 五行志下之上)。これらは従来の『洪範五行伝』の配当ではなく、劉歆によって改造された配当である。後述。

(17)『隋書』巻二十二 五行志上「洪範五行傳曰、言之不從、是謂不乂。厥咎僭、厥罰常暘、厥極憂。時則有詩妖、時則有毛蟲之孽、時則有犬禍。故有口舌之痾、有白眚白祥。惟木沴金」、同 巻二十三 五行志下「洪範五行傳曰、視之不明、是謂不知。厥咎舒、厥罰常燠、厥極疾。時則有草妖、時則有羽蟲之孽。故有羊禍、故有目疾、有赤眚赤祥。惟水沴火」

(18)『漢書』芸文志は、劉歆の著作を著録しない。また、『隋書』経籍志も、劉向注『尚書洪範五行伝論』十一巻を著録する一方で、劉歆の『五行伝』は見えない。

(19) 小林信明「洪範五行伝攷」(『中国上代陰陽五行説の研究』、講談社、一九五一年)、鎌田正「劉歆に於ける左伝の表章と其の学問」(『左伝の成立と其の展開』、大修館書店、一九六三年)、

黄啓書「試論劉向、劉歆《洪範五行伝論》之異同」（『台大中文学報』第二七期、二〇〇七年）、陳侃理「八卦、九疇与《春秋》：災異論儒学伝統的構建」（『儒学、数術与政治――中国古代災異政治文化研究』（北京大学博士論文）、二〇一〇年）等。

(20) 敦煌懸泉置遺跡から出土した『使者和中所督察詔書四時月令五十条』には、「安漢公大傅大司馬」（王莽）とともに「羲和臣秀」（劉歆）の名が見える。この文献は毎月の時令を述べたものであり、『呂氏春秋』十二月紀等の月令と共通する字句が大半を占める（黄人二『敦煌懸泉置《四時月令詔条》整理與研究』（武漢大学出版社、二〇一〇年）を参照）。劉歆は月令の普及にも関わっていたようである。

(21) 劉歆はまた、五徳終始説についても月令に基づいた改造を行っている（拙論『漢代経学に於ける五行説の変遷』（博士論文、二〇一四年、http://wanibeer.web.fc2.com/hakron/）第四章第二節に詳論）。月令に基づいて事物の五行への配当を統一し、如何なる話題（帝徳・災異等）であろうとも、同一の事物に対しては同一の配当がなされるように、試みたのである。

(22) ここでは土を各季節の末尾に置いている、つまり十二支で言えば丑・辰・未・戌が土に当たる。このうちの牛（丑）・犬（戌）が季夏・季秋に食べるもので、龍（辰）は食べられないので、羊（未）が春に食べられるものになるということである。

(23) 十二生肖は、既に放馬灘秦墓出土竹簡『日書』に見え、盗人探しの占いに用いられている。甘粛省文物考古研究所『天水放馬灘秦簡』（中華書局、二〇〇九年）を参照。

(24) 『周礼』天官 包人「凡用禽獻、春行羔豚膳膏香、夏行腒鱐膳膏臊、秋行犢麛膳膏腥、冬行鱻羽膳膏羶」に対する注。

(25) 例えば、冬は水が王となり火が廃（死）となるので（水王、木相、火死、土囚、金休）、羊（火）の脂が「休廢之脂膏」に当たり、秋は金が王となり木が廃（死）となるので（金王、水相、木死、火囚、土休）、鶏（木）の脂が「休廢之脂膏」に当たる。

(26) 『續漢書』五行志一 劉昭注所引。

(27) 同。

(28) 同五行志二 劉昭注所引。

(29) 同五行志三 劉昭注所引。

(30) 『礼記正義』月令疏所引。

(31) 『周易』坤 象伝。

(32) なお、鄭玄が『洪範五行伝』による配当を最優先したわけではないことは、諸孽に対する注によって知ることができる。例えば『洪範五行伝』が「貌之不恭」に対応する災異として「亀孽」を挙げていることに対して、鄭注は「龜、蟲之生於水而游於春者。屬木」として、亀が水に属す余地を残している（『續漢書』五行志一 劉昭注所引）。『礼記』礼運注では「龜、北方之靈」と言い、また月令が冬に介虫を当てていることについても「介、甲也……（中略）……龜鼈之屬」と注釈しており、むしろ亀を水（冬・北）に当てる考えが現れている。思うに、『周礼』大司徒に示されている土会之法は、五種の土地に棲む動物をそれぞれ「毛物」「鱗物」「羽物」「介物」「蠃物」としており、これには『洪範五行伝』の五孽（亀・蠃虫・華・介虫・魚）よりも月令の五虫（鱗虫・羽虫・倮虫・毛虫・介虫）の方が整合する。やはり『周礼』との整合性を最優先したと考えるべきであろう。

(33) 目録上でも、『隋書』経籍志・新旧唐志に鄭注『尚書大伝』三巻・劉向『尚書洪範五行伝論』十一巻が著録され、六朝・隋唐期までは『洪範五行伝』『洪範五行伝論』が存したことが分かる。なお、宋代には鄭注本の完本がなくなり、劉向『洪範五行伝論』はほぼ全篇が散佚していた（『洪範政鑑』序を参照）。

(34) 歴代正史五行志の内容・体裁等については、高木理久夫「正史五行志の基礎的研究」(『早稲田大学大学院文学研究科紀要別冊』第一七集(哲学・史学編)、一九九一年)、蘇徳昌『《漢書・五行志》研究』(国立台湾大学出版中心、二〇一三年)に詳しい。

(35) 「死者精神放越……(中略)……孝子得盡禮焉」を、影蜀本(景印宋蜀大字本。『百衲本廿四史』に収録)・影北監本(景印南宋紹興間江南重刊北宋監本。『仁寿本二十五史』に収録)は「死者精神放越不反者、故爲之廟以收散、爲之貌以收其魂神、而孝子得盡禮焉」に作る。中華書局校点本は毛氏汲古閣本・武英殿本に拠って「者」字を削り、「其」字を補う。これに従う。なお、覆南監本(『南斉書』汲古書院、一九七〇年。松会堂覆万暦中南監刊本を影印)・金陵書局本(金陵書局同治刊本)は「死者精神放越不反、聖人爲之宗廟、以收其魂氣、春秋祭祀、而孝子得盡禮焉」に作り、漢志「説曰」の文言に更に近い。

(36) 「簡宗廟、不禱祠、廢祭祀、逆天時、則水不潤下」

(37) 『漢書』巻二十七上 五行志上「説曰、水、北方、終臧萬物者也。其於人道、命終而形臧、精神放越、聖人爲之宗廟、以收魂氣、春秋祭祀、以終孝道……(中略)……霧水暴出、百川逆溢、壞鄉邑、溺人民、及淫雨傷稼穡、是爲水不潤下」

(38) 五行順逆篇は、五行を季節に当ててそれぞれ時令について説く文献である。

(39) 『漢書』巻二十七中之上 五行志中之上「説曰、木、東方也。於易、地上之木爲觀。其於王事、威儀容貌亦可觀者也……(中略)……若乃田獵馳騁不反宮室、飲食沈湎不顧法度、妄興繇役以奪民時、作爲姦詐以傷民財、則木失其性矣。蓋工匠之爲輪矢者多傷敗、及木爲變怪、是爲木不曲直」、『春秋繁露』五行順逆「木者春、生之性、農之本也。勸農事、無奪民時、使民歳不過三日、行什一之税」「如人君出入不時、走狗試馬、馳騁不反宮室、好淫樂、飲酒沈湎、縱恣、不顧政治、事多發役、以奪民時、作謀増税、以奪民財……(中略)……工匠之輪多傷敗」

(40) なお、『春秋繁露』五行順逆のテキスト自体にも、『洪範五行伝』の要素が混ざっている。以下、その「水」の部分である。

水者冬、藏至陰也。宗廟祭祀之始、敬四時之祭、禘祫昭穆之序。天子祭天、諸侯祭土。閉門閭、大捜索、斷刑罰、執當罪、飭關梁、禁外徙。恩及於水、則醴泉出、恩及介蟲、則黿鼉大爲、靈龜出。如人君簡宗廟、不禱祀、廢祭祀、執法不順、逆天時、則民病流腫・水張・痿痺、孔竅不通。咎及於水、霧氣冥冥、必有大水、水爲民害。咎及介蟲、則龜深藏、黿鼉呴。

「閉門閭……禁外徙」の文言は、『淮南子』時則訓・『春秋繁露』治水五行といった時令文献に共通する。一方で、『洪範五行伝』の「水不潤下」の項目と共通の字句があり(傍線部)、水のあり方を損ねた場合に起こる災異に介虫を当てるのは(二重線部)、劉歆の『五行伝』の特徴と共通する。これについては拙論「漢代経学に於ける五行説の変遷」(前出)第四章第二節にて詳論。

(41) 『洪範五行伝』と『洪範五行伝論』とを区別せずに引く例は、他書にも見られる。野間文史「引書からみた五経正義の成り立ち――書伝・書伝略説・洪範五行伝を通して」(『新居浜工業高等専門学校紀要(人文科学編)』第二五巻、一九八九年)を参照。

(42) 『漢書』巻二十七中之下 五行志中之下「劉向以爲、盛陽雨水、温煖而湯熱、陰氣脅之不相入、則轉而爲雹。盛陰雨雪、凝滯而冰寒、陽氣薄之不相入、則散而爲霰。故沸湯之在閉器、而湛於寒泉、則爲冰、及雪之銷、亦冰解而散、此其驗也。故雹者陰脅陽也、霰者陽脅陰也。春秋不書霰者、猶月食也」「桓公八年十月、雨雪。周十月、今八月也、未可以雪。劉向以爲、時夫人有淫齊之行、而桓有妬媢之心、夫人將殺、其象見也。桓不覺寤、後與夫人俱如齊而殺死。凡雨、陰也、雪又雨之陰也。出非其時、迫近象也」

(43) 例えば、「陽之專氣為雹、陰之專氣為霰」は『大戴礼記』曾子天円に同じ字句が見える。

(44) 大まかにまとめると、順に地・水・天候・火・色彩明暗・人・像・鳥獣虫に八分できる。類書による分類に似ている。

(45) なお、『洪範五行伝』の文言については『洪範伝』として引いており、『洪範論』(『洪範五行伝論』)とははっきり区別している。『魏書』巻一百十二上 霊徴志上「洪範傳曰、棄法律、逐功臣、殺太子、以妾為妻、則火不炎上。謂火失其性而為災」

(46) 前掲注42を参照。

(47) 強いて求めれば「文帝十二年、有馬生角於呉、角在耳前、上郷。右角長三寸、左角長二寸、皆大二寸。劉向以爲、馬不當生角、猶呉不當舉兵郷上也」(巻二十七下之上 五行志下之上)という文があるが、これは「馬=兵」ではなく、「角=兵」と解釈しているので、やはり適合しない。

(48) 説卦伝。

(49) 『漢書』巻二十七下之上 五行志下之上「於易、乾爲君、爲馬。馬任用而彊力、君氣毀、故有馬禍。一曰、馬多死、及爲怪、亦是也」

(50) 『隋書』巻二十三 五行志下には『洪範五行伝』の文として同文が引かれている。

(51) 『漢書』巻二十七下之上 五行志下之上「傳曰、皇之不極、是謂不建。厥咎眊、厥罰恒陰、厥極弱。時則有射妖、時則有龍蛇之孽、時則有馬禍」

(52) 例えば、「洪範五行傳曰、水者、北方之藏、氣至陰也……(中略)……如人君簡宗廟、不禱祀、逆天時、則水不潤下」(『隋書』巻二十二 五行志上)は、漢志の引く「傳曰、簡宗廟、不禱祠、廢祭祀、逆天時、則水不潤下」「説曰、水、北方、終臧萬物者也……」に共通する。また、「洪範五行傳曰、雷霆託於雲、猶君之託於人也。君不恤於天下、故兆人有怨叛之心也」(巻二十三 五行志下)は、漢志の「史記秦二世元年、天無雲而雷。劉向以爲、雷當託於雲、猶君託於臣、陰陽之合也。二世不恤天下、萬民有怨畔之心。是歳陳勝起、天下畔、趙高作亂、秦遂以亡」と同様である。

(53) なお、漢志には見えないが、『魏書』霊徴志に見える文言もある。「洪範五行傳曰、陰氣強積、然後生水雨之災」(『隋書』巻二十二 五行志上)、「洪範五行傳曰、馬者、兵象。將有寇戎之事、故馬爲怪」(巻二十三 五行志下)、「洪範五行傳曰、刑罰暴虐、貪饕不厭、興師動衆、取城修邑、而失衆心、則蟲爲災」(同)といったものが、そうである。

(54) 『北堂書鈔』歳時部 暦。

(55) 『初学記』居処部 台。

(56) 三国から六朝にかけて、『毛詩草木鳥獣虫魚疏』・『博物志』・『広志』・『南方草木状』といった博物の文献が編まれている。加納喜光「『毛詩草木鳥獣虫魚疏』――詩経名物学の祖」・竹田晃「『博物志』――三世紀の百科全書」(いずれも『しにか』第七巻第一二号、一九九六年)、小林清市『中国博物学の世界――「南方草木状」「斉民要術」を中心に』(農山漁村文化協会、二〇〇三年)を参照。また、左思『三都賦』が人気を博した原因に関して、当時、地方の文物への関心が高まっていたことも指摘されている(栗山雅央「左思「三都賦」は何故洛陽の紙価を責めたか」、『中国文学論集』第三八号、二〇〇九年)。

前漢経学者の天文占知識

田中良明

学術とそれに付随する知識の個々の境界は、作為的な線引きによって明確化され、それを担う者たちに、自他の区別を意識させる。言い換えれば、作為的な線引きが行われる以前には、相反する矛盾が無い限りにおいて、自他の区分は至って漠然としたものになる。前漢において、経学と占術とが曖昧な境界に接していたことを論じたい。

一、経書が儒家の専有物ではないこと

「漢学」が、漢代の学術、特にその中心となった儒家思想、またはその経書への解釈である経学を主体とするにしても、両漢四〇〇年の儒学・経学が均質なものであったわけではない。とりわけ前漢の前半期には、戦国時代に諸子間で行われた他者の説への批判や、自説の再構築、あるいは他説の包摂などの影響がなおも色濃く、儒家もまた他者の説によって自説を補うことが有り、例えば顧頡剛が指摘したように[1]、儒者と方士の区別が困難であった。また、儒家の遵奉する経書も、儒家の専有物というわけではなく、『韓非子』顕学篇に「世の顕学は儒・墨なり。（世之顕学儒・墨也。）」と儒家と併称される墨家の思想を集めた『墨子』の諸篇にも、『詩』や『書』が少なからず引用されている。

つまり、いずれの思想にせよ、説にせよ、テキストにせよ、それらはその時代の共有物であり、各々が受容と折衷によって自己の思想を確立させていた。後世からこの時代の儒家とされる人物たちも例外ではない。劉向・劉歆の説を受け

たなか・よしあきら――大東文化大学東洋研究所准教授。専門は中国の天文・災異思想。主な著書・論文に『中国史書入門 現代語訳 隋書』（共訳、勉誠出版、二〇一七年）、『『天文要録』の考察』［一］・［二］（共著、大東文化大学東洋研究所、二〇一六年・二〇一九年）、「虹蜺初論」（『東洋研究』二〇八号、二〇一八年）などがある。

て後漢の班固が『漢書』芸文志に、[2] 経学（六芸略）と儒家を含む諸子の学（諸子略）、そしてその他の諸学術それぞれを分類・分別することによって個々の思想の枠組みを明確化するまでの間、前漢時代には、まさしく自己の説を整理するとともに、他の説を受容しながら、新たな経書解釈を生み出すことによって、漢代儒学の基礎を確立していく様子を見ていくことができるのである。

その漢代儒学の特異な点の一つが、『易』を経書の筆頭として位置づけることである。『易』は、『論語』『孟子』に見ることができず、そもそもは儒家と無関係の書物であったが、『荘子』天運篇には、孔子が老聃（老子）に「丘は詩・書・礼・楽・易・春秋の六経を治む。（丘治詩・書・礼・楽・易・春秋六経。）」云々と語り、また天下篇には、「其の詩・書・礼・楽に在りては、鄒魯の士・搢紳先生多く能く之を明らかにす。詩は以て志を道《い》ひ、書は以て事を道ひ、礼は以て行を道ひ、楽は以て和を道ひ、易は以て陰陽を道ひ、春秋は以て名分を道ふ。（其在於詩・書・礼・楽者、鄒魯之士・搢紳先生多能明之。詩以道志、書以道事、礼以道行、楽以道和、易以道陰陽、春秋以道名分。）」と儒家の特色として触れられており、前漢文帝期の被葬とされる馬王堆漢墓から出土した『易』に付随する『二三子問』[3] などの所謂易伝にも、儒家的な聖人像や孔子の易解釈が記されている。

『易』に本来陰陽説が含まれていたかはさておき、『荘子』天下篇に見たように、儒家は『易』によって陰陽説を説いた。これはつまり、当時の『易』の解釈に陰陽説が含まれており、儒家が『易』を自己の経書とした理由の一つに、陰陽説の受容、もしくは需要があったことを窺える。こうした『易』に対する需要は、儒家以外にもあったと見え、景帝期より武帝期にかけて漢の太史令（太史公とも）を務めた司馬談も、『易』を楊何に学んでいる。その楊何は、武帝の元朔年間（紀元前一二八～同一二三年）に「易を治むるを以て漢の中大夫と為る。（以治易為漢中大夫。）[4]」とされており、当時の『易』の需要を考える上で興味深い。

また、司馬談は、職掌である天文学（天文占と暦法）を唐都に、道論を黄子に学んでいる。唐都は、太初改暦の際に「方士唐都」として見え、[5] 黄子はおそらく、景帝期に『詩』を治めた轅固生と御前に論争し「湯・武は受命に非ず、乃ち弑《しい》せしなり。（湯・武非受命、乃弑也。）」[6] と言い放った黄生と同一人物であろうか。[7] 司馬談はまた、劉向以前に既存の学術の整理と批評を行った人物でもあり、『史記』の太史公自序は、司馬談が上述の三師に学んだことを記した後に、彼が「陰陽・儒・墨・名・法・道徳」六家の要指（要旨）を論じた文章を載せている。

その内容は、先ず陰陽・儒・墨・名・法五家の長所と短所を略記し、道家（道徳家）については、五家の長所を有して「時と遷徙し、物の変化に応じ、俗を立て事を施し、宜しからざる所無し（与時遷徙、応物変化、立俗施事、無所不宜）」と[8]長所のみで短所が無いことを主張している。またその直後に「儒者は則ち然らず（儒者則不然）」と文章を続けてその短所を再論し、「形神騒動し、天地と与に長久ならんことを欲するは、聞く所に非ざるなり。（形神騒動、欲与天地長久、非所聞也。）」と述べることから、司馬談の論旨は道家を称揚し、特に儒家を批判するものであったことが分かる。これら文章の冒頭に、六家の説が「直《た》だ従りて之を言ふ所路を異にし、省と不省と有るのみ。（直所従言之異路、有省不省耳。）」と、その根源を同じくすることを指摘し、「天下致を一にするも慮を百にし、帰を同じくするも塗《みち》を殊にす。（天下一致而百慮、同帰而殊塗。）」と「易の大伝」を引用している[9]点は、後の『漢書』芸文志（あるいは劉歆の『七略』）が経学を諸学の源流と位置づけ、『易』を、それ以外の五経の学問の「源流ないし統括者というもっとも枢要の地位[10]」に据えていることと、根本的な発想は近似している。しかし、その後に儒家批判が記されていることからも、彼が儒家としての立場から「易の大伝」を引用しているわけではないことが確認できる。

司馬談はまた、その臨終にあたり、子の司馬遷に「余死すれば汝必ず太史と為れ。太史と為らば、吾の論著せんと欲する所を忘るる無かれ。（余死汝必為太史。為太史、無忘吾所欲論著矣。）」と、所謂『史記』の著述を遺託するが、その必要性について、

幽厲の後、王道缺け、礼楽衰ふ。孔子旧《ふる》きを脩め廃れしを起こし、詩書を論じ、春秋を作れば、則ち学ぶ者は今に至るまで之に則る。獲麟より以来四百有餘歳、而《すなわ》ち諸侯相兼ね、史記放絶す。今漢興こり、海内一統せられ、明主・賢君・忠臣・死義の士あり。余太史と為りて論載せざれば、天下の史文を廃せん。余甚だ焉《これ》を懼る。汝其れ念へや。（幽厲之後、王道缺、礼楽衰。孔子脩旧起廃、論詩書、作春秋、則学者至今則之。自獲麟以来四百有餘歳、而諸侯相兼、史記放絶。今漢興、海内一統、明主・賢君・忠臣・死義之士。余為太史而弗論載、廃天下之史文。余甚懼焉。汝其念哉。）

と述べており、孔子の『春秋』が獲麟以来四〇〇年以上を経てもなおその価値を減じていないことに触れている。先述した六家を論じての儒家への批判は、「務めて治を為す者（務為治者）」つまり治政に関与しようとする学説について論じ

て批判したものであり、孔子をも非難する立場を取ってはいなかったことが知れる。しかし、その後文は、獲麟以降『春秋』に準ずる書が無いため、それを書かねばならないという主旨であり、『春秋』の著述という行為に限定されてはいるが、孔子を及ぶべき存在として認識している点には注意が必要である。

前述したように司馬談以前の成書とされる馬王堆漢墓から出土した易伝には、すでに儒家的な易解釈が記されており、司馬談が楊何より受けた『易』も、それに近い性質のものであった可能性は有る。しかし、司馬談にとって、儒家によって経書化されつつある『易』とその解釈は、孔子の『春秋』同様に、批判すべき対象とはなっていない。こうしたことも、経書が（あるいは孔子も）儒家の専有物ではなかったことを示す一例となるだろう。

司馬遷が父の遺命により撰述した『史記』には、父子継承した太史令の職掌たる天文占の専著である天官書が含まれている。今その文章の中に見える経書由来と考えられる文言を採れば、以下の数例が挙げられる。

先ず、天官書に「北斗七星、所謂『旋璣玉衡以て七政を斉ふ』なり。（北斗七星、所謂旋璣玉衡以斉七政。）」と有るのは、『書』の、今文であれば堯典の句となる。現行の古文『尚書』はこれを舜典に分け、「在璿璣玉衡以齊七政」に作り、偽孔伝は「天文を正すの器、運転す可き者。（正天文之器、可運転者。）」と、「璿璣玉衡」を天文儀器であると解釈し、孔穎達の疏が引く後漢の馬融説が「渾天儀」であると解釈するのに一致する。しかし、司馬遷が天官書に引いたのは、北斗七星を「旋璣玉衡」と解釈しているのであり、古文系の解釈とは異なる。これは、例えば『文選』巻第二十九の古詩一十九首の一つに「玉衡孟冬を指し、衆星何ぞ歴歴たる。（玉衡指孟冬、衆星何歴歴。）」と、所謂斗建を言って北斗七星を「玉衡」と称していることからも、古文系の経書解釈が生まれる以前の、今文系の解釈であると考えていいだろう。[11]

また、天官書の「中国を分けて十有二州と為す（分中国為十有二州）」は、同じく『書』の今文であれば堯典、古文であれば舜典の句である「十有二州を肇《はじ》む（肇十有二州）」を踏まえた句であり、天官書の「仰ぎては則ち象を天に観、俯しては則ち類を地に法《のっと》る。（仰則観象於天、俯則法類於地。）」は、現行の『周易』繫辞下伝には「古者包犧氏の天下に王たるや、仰ぎては則ち象を天に観、俯しては則ち法を地に観る。（古者包犧氏之王天下也、仰則観象於天、俯則観法於地。）」と見える文を踏まえたものである。司馬遷自身が諸経に精通していたことは、『史記』の他の文章からも知り得ることであり、天官書に見えるこれらの経書由来と考えられる文言が、司馬遷以前からの天文占知識に拠るものであるか、あるいは司馬遷自身の経書知識に拠るものであるかについては、後者として考えるべきであろう。これらの経書の引用や経書に由来する文言は、経書知識によって天文占知識を文飾したものであるとも認めることができる。

ところで、天官書の後半に先秦の天文変異を列挙して「蓋し略《ほ》ぼ春秋二百四十二年の間を以て、日蝕すること三十六たび、彗星三たび見《あらわ》れ、宋の襄公の時星隕つること雨の如し。（蓋略以春秋二百四十二年之間、日蝕三十六、彗星三見、宋襄公時星隕如雨。）」と有るのは、『春秋』に依拠した記述である。しかし、次節に触れるように、この「彗星三見」は、『春秋』経のみからは得られず、公羊伝による訓詁（字句解釈）を経なければ書き得ない語句である。公羊伝の流行が董仲舒以後であることを踏まえれば、これも司馬遷自身の経書知識に拠って記されたものであると考えなければなるまい。(12)

二、司馬遷の彗星への認識

司馬遷が天官書に言う春秋の「彗星三見」とは、『春秋』に見える文公十四年七月の、

星の孛《はい》して北斗に入る有り。　（有星孛入于北斗。）

昭公十七年冬の、

星の大辰に孛する有り。　（有星孛于大辰。）

哀公十三年十一月の、

星の東方に孛する有り。　（有星孛于東方。）

を指す。(13)

この『春秋』における「孛」について、『春秋』三伝の解釈を整理すると、

公羊伝は三例すべてに、

孛とは何ぞや。彗星なり。　（孛者何。彗星也。）

という解釈を施している。それに対して穀梁伝は文公十四年にのみ、

孛の言為《た》る猶《な》ほ茀《ふつ》のごときなり。　（孛之為言猶茀也。）

と解釈を施し、左氏伝は昭公十七年に、

彗は旧《ふる》きを除き新しきを布く所以なり。　（彗所以除旧布新也。）

と魯の大夫の申須の説を載せている。(14)

よって、司馬遷が『春秋』に見える三「孛」を「彗星三見」と換言するのは、公羊伝の解釈を経なくては書き得ないこととなる。しかし、注意を必要とするのは、天官書の中では「彗」についての記述が、歳星（木星）の失行が有った時に、

進みて東南すれば、三月に彗星を生む。長さ二丈、彗に類す。（進而東南、三月生彗星。長二丈、類彗。）

と有り（下の「彗」はホウキのことであろう）、太白（金星）の出現が遅れた時に、

晩《おく》るれば天夭及び彗星を為し、将は其の国を発す。（晩為天夭及彗星、将発其国。）

と有り、辰星（水星）の出現が遅れた時にも、

晩るれば彗星及び天夭を為す。（晩為彗星及天夭。）

と有り、その他「孛」は熒惑（火星）について、

熒惑孛を為せば、外は則ち兵を理《おさ》め、内は則ち政を理む。（熒惑為孛、外則理兵、内則理政。）

と有るので、「彗」と「孛」とには、区別が有ったことである。

また、天官書には、

秦の始皇の時、十五年彗星四たび見れ、久しき者は八十日、長きこと天に竟《わた》る或《あ》り。……。呉楚七国の叛逆するに、彗星数丈……。朝鮮の抜や、星河戍《かしゅ》に茀し、兵大宛を征するや、星招揺に茀す。（秦始皇之時、十五年彗星四見、久者八十日、長或竟天。……。呉楚七国叛逆、彗星数丈……。朝鮮之抜、星茀于河戍、兵征大宛、星茀招揺。）

と有る。このうちの「十五年彗星四見」は、『史記』始皇帝本紀にも都合四例の「彗星」(15)出現記録が見られるため、天官書のこの「彗星四見」は、秦の記録に依拠して「彗」に作っていると考えられ、後文の呉楚七国の乱の時の「彗星」も当時の記録に依拠した記述と考えることができる。一方で朝鮮・大宛征伐は、武帝の元封・太初年間のできごとであり、この時に「茀」と記録したのは、他ならぬ太史令司馬遷本人ということになる。

以上の天官書に見える「彗」「孛」「茀」の用例は、明瞭な理由は未詳であるが、何らかの区別によって書き分けられていると考えられる。『史記』の斉太公世家に見える春秋時代の斉の景公の故事に、彗星の禍について憂慮する景公に対して、奢侈な行いや重税などを諫める晏子が、「茀星将《まさ》に出でんとす、彗星何ぞ懼れんや。（茀星将出、彗星何懼乎。）」と説くのも、「彗」と「茀」とを明確に区別した例である。

司馬遷以前の天文占書である馬王堆漢墓出土の帛書「五星占」にも、歳星・太白・辰星それぞれに、天官書と類似した彗星の記述が見られるが、熒惑と孛とを関連づける記述は見られない。また、同帛書「天文気象雑占」は、天官書には見られない「蒲彗」「帚彗」「竹彗」「苦彗」など数種の彗星を区別して記しているが、「孛」や「茀」に関する記述は見られない。(16)天官書の惑星運行に関する知識が、帛書「五星占」

よりも古いものであることはすでに指摘されているが[17]、天官書に見える「彗」「孛」「茀」の区別も、由来を別にする古説に依拠したものであるのかもしれない。

ともあれ、司馬遷がこうした区別をしながらも、『春秋』に見える三「孛」を「彗星三見」と換言したことは、「彗」「孛」「茀」の区別をより不明瞭にしており、経学による天文占への悪影響であるとも思われる。しかし、天文占が一方的に影響を被ったわけではない。『春秋』の三「孛」を解釈する経学者たちもまた、天文占知識の影響を受けるのである。

三、災異説は占いか

『春秋』の三「孛」は、漢代儒学の大きな特徴の一つである災異説の対象となり、それに対する春秋学者の解釈が、『漢書』五行志に記録されている。董仲舒が、文公十四年の「孛」について、

孛とは悪気の生ずる所なり。……。北斗は、大国の象。後に斉・宋・魯・莒・晋皆君を弑す。（孛者悪気之所生也。……。北斗、大国象。後斉・宋・魯・莒・晋皆弑君。）

と説くのは、天文占知識の影響とは断言しがたいが、昭公十七年の「孛」について、

大辰は心なり、心を明堂と為す、天子の象なり。後に王室大いに乱れ、三王分争す。此れ其の効なり。（大辰心也、心為明堂、天子之象。後王室大乱、三王分争。此其効也。）

と説くうちの「心を明堂と為す」などは、『史記』天官書にもそのままの句が有り、董仲舒が『春秋』の経文に見られる「大辰」の語を直接「明堂」ないしは「天子」と解釈しないことは、心宿に関する天文占知識を経た上で経書解釈がなされていることを示している。

『漢書』五行志に記録されている董仲舒説はこの他にも『春秋』の日食記事について、厳（荘）公十八年に「宿は東壁に在り、魯の象なり。（宿在東壁、魯象也。）」、同二十五年に「宿は畢に在り、辺兵・夷狄を主るの象なり。（宿在畢、主辺兵・夷狄象也。）」、襄公二十一年に「宿は軫・角に在り、楚・大国の象なり。（宿在軫・角、楚・大国象也。）」、昭公十七年に「宿は畢に在り、晋国の象なり。（宿在畢、晋国象也。）」、同二十四年に「宿は胃に在り、魯の象なり。（宿在胃、魯象也。）」、定公十五年に「宿は柳に在り、周室大いに壊え、夷狄諸夏を主るの象なり。（宿在柳、周室大壊、夷狄主諸夏之象也。）」などと有り、分野説を中心とした天文占知識を用いて各日食災異を解釈している。

また、劉向は公羊伝と穀梁伝を学んでいるが、文公十四年の「孛」について、

君臣朝に乱れ、政令外に虧《か》くれば、則ち上に三光の精を濁し、五星贏縮し、色を変へて逆行し、甚しきは則ち孛を為す。北斗は人君の象、孛星は乱臣の類、簒殺の表なり。星伝に曰く「魁は貴人の牢」と。又曰く「孛星北斗中に見るれば、大臣・諸侯に誅を受くる者有り」と。一に曰く「魁を斉・晋と為す」と。（君臣乱於朝、政令虧於外、則上濁三光之精、五星贏縮、変色逆行、甚則為孛。北斗人君象、孛星乱臣類、簒殺之表也。星伝曰「魁者貴人之牢」。又曰「孛星見北斗中、大臣諸侯有受誅者」。一曰「魁為斉・晋」。）

と説いてる。冒頭はいかにも災異説らしい論理であり、彼の災異説の根拠の一つとなっている『尚書洪範伝』に「皇の極せず、是れ建たずと謂ふ、……、時には則ち日月乱行し、星辰逆行する有り。（皇之不極、是謂不建、……、時則有日月乱行、星辰逆行。）」[18]と有るのにも一致する考え方である。また、劉向はこの文公十四年の「孛」と昭公十七年の「孛」について『星伝』を引用しいるが、『星伝』は『漢書』天文志にも引かれており、その内容からも天文占書と見るべきであろう。つまり、劉向は天文占書を用いて『春秋』経を理解し、災異解釈を行っているのである。

なお、右に引いた文公十四年の「孛」への劉向の解釈は、「夫れ彗星較然として北斗中に在るは（夫彗星較然在北斗中）」と続いていき、再び『星伝』を「彗星北斗に入れば、大いに戦ふ有り。（彗星入北斗、有大戦。）」云々と引いているので、劉向も「孛」と「彗」とを同一視していることが分かる。先に触れたように劉向は公羊伝を学んでいるため、司馬遷同様に公羊伝の「孛」への解釈を経て、「孛」と「彗」とを同一視しているのだと考えられる。

劉歆は文公十四年の「孛」について、「彗は旧きを除き新しきを布く所以なり。（彗所以除旧布新也。）」と説いているが、これは先に引いたように左氏伝が昭公十七年に載せる魯の大夫の申須の説である。よって劉歆の「孛」への解釈は、左氏伝に拠るのであって、天文占知識に由来すると断言し得るものではない。しかし、『漢書』五行志に載る春秋三十六日食すべてに対して、逐一分野を説いていることを付言しておきたい。

以上簡略ではあるが、前漢を代表する春秋学者であり災異説者である三人が、いずれも天文占知識を有し、時にはそれによって『春秋』の経文を解釈し、災異を説いていたことが示せるだろう。特に甚だしいのは天文占書を引用する劉向の説である。無論、董仲舒や劉歆も天文占書あるいは占者から得た知識を用いているのであろうが、天文占書を直接引用することは、彼らによる彗星以外の天文災異に対する解釈でも

行われていない。しかし、劉向の経書を逸脱した災異解釈はこれだけではない。(19)

『漢書』五行志が載せる漢代の日食(20)に対する劉向の解釈を見ると、恵帝の七年五月丁卯先晦一日の日食には、

> 五月は微陰始めて起こりて至陽を犯せば、其の占重《おも》し。其の八月に至り、宮車晏駕し、呂氏詐りて嗣君を置くの害有り。（五月微陰始起而犯至陽、其占重。至其八月、宮車晏駕、有呂氏詐置嗣君之害。）

と有り、昭帝の元鳳元年七月己亥晦の日食には、

> 己亥にして既なるは、其の占重し。後六年、宮車晏駕し、卒《つい》に以て嗣亡《な》し。（己亥而既、其占重。後六年、宮車晏駕、卒以亡嗣。）

と有り、成帝の河平元年四月己亥晦の日食には、奏対として、

> 四月は五月に交はれば、月は孝恵に同じく、日は孝昭に同じ。東井は、京師の地。且つ既なれば、其の占恐らくは継嗣を害せん。（四月交於五月、月同孝恵、日同孝昭。東井、京師地。且既、其占恐害継嗣。）

と有る。この日食三例は、いずれも『漢書』の本紀では「既」と、皆既日食であったことが記されているが、五行志では恵帝の七年五月と昭帝の元鳳元年七月の日食はともに「幾尽」であり、成帝の河平元年四月己亥の日食は「不尽如鉤」であって、いずれも皆既日食には至っていない。そのため、特にこれら恵帝・昭帝の日食に対する劉向の説は、推算で得た食分を根拠にして説いたものであるとも考えられ、成帝のこの日食についても、事前に皆既日食が起こると推算し、それが奏対にも反映したのだと考えられる。(21)だとすれば、劉向は天文占だけではなく、暦算の知識をも有していたこととなる。

　また、恵帝・昭帝はともに後嗣無く崩御したが、劉向はいずれも過去の事例として挙げ、日食災異と後嗣無く崩御したこととを関連づけている。その際の災異解釈として、恵帝の日食には陰陽説を用いるが、昭帝の元鳳元年七月己亥の日食に対して「己亥の日に皆既日食が起きたのは」と説くのは、ただ事実を述べているだけであり、何らかの理論があるようには見えず、それ以前の春秋の日食などに対する解釈にも例は見られない。(22)

　劉向は、恵帝の例については、五月末の先晦一日を「五月は微陰始めて起こり」と説き起こし、それによって成帝の四月末の晦を「四月は五月に交はれば、月は孝恵に同じく」と説き、昭帝の例に至っては、ただ己亥の日の日食であるという点から、特に理論的な根拠を示すこともなく「其の占重し」と断じることによって、この両前例の解釈を、目前に在

る成帝の後宮問題に言及するために、河平元年四月己亥の日食に対して「月は孝恵に同じく、日は孝昭に同じ」と説くための例証として自作しているのである。

また注目すべきは劉向の「其の占重し」という言葉である。『漢書』五行志には「占」字の使用が多く見られるが、この「占」とは何であろうか。例が繁多となるため、逐一挙げることはしないが、例えば吉川忠夫・冨谷至による『漢書』五行志の訳注は、それら「占」字を全て「判断」と訳している。[23] これは、『漢書』五行志に記された災異説は「占い」とは異なるとする見解によって訳語の統一を図ったものであろう。しかし、すでに天文占を例として見てきたように、災異説者は占術知識を有し、それによって災異解釈をおこなっているのである。

例えば、五行志第七中之上の宣帝の黄龍元年に起きた「雞旤」について、

京房易伝に曰く「雞は時を知る。時を知る者当に死すべし。」と。房は以て己は時を知ると為し、之に当たるを恐る。劉向以為く房は雞占を失せり、と。(京房易伝曰「雞知時。知時者当死。」房以為己知時、恐当之。劉向以為房失雞占。)

と有る「雞占」は「にわとりのうらない」ではないのだろうか。また、五行志第七下之下の武帝の建元六年に出現した「長星」について、

占に曰く「是を蚩尤旗と為す、見るれば則ち王者四方を征伐す。」と。(占曰「是為蚩尤旗、見則王者征伐四方。」)

と有るのは、『史記』天官書に、

蚩尤の旗は、彗に類して後曲し、旗に象る。見るれば則ち王者四方を征伐す。(蚩尤之旗、類彗而後曲、象旗。見則王者征伐四方。)

と見える文であり、天文占の知識である。[24] この「占」は「占書」であろうか、「判断書」であろうか。

唐の『開元占経』が引く劉向『洪範伝』には、『漢書』天文志と重複する文章が多く見られ、後漢に入り馬続が天文志を編纂する際の藍本になったと考えられる。また、『史記』天官書と『漢書』天文志を比較した時、差異の一つとして、天文志では五惑星に、儒家の五常や洪範の五事(貌・視・言・聴・思心)が配当されていることが挙げられるが、これも劉向の所為である。[25] そのため、劉向は『洪範五行伝』によって災異だけではなく、天文占をも整理しようとしていた、と考えられる。しかし、それは五惑星が関わる天文災異をも全て洪範五行説で解釈するということであり、結果としては失敗

に終わったようである。班固と馬続、もしくはそれ以前に劉歆が、(26)劉向の『洪範五行伝論』を天文志と五行志の二つの藍本として割いたようであり、先に触れた『星伝』の引用が天文志と五行志双方に見えるのも、この辺りの事情に関わろう。

『漢書』叙伝下には、五行志の撰述目的を、

河図は庖に命じ、洛書は禹に賜ひ、八卦の列を成し、九疇《ちゅう》の敍する逌《ところ》。世代《よよ》寔《まこと》に宝とし、文武を光演し、春秋の占、咎徴是れ挙がる。往を告げ来を知るは、王事の表。

(河図命庖、洛書賜禹、八卦成列、九疇逌敍。世代寔宝、光演文武、春秋之占、咎徴是挙。告往知来、王事之表。)

と記しているが、「春秋の占」とは、河図(八卦・易)や洛書(九疇・洪範)に由来する占術を限定して指しているのであろうが、五行志に天文占知識も含まれることは、先に見たとおりである。(27)また、『漢書』の劉向伝には、劉向が『洪範五行伝論』を撰するに当たって、

上古以来春秋六国を歴て秦漢に至るまでの符瑞災異の記を集合し、迹を行事に推し、禍福を連伝し、其の占験を著かにす。(集合上古以来歴春秋六国至秦漢符瑞災異之記、推迹行事、連伝禍福、著其占験。)

と有るが、「占験」とは、占いとその結果の実証を指す言葉である。

無論、「占」は吉凶を判断するものであるから、「判断」であることは紛れもない。あるいは、五行志に見える記述は、「占」という行為の性質(占術であること)よりも用途や目的(災異説)、または意図や機能(判断)に重きを置いて、「占」を多用するのかもしれない。災異説の当事者にとって、「占」は旧来の「占卜」を離れ、災異を判断する機能(技術)が援用されているだけとも、見ることはできる。

おわりに

以上述べてきたことから想起されるのは、天文占を筆頭とする「術数」の存在である。「術数」は、あるいは「数術」と書かれ、芸文志大序に記された成帝期の劉向等の校書時の「太史令尹咸は数術を校す(太史令尹咸校数術)」に付された顔師古注に「占卜之書」と有り、術数略に著録されている書目も大半が占書であることに拠れば、「術数」とは「占卜」の異称である。しかし「術数」の呼称は、それ自体を本来的な「占卜」から距離を置かせ、新たな概念を生み出すことに成功している。

あるいは術数を、「広義の「数」の学術」と理解し、(28)あるいは、

天の理法を明らかにする数的知識であった「術数」は、

> 儒学に組み込まれていくことによって政事致用の術として昇華され、経学としての地位を得る。これによって、漢代的「術数」が、経学という基礎をもってはじめて成り立つ概念であることが確認されよう。

という理解もある。(29) しかし、本稿に示した天文占知識の例に、「数」が有ったであろうか。

勿論これは、天文占に固執した見方なのかもしれない。前述したように、劉向も五行という「数」によって天文占の再構築を模索していた。目録における「術数」概念の登場も、こうした試行錯誤の一部であったのだろう。旧来の「占卜」を「術数」とラベリング、もしくはパッケージングすることによって、概念的に更生させ、「経学にたいし不可欠な地位を占め」(30)させたのであり、逆説的にとらえればそれによって、経学に天文占知識を包摂することが保証されたのである。

もとより経学には、礼の範疇において「占卜」の存在が認められていた。しかし、他の経書を解釈する上で占卜知識を用いることは、当初こそ無自覚に行われてはいたが、儒学や経学が自己の存在に自覚的となり、他者との間に明確な境界を設け始めるにつれて、意識的な困難を伴ったのではないか。陰陽・五行説にせよ、最終的には『易』や『書』の洪範といった経書の保証を必要としたように、経書解釈に「不可欠」となった天文占をはじめとする占卜知識を援用することの正当性を認めることが、「術数」概念が生み出される「数」以外の動機の一つとなっているのではないだろうか。

すでに見たように、董仲舒や劉向は、経書解釈の一端である災異解釈に、陰陽・五行説だけではなく、天文占知識をも包摂しようとしていた。(31) 災異説自体が、劉向の日食解釈の例に見たように、目前の政治的課題に言及するための手段であるため、災異説に援用される天文占知識も「政事致用の術として昇華」されたと言えようが、災異説以前の『史記』天官書に、天文占の結果として示された凶禍を避ける手段として、

> 太上は徳を脩《おさ》め、其の次は政を脩め、其の次は救を脩め、其の次は禳を脩め、正下之《これ》無し。
> （太上脩徳、其次脩政、其次脩救、其次脩禳、正下無之。）

と有って、徳を脩めることを最上の手段としているのは、司馬遷が儒家思想の影響を受けているのだろうか、そもそも天文占に「政事致用の術」としての側面が有ったのだろうか。

天官書以外の、例えば『呂氏春秋』制楽篇などの、占卜に関する故事に散見される徳を重視する思想を、儒家の影響であると断ずることは容易いのかもしれない。しかし、「徳」もまた儒家の専有物ではない。天官書は五惑星の性質を説いて、それぞれが「義、礼、徳、殺、刑」を司るとしており、

太白が東天に出ることを「徳」と、西天に出ることを「刑」と説き、前引の文の直前にも、「日変は徳を脩め、月変は刑を省き、星変は和を結ぶ。（日変脩徳、月変省刑、星変結和。）」と有り、これらの「徳」には陰陽説や法家思想の「刑徳」の影響をこそ見るべきであり、前引の「脩徳」を儒家の説く徳として解釈することは、前漢諸学術の曖昧な境界を見過ごすことに等しい。少なくとも天官書を見る限りにおいて、天文占は諸学術の影響によって、「術数」概念の生ずるよりも早く、「政事致用の術」たる資質を備えていたことになる。

注

（1）『秦漢的方士与儒生』（群聯出版社、一九五五年）を参照。なお、小倉芳彦による邦訳『中国古代の学術と政治』（大修館書店、一九七八年十二月）が有る。

（2）『漢書』芸文志、及びそこに至る劉向・劉歆の影響については、古勝隆一『目録学の誕生　劉向が生んだ書物文化』（臨川書店、二〇一九年二月）が参考になる。

（3）馬王堆漢墓出土『二三子問』については、『馬王堆漢墓出土帛書周易二三子問篇訳注』2・3（東京大学馬王堆帛書研究会、一九九七年六月、一九九八年六月）を参照されたい。また、馬王堆漢墓出土帛書については、近年新たな図録とこれまでの文字学・校勘学上の諸研究を整理した裘錫圭主編『長沙馬王堆漢墓簡帛集成』（中華書局、二〇一四年六月）が有る。

（4）『史記』巻六十七、仲尼弟子列伝第七。

（5）『史記』巻二十六、暦書第四。

（6）『史記』巻一百二十一、儒林列伝第六十一。

（7）『史記集解』は太史公自序の「黄子」に「儒林伝に黄生と曰ふ。黄老の術を好む。（儒林伝曰黄生。好黄老之術。）」とする徐広の説を引いている。

（8）『史記』巻一百三十、太史公自序第七十。以下、司馬談に関わる文章の引用はすべて太史公自序に拠る。

（9）この「易の大伝」の引用は、『史記集解』の引く張晏が指摘するように『易』繋辞のものであり、現行本の繋辞下伝には「子曰、天下何思何慮、天下同歸而殊塗、一致而百慮、天下何思何慮。」と見える。また、馬王堆漢墓出土の帛書「周易経伝」の「繋辞」は、ちょうど該当する行が残欠しているが、前後の文に拠って類似する文章が存在したであろうことが推測されている。注3所掲『長沙馬王堆漢墓簡帛集成』を参照。

（10）川原秀城『中国の科学思想』（創文社、一九九六年一月）。

（11）李善注が『春秋運斗枢』の「北斗七星、第五曰玉衡。」を引くのは、斗建の意味を理解できていない。この古詩の言う「玉衡」は、北斗七星の第五星を指すのではなく、北斗七星の総称、もしくは『太平御覧』巻第六、天部六、星中に引く『大象列星図』に「其の魁の四星を璿璣と為し、其の杓の三星を玉衡と為す。（其魁四星為璿璣、其杓三星為玉衡。）」と有る説に近いものである。なお、『大象列星図』は、『通志』芸文類聚第六、天文類第七、天文に「一巻」と、『宋史』芸文志五、子類二、天文類に「三巻」と著録されているが、それ以前の来歴は未詳。ただし、同書が『太平御覧』の同巻に「北極五星、一名天極、一名北極。其第一星為太子。第二星最明者為帝。第三星為庶子。餘二後宮屬也。」と引かれているのは、『晋書』天文志上に「北極五星……。第一星主月、太子也。第二星主日、帝王也。亦太乙之坐、謂最赤明者也。第三星主五星、庶子也。中星不明、主不用事。右星不明、太子憂。」と有るのに類似するが、『晋書』天文志が「五星」としながらも第三星までの説明しかしないことに比べれば、『大象列星図』は『晋書』天文志よりも新しい説を含んでいる可能性がある。しかし、『晋書』天文志は「第三星」の後に「中星」「右星」と有り、文義が通らない。もしくは『晋書』天文志の「第三星主五星」の「主」字が「至」字の誤りである可能性や、「第四星」「第五星」の記述を残欠している可能性も有るが、待考。

(12) 司馬遷が董仲舒に直接師事したとの説が有るが、陳桐生「司馬遷師承董仲舒説質疑」(『山西師大学報　社科版』一九九四年第四期)によれば南宋の真徳秀以前には見られない説である。また、董仲舒に師事したとの説の根拠とされる、太史公自序に載る壺遂に孔子が『春秋』を作った理由を問われて司馬遷が「余董生に聞くに曰く(余聞董生曰)」と引く董生(董仲舒)の説が、『春秋繁露』兪序篇の一節に類似しており、両者ともその内容から前漢末のものであると考えられることについては、岩本憲司「漢代春秋学に関する二、三の問題――『春秋繁露』兪序篇と『史記』太史公自序」(『跡見学園女子大学紀要』第一六号、一九八三年三月十五日)を参照。

(13) 『春秋左氏伝』のみ経文に哀公十四年春の獲麟以後の冬に「有星孛。」と有るが、伝は付されていないため、本稿では考察の対象としない。

(14) この申須(『漢書』五行志は申繻に作る)の説は、左氏伝の成立以前には存在していたものであろうが、後文も含めて必ずしも天文占であるとは認めがたい内容である。しかし、遅くとも後漢以降にはこの説が天文占にも影響を与え、天文占辞として用いられていたことは、『漢書』文帝紀八年の文穎の注や、同天文志冒頭の文への張晏の注にも確認でき(文穎と張晏はともに後漢末の人)、『続漢書』天文志も、王莽地皇三年十一月や献帝建安二十三年三月の「星孛」を「所以除穢而布新」「除旧布新之象」などと解釈している。

(15) 始皇の七年に「彗星先出東方、見北方、五月見西方。」「彗星復見西方十六日。」、九年に「九年、彗星見、或竟天。」「彗星見西方、又見北方、従斗以南八十日。」、十三年正月に「彗星見東方。」と合計五例の彗星記事が有るが、このうち七年の二例は「復」と有るため、同一の彗星であると認識していた可能性が有り、斉藤国治・小沢賢二『中国古代の天文記録の検証』(雄山閣出版、一九九二年九月)も、七年の二例をともにハレー彗星とする。

(16) 「天文気象雑占」は漢の高祖劉邦への避諱が見られず、その抄写年代は前漢の最初期、成書年代はそれよりも早まると考えられる。注3所掲『長沙馬王堆漢墓簡帛集成』を参照。

(17) 山田慶児編『新発現中国科学史資料の研究　訳注篇』(京都大学人文科学研究所、一九八五年三月)所収川原秀城・宮島一彦訳注「五星占」を参照。

(18) 『漢書』巻二十七下之上、五行志第七下之上。

(19) 本稿は前漢経学者の有した占術知識を対象とするため、彼らの他の災異解釈について言及しないが、劉向には『洪範五行伝』以外にも、穀梁伝のいわば純粋な経学的解釈を用いて災異を説くことが有るのは、和田恭人「『漢書』五行志中の劉向説について――『洪範五行伝論』との乖離について」(『人文科学』第七号、二〇〇二年三月)を参照。

(20) 『漢書』五行志の中に見られる漢代の日食に対する災異解釈記事の有する特徴と構造については、拙稿「『漢書』五行志に於ける漢代日食記事」(『東洋研究』二一四号、二〇一九年十二月)を参照。

(21) 『中国古代の天文記録の検証』（注15所掲）は、この日食三例をいずれも日輪が三日月状に輝いて残ったとし、特に恵帝七年五月の日食については、「幾尽」が実見記であり、本紀の「既」は推算であると判定している。

(22) 日食の日時の干支を用いて災異解釈を行う例は、成帝の河平元年四月己亥晦の日食の直前に起きた建始三年十二月戊申朔の日食に対する杜欽の説に「日戊申を以て食し、時は未を加ふ。戊未は、土なり、中宮の部なり。（日以戊申食、時加未。戊未、土也、中宮之部。）」と見ることができるが、これは「戊未」が五行で言えば「土」に当たり、「土」は「中央」であるため、「中宮」である、とする明快な五行説を用いた論理である。

(23) 吉川忠夫・冨谷至『漢書五行志』（平凡社、一九八六年九月）。なお、小竹武夫は当該の「占」を全て「占い」と訳している。『漢書 上巻 帝紀 表 志』（筑摩書房、一九七七年六月。ちくま学芸文庫は『漢書3 志下』、一九九八年七月）を参照。

(24) 『漢書』天文志にも同文が見られる。『史記』と『漢書』の「蚩尤之旗」と「長星」の関係については、拙稿「天象解釈の展開――『史記』天官書・『漢書』天文志を中心に」（『中国学論集』二九号、二〇一一年十二月）を参照。

(25) 『開元占経』が引用する書名には『劉向洪範』『洪範天文日月変占』『洪範天文志』など、混乱が見られるものの、そこに記された内容は、劉向の没年（哀帝建平元年）を超えないことから、全て劉向に関わりある、もしくは劉向後学の説と判断することができる。拙稿「『漢書』天文志と『洪範伝』」（『東洋文化』復刊第一〇五号、二〇一〇年十月）を参照。

(26) 『漢書』五行志の性質、及びそこに劉歆の影響が見られることは、平澤歩「『漢書』五行志と劉向『洪範五行伝論』」（『中国哲学研究』二五号、二〇一一年三月）を参照されたい。

(27) 「来を知る」という表現も、『易』の繋辞下伝の「占事知来」に由来しよう。

(28) 川原氏前掲書。

(29) 馬場理恵子「「術数」概念の成立と漢代学術」（『京都女子大学大学院文学研究科研究紀要　史学編』三号、二〇〇四年三月）。

(30) 川原氏前掲書。

(31) 前述のとおり、天文占自体をも包摂しようとする劉向の試行錯誤は結果として破れ、『漢書』は天文志と五行志を分けるに至っている。天文占から見れば取り込まれずに残った物の独立が認められたのであるが、それ以後も五行志に記載された日月食や彗孛の記録を、六世紀に『南斉書』天文志と『魏書』天象志が収めるまで、天文占と災異説の歪な関係が続くこととなる。

附記 本稿は、科学研究費助成事業基盤研究（C）（一般）「東アジアにおける天文占知識の形成と伝播」（課題番号：19K00063）による研究成果の一部である。

鄭玄と王粛

古橋紀宏

ふるはし・のりひろ――香川大学教育学部准教授。専門は中国古代中世思想史・経学。主な著書・論文に、『孔子家語』（宇野精一著・古橋紀宏編、明治書院、二〇〇四年）、「『漢書』元始年間の郊祀・宗祀の紀年に関する一試論」（『中国哲学研究』二八、二〇一五年）、「王莽の『孝経』解釈とその明堂祭祀」（『文学研究』二八、二〇一七年）などがある。

後漢の鄭玄（一二七～二〇〇）は、漢代の経学を幅広く修め、経書や緯書を中心とする諸文献の整合的な解釈を構築したが、その説には、当時の制度や通念に反する要素が含まれていた。後漢滅亡後、曹魏の明帝期（二二六～二三九）において、儒教的制度が整備される中、鄭玄説に基づく制度改革がしばしば議論されたが、その際、鄭玄説に反対する立場をとったのが王粛（一九五～二五六）であった。王粛の説は、当時の制度や通念に即したものであり、鄭玄説が持っていた実施上の問題点に対し、現実的な立場から修正する役割を果したといえる。

一、漢代経学の集大成者鄭玄

漢王朝は、当初、秦の制度を踏襲したが、前漢において儒教尊重の方針が定められると、儒教の経書に記された古代王朝の制度が理想とされ、経書に倣った制度が次第に整備されていった。このことを詳細に論じた狩野直喜「礼経と漢制」(1)は、儒教を「イデオロギー」と表現し、次のように喩えている。

> 多くの場合はイデオロギーにあてはめて一度に全部を革新するのはむづかしく、自然に、水が物を浸潤してゆく様に次第次第に制度の上に具体化してまゐりました。

ここに述べられるように、漢王朝において既に確立している制度を、経書に基づいて全面的に改めることは難しく、漢代における儒教的制度の実施はなお一部にとどまっていた。

その中で、儒教の経書は、制度の理想的な基準を示すものと認識され、規範としての性質を強めていったが、その解釈をつかさどる博士は、師説を伝承する一経ごとの専門を重んじ、また同じ経書の博士でも複数の学派に分かれていた。さらに、新たに発見された古文の文献に依拠する古文学が起こり、それは後漢において主に民間で発展したが、その経書解釈は、博士による解釈学と説を異にし、経学は、古文学と、博士による今文学との、二つに大きく分かれた。これらの経書解釈の違いに対し、前漢では石渠閣において、後漢では白虎観において、それぞれ議論が行われたが、このことは、漢代において、規範となりうる一義的な経書解釈が求められたことを示している。

一方、古文学では、複数の文献の比較検討によって文意を解明する方法が尊ばれたため、後漢では古文学の立場から今文学を兼修する傾向が強まった。そのような流れを継承し、今文学と古文学を広く学び、それらを集大成したのが、鄭玄である。(2)

鄭玄は、後漢・順帝の永建二年（一二七）、北海国高密県（現在の山東省高密市）の没落した豪族の家に生まれた。十三歳の時に五経を暗唱するとともに、天文や占いを好み、十七歳の時には大風を見て火災の時刻を予言したと伝えられる。(3)その後、二十一歳で群書を極め、暦や図緯の言葉、さらに算術に精しかったという。(4)図緯とは、予言書である図讖や、経書の神秘的解説書である緯書の総称であるが、(5)緯書には当時の天文学に関する記述が多く含まれており、(6)鄭玄は若年より、算術や天文・暦、さらにそれらと密接に関連する漢代経学の神秘的な側面に、強い関心を持っていたことが知られる。

北海国の下級役人を辞して洛陽の太学に学んだ鄭玄は、第五元先から今文学と暦・算術を学び、ついで張恭祖から今文学のほか古文学も学んだ。そして、当時多くの経書を注解し、著名な学者であった馬融の門下に加わった。しかし、鄭玄は初め直接馬融から教えを受けることはできず、三年がたち、馬融が図緯について論じていた時、鄭玄が算術に秀でているとの評判を聞いて呼び出し、鄭玄はそれによって直接馬融に質問することができるようになったという。その後、鄭玄は郷里に帰って弟子の教育に当たり、ついで十四年にわたる党錮の禁に遭ったものの、その間も注釈の作成を続け、経書・緯書等の諸文献の注釈を完成させた。しかし、献帝の建安五年（二〇〇）、袁紹の従軍要請にやむなく応ずる途上で亡くなった。(7)

二、鄭玄説の特徴

鄭玄の経書解釈は、南朝宋の范曄が撰した『後漢書』の鄭玄伝に「大典を括嚢し、衆家を網羅す」と評されるように、それまでの諸説を総合し、諸文献を体系的に解釈するものであった。

特に、『周礼《しゅらい》』・『儀礼《ぎらい》』・『礼記《らいき》』の三礼《さんらい》を整合的に解釈した鄭玄の三礼注は、唐代に「礼は是れ鄭学」(『礼記正義』)と言われるほど権威を持ち、鄭玄の経書の注釈が多く散佚する中で、『毛詩箋』とともに今日まで伝えられている。

『周礼』は古文、『儀礼』は今文学の経書、『礼記』は今文学派が『儀礼』の補足として諸文献を集めたものであり、それぞれ由来を異にするため、その内容に多くの矛盾を含んでいる。鄭玄は、その中の『周礼』を周公旦による周王朝の制度と認定し、それを基準として、『儀礼』・『礼記』との整合的な解釈を完成させた。(8) その体系性を詳細に例証した加賀栄治氏は、三礼注の完成に必要となった緻密な構成力を、鄭玄の数学的頭脳によるものと指摘するが、(9) 単に構成力のみならず、三礼の諸制度は数学・天文・暦とも関連するため、三礼全体の整合的解釈には、鄭玄のそれらに対する素養は必須のものであったと思われる。

また鄭玄の三礼注は、三礼を相互に結びつけるだけではなく、緯書と緊密に関連づけられている。(10) このことは、郊祀に関する解釈に顕著に現れている。

郊祀は、都城の郊外において天地を祭る儀式であるが、『周礼』では、天帝として「昊天上帝」が記され、冬至に「圜丘《えんきゅう》」(圜は「円」の意)で祭天を行うとする。(11) 一方、『礼記』郊特牲では、「南郊」で天に報ずる祭祀を行うと述べ、(12) また『礼記』祭法では、周王朝が上古の帝王である嚳に「禘」の祭祀を行い、周の始祖である后稷に「郊」の祭祀を行うと記す。(13)

これらの記述に対して、鄭玄は、『周礼』の「圜丘」で「昊天上帝」を祭るとし、その「昊天上帝」は「天皇大帝」とも称し、(14) また「北辰耀魄宝」とも称するという。(15)「北辰」は北極星のことであり、「天皇大帝」や「耀魄宝」は、緯書に見える北極星の神名である。(16)

そして、この「圜丘」での祭祀が、『礼記』祭法の「禘」であり、周王朝では嚳を「昊天上帝」にあわせて祭る(配享・配食)とする。(17)

一方、『礼記』郊特牲の「南郊」での祭祀は、『礼記』祭法の「郊」であり、(18) また『礼記』月令で正月に行うとされる祈穀(豊作祈願)の祭祀のことで、正月に行うと解する。(19) なお、「郊」を正月に行うことは、緯書に記される。(20)

そして、この「南郊」で祭る天帝は、感生帝であるとする。(21) 鄭玄は、帝王の始祖は皆、天の「太微五帝」中の一帝に感応して生まれたという感生帝説をとり、(22)「太微五帝」の中で、自王朝の始祖が感応した一帝が、その王朝の感生帝である。「太微五帝」とは、緯書で天の太微宮にその座があるとされる蒼帝霊威仰・赤帝赤熛怒・黄帝含枢紐・白帝白招拒・黒帝汁光紀の五柱の天帝であるが、(23)鄭玄は『礼記』大伝の注で、緯書の「太微五帝」の記述を引用し、周王朝では「郊」の祭祀において、「太微五帝」中の蒼帝霊威仰を祭り、始祖の后稷を配享すると解する。(24)つまり、周王朝では蒼帝霊威仰が感生帝であり、周王朝の始祖后稷は蒼帝霊威仰に感応して生まれたとするのである。なお、周王朝を蒼帝の子孫とすることも緯書に見られる。(25)

以上のように、鄭玄は、天帝を「昊天上帝」（天皇大帝、北辰耀魄宝）と「太微五帝」に分け、その二種類の天帝に応じて、天を祭る場所も、冬至に「昊天上帝」を祭る圜丘と、正月に「太微五帝」中の感生帝を祭る南郊とに分けたのである。

なお、鄭玄の解釈における「天皇大帝」は、「大帝」という名や、北辰とされることから、「太微五帝」よりも上位の天帝と考えられるが、緯書『易緯通卦験』の鄭玄注と考えられる注には、「此れ、太微の帝、本《もと》、北辰の帝と元を同じくするを言う」とあり、鄭玄は、「北辰耀魄宝」と「太微五帝」はその根源を同じくすると考えていたことが窺われる。(26)

三、鄭玄説の具体例――「皇皇后帝」の解釈

鄭玄の以上のような天帝に関する説は、「六天説」と言われ、鄭玄はこの説によって、三礼以外の諸文献も整合的に解釈した。このことを、後の曹魏において議論となる『論語』堯曰に見える天帝の呼称「皇皇后帝」の解釈を取り上げて、確認していきたい。

『論語』堯曰の冒頭には、

> 堯曰、「咨爾舜。天之暦数在爾躬。允執其中。四海困窮、天禄永終。」舜亦以命禹。曰、「予小子履、敢用玄牡、敢昭告于皇皇后帝。……。」

と記される。

この前半「天禄永終」までを、堯が舜に禅譲した時の堯の言葉とする点では諸説に違いはない。しかし、後半「予小子履」以下、「敢て玄牡を用い、敢て昭らかに皇皇后帝に告ぐ。……。」の発言者について、説が分かれる。曹魏の何晏らの『論語集解』は、孔安国の説として、「履」は殷の湯王の名であり、湯王が桀王を討伐した後に、天に告げた告天文であると解する。そして、その中の「皇皇后帝」は、天帝のことをいうと述べる。(27)

一方、鄭玄の『論語』注は、この「皇皇后帝」を、太微五

帝と解釈する。[28] この鄭玄の解釈は、以下のように、『毛詩』や『尚書』、さらに緯書と整合性を持つものである。

まず、「皇皇后帝」という天帝の呼称は、『論語』のほか、『毛詩』魯頌の閟宮にも、

皇皇后帝と、皇祖である后稷に、赤牛の犠牲を供える。

（皇皇后帝、皇祖后稷、享以騂犠。）

と見える。閟宮のこの部分は、周王が行う郊祀ではなく、魯国の君主が行う郊祀について述べられたものである。鄭玄は、魯の郊祀で祭られる天帝について、周王の南郊と同じく蒼帝霊威仰を祭ると解釈する。[29] そのため、魯の郊祀について述べられた『毛詩』閟宮の「皇皇后帝」は、鄭玄の解釈では、昊天上帝ではなく、太微五帝中の蒼帝霊威仰を指すものとなる。

さらに鄭玄は、『論語』と『尚書』とを整合的に解釈し、『論語』堯曰の堯舜禅譲記事を、『尚書』堯典（偽古文尚書では舜典）の、

（舜は、堯の帝位の）終わりを文祖で受けた。

（受終于文祖。）

と結びつけて解釈する。このことについては、唐の『毛詩正義』が、『論語』の鄭玄注と認められる注を引用し、次のように解説する。

『論語』（堯曰）に「皇皇后帝」と言い、その（鄭玄）注に「帝とは太微五帝のことを言う」と述べる。ここ（閟宮）でもまた「皇皇后帝」と言っているのに、（鄭玄の『毛詩箋』で）ただ「天のことを言う」と述べるだけなのは、『論語』では舜が文祖で（堯の帝位の）終わりを受け、五帝をすべて祭るべき時のことを述べているのに対し、魯では五帝すべてを祭ることはできないので、ただ「天のことを言う」と述べるだけなのである。

（論語曰「皇皇后帝」、注云「帝謂太微五帝」。此亦云「皇皇后帝」、直言「謂天」者、以論語説舜受終于文祖、宜総祭五帝、魯不得徧祭五帝、故直言「謂天」。）（『毛詩正義』閟宮疏）

右の引用の傍線部に説明されるように、鄭玄は、『論語』の「皇皇后帝」を含む告天文を、『論語集解』のように殷の湯王の言葉と解釈するのではなく、舜が堯から受禅した際に、その受禅を「文祖」で祭られるすべての太微五帝に告げた時の言葉と解釈するのである。

『尚書』堯典に見える「文祖」とは、緯書の『尚書帝命験』に、堯舜時代の赤帝の廟の名として、次のように見える。

五府は、五帝を祭る廟である。蒼帝の廟を霊府と言い、赤帝の廟を文祖と言い、黄帝の廟を神斗と言い、白帝の廟を顕紀と言い、黒帝の廟を玄矩と言う。堯舜の時代にはそれらを五府と言い、夏王朝では世室と言い、殷王朝

では重屋と言い、周王朝では明堂と言ったが、いずれも五帝を祭る場所である。

（五府、五帝之廟。蒼曰霊府、赤曰文祖、黄曰神斗、白曰顕紀、黒曰玄矩。唐虞謂之五府、夏謂世室、殷謂重屋、周謂明堂、皆祀五帝之所也。）　（『史記索隠』五帝本紀）

鄭玄はこの記述と、周における赤帝の廟の名である「明堂」が周の五帝の廟全体の総称でもあることに基づき、

文祖は、五府の総称であり、周の明堂と同様である。

（文祖者、五府之大名、猶周之明堂。）（『史記集解』五帝本紀）

と述べ、「文祖」は赤帝の廟の名であるとともに、堯舜時代の五帝の廟（「五府」）全体の総称でもあると解する。これによって、『尚書』の「文祖」には、すべての太微五帝が祭られるとするのである。

以上のように、鄭玄が『論語』の「皇皇后帝」を太微五帝の呼称と解したのは、他の経書や緯書と整合性を持つように解釈を行った結果であり、[30] 鄭玄の解釈は、諸文献の記述が相互に密接に関連する極めて精緻な構造になっていることがわかる。

范曄の『後漢書』鄭玄伝には、前述の評のほかに、鄭玄説について「通人は頗る其の繁を譏る」とも記す。その「繁」とは、鄭玄説のこのような精緻さが、当時、繁雑であると認識されていたことを示すものである。[31]

四、鄭玄説の批判者王粛

以上のような精緻な構造を持つ鄭玄説に対し、曹魏において反論したのが、王粛である。

王粛は、後漢・献帝の興平二年（一九五）、会稽太守・王朗の子として会稽（現在の浙江省紹興市）に生まれた。父の王朗も経書に通じ、『易』『春秋』『孝経』『周礼』の注釈を著したという。王粛出生の翌年、王朗は孫策に攻められて投降し、会稽太守の職を奪われたが、建安三年（一九八）、曹操の上表によって徴召され、数年をかけて許都に至った。以後、王朗は、刑事裁判をつかさどる大理、ついで御史大夫に至り、曹丕が帝位に即くと御史大夫は司空に改称され、明帝曹叡の時に司徒に任ぜられ、太和二年（二二八）十一月に亡くなった。

一方、子の王粛は、文帝曹丕の黄初年間（二二〇〜二二六）に散騎黄門侍郎となり、明帝曹叡の太和三年に散騎常侍に任ぜられた。その後、曹芳の正始元年（二四〇）に広平太守に転じ、以後、議郎、侍中、太常となり、一時免職となるものの、復帰して光禄勲、河南尹、中領軍を歴任し、曹髦の甘露元年（二五六）に亡くなった。王粛は、初め鄭玄の学を学んだが、後に疑問を持ち、鄭玄以前の賈逵・馬融らの古文学に

依拠しつつ、鄭玄説に反論するに至る。そして、孔子の子孫から得たという『孔子家語』を自説の根拠とした。王粛も『尚書』『毛詩』『論語』『春秋左氏伝』および三礼などに注を施したが、散佚せずに今日まで伝わるのは『孔子家語』の注のみである。なお、『孔子家語』は、王粛が偽作あるいは加筆したと言われる。[32]

王粛の鄭玄説批判の意図について、加賀栄治氏は、鄭玄説が漢の制度と一致することを前提として、王粛には後漢から踏襲された魏の礼制を改変する意図があったと指摘する。[33]しかし、鄭玄説は後漢当時の制度よりも観念的な礼体系を優先するものであったとする池田秀三氏の指摘があり、[34]漢の制度と鄭玄説との関係についてはさらに検証を行うことが必要である。

五、後漢の郊祀制度と鄭玄説

そこで、鄭玄説の特徴が現れている郊祀の解釈について、後漢の制度との比較を行いたい。

鄭玄説では、前述のように、正月に南郊、冬至に圜丘で祭天を行うとする。一方、後漢の制度を記した『続漢書』礼儀志・上には、「正月上丁、南郊に祠る」とあり、毎年正月に南郊の祭祀を行ったことが見える。しかし、冬至の儀式については、『続漢書』礼儀志・中に記載があるが、天の祭祀は見られない。また、曹魏青龍年間の孫欽の議に「大魏受禅し、漢に因り、天を祀るに地を以て配す。此れ正月南郊の常祀を謂うなり。」(『通典』巻五五「告礼」)とあることから、後漢から魏に踏襲された恒例の祭天行事は、正月南郊の祭祀だけであったと考えられる。従って、後漢では冬至における圜丘の祭天を行わなかったと認められ、[35]それは鄭玄説と異なるものである。

また、後漢の正月の南郊祭祀についても、そこで祭られた天帝を検証すると、『続漢書』祭祀志・上は、後漢の南郊の制度が、光武帝即位時の鄗における儀式に従ったもので、それはさらに前漢元始年間に王莽によって整備された郊祀の故事を採用したものであったと述べる。そして、具体的には、二重の壇を設け、中央の上壇に天と地を、その外側の下壇に青帝・赤帝・黄帝・白帝・黒帝の五帝を祭ったものであったと記す。[36]

この後漢の南郊で祭られる天帝については、その先例となった鄗の儀式の祝文における天の呼称が「皇天上帝」であること、[37]また、さらにその先例となった王莽による元始年間の制度でも天帝が「皇天上帝」と称されていることから、[38]後漢の南郊においても、天帝の呼称は「皇天上帝」であったと考えられる。王莽は元始年間において、『周礼』に基づいて南郊の祭祀を定めているため、[39]その制度に由来する後漢南郊の「皇天上帝」は、『周礼』に見える「昊天上帝」と同一の天帝と考えられる。

以上のように、後漢の南郊の祭祀は、鄭玄が説くような太微五帝中の一帝を祭るものではなく、また、南郊のほかに圜丘の祭天も行われず、鄭玄説とは大きく異なるものであったことがわかる。

六、漢魏王朝交代時の経書解釈

しかし、後漢末には既に鄭玄の名は広く知られ、鄭玄の弟子の中には、後漢において重職に就いた郗慮・崔琰・国淵などがいた。[40]そのため、後漢末に鄭玄説が国家の制度に採用された可能性も考えられる。

そこで、延康元年（二二〇）十月に行われた、漢から魏への王朝交代の儀式を取り上げ、その時点における鄭玄説の影響を考察したい。

魏の文帝曹丕は、後漢の献帝から受禅した際、堯舜禅譲の故事に倣い、受禅を神々に告げる儀式を行った。『三国志』文帝紀の裴松之注に引く『献帝伝』には、一連の禅譲儀礼が詳細に記されているが、その中の告天文に着目すると、「皇帝臣丕、敢て玄牡を用い、昭らかに皇皇后帝に告ぐ」と記される。

これは明らかに前述の『論語』堯曰の告天文「予小子履、敢て玄牡を用い、敢て昭らかに皇皇后帝に告ぐ」に基づいたものであり、天帝の呼称は『論語』と同じく「皇皇后帝」と記されている。

この「皇皇后帝」がどのような天帝を指しているかについて、この禅譲を奏請した「公卿上尊号奏」[41]には、「壇場を営み、礼儀を具え、吉日を択び、昭らかに昊天上帝に告げ、……」と述べられている。

このことから、この禅譲儀礼における告天は、昊天上帝に対してなされたものであり、従って、文帝の告天文の「皇皇后帝」は、昊天上帝のことであったことがわかる。「昊天上帝」は、前述のように『周礼』に見える天帝であり、後漢南郊において祭られた「皇天上帝」と同一の天帝である。

しかし、鄭玄は、「皇皇后帝」を昊天上帝ではなく太微五帝の呼称と解する。鄭玄が「皇皇后帝」を太微五帝と解釈したのは、前述のように『論語』・『毛詩』・『尚書』・緯書の整合的な解釈体系の一端であるが、漢魏の禅譲の儀礼において「皇皇后帝」を昊天上帝の呼称として用いたことは、鄭玄の解釈体系と明らかに矛盾するものである。このことから、漢魏王朝交代時の儀礼において鄭玄説は未だ採用されるに至っていなかったことがわかる。

七、曹魏明帝期における礼制改革と鄭玄説の採用

曹魏の国家制度において鄭玄説が採用されるようになるのは、次の第二代皇帝、明帝曹叡の時である。その時、様々な場面において、鄭玄説に基づいた制度の改革が議論されるようになる。その議論において、改革に反対する立場をとったのが、王粛であった。

以下、王粛の説が、明帝期の制度改革の議論において、鄭玄説に対して従来の制度を維持する保守的立場からの反論であったことを、①郊祀、②正朔、③宗廟の事例を挙げて明らかにしたい。

①郊祀

魏初の郊祀について、『宋書』礼志・三には「是の時、魏、洛京に都す。而して神祇の兆域・明堂・霊台、皆、漢の旧事に因る。」とあることから、魏初の祭祀の制度は、後漢の制度を踏襲していたことが知られる。

従って、魏の南郊も、後漢から踏襲されたものであったが、その南郊において、明帝の青龍三年（二三五）に涼州で出現したとされる[42]「霊命瑞図」という符瑞を天に告げる際、鄭玄説と関係する議論が行われた。

その議論は、『通典』巻五五「告礼」に、次のように載せられる。

博士の秦静が意見を述べた。「霊命瑞図は、洛陽で天皇大帝と五精帝に祭るべきです。南郊で祭られる（それらの）神々に祭り、祭り終わってから、（それらの神々に）冊文を告げ、（その後）脯・醢・酒を供え物として太祖の廟に告げ、その冊文を石の箱の中に蔵めるのです。」……。また（明帝が）詔を出して言った。「皇天と五精帝に告げるのに、今の冊文の中に、全く五精帝が見えないのは、どうしてなのか。」尚書が次のように奏上した。「冊文は、侍中の韋誕が作成したものです。その文の中の『皇皇后帝』が、即ち五精帝のことです。昔、舜が受禅した際に、天に告げて『皇皇后帝』と言ったのも、また五精帝に当たります。（今の冊文は）言葉足らずのため、識別することができません。さらに『五精』という字を付け加えるべきです。」この奏上は裁可された。

（博士秦静議曰、「霊命瑞図、可祀天皇大帝五精之帝於洛陽。祀南郊所祭、祭訖、奉誥冊文、脯醢酒告太祖廟、蔵冊於石函。」……。又詔曰、「告皇天及五精、今冊文中、都不見五精

之帝、意何以耶。」尚書奏、「冊文、侍中韋誕所作。文中『皇皇后帝』、即五精之帝。昔舜受禅、告天云『皇皇后帝』、亦合五精之帝。於文少、不可分別。可更増『五精』字。」奏可。）

これによれば、その時、侍中の韋誕によって「霊命瑞図」を南郊の天皇大帝と五精帝（五帝）に告げる冊文が作成された。そこには、天帝の呼称として「皇皇后帝」が用いられていた。明帝は当初、その「皇皇后帝」を、皇天（皇天上帝）のことと考え、五精帝のこととは考えなかったため、五精帝が含まれていないと思い、文中になぜ五精帝が見えないのかと質問した。それに対し、魏の尚書は、文中の「皇皇后帝」が即ち五精帝を指すものであるとし、そのことを明確にするため、「五精」の二字を加筆すべきことを奏上したのである。

ここで明帝が「皇皇后帝」の呼称を皇天上帝のことと考えたのは、文帝が受禅した際の告天文において、「皇皇后帝」が昊天上帝（即ち皇天上帝）を指していた前述の先例があったためと考えられる。

一方、魏の尚書は、この奏上において、舜が堯から受禅した際の告天文における五精帝の呼称が「皇皇后帝」であると述べているが、その解釈は、『尚書』堯典の「文祖」を太微五帝の廟と解釈し、舜が受禅した際に文祖で太微五帝に告げた時の太微五帝の呼称が『論語』堯曰の「皇皇后帝」であると解する鄭玄の説とまさしく符合している。

そして、最終的にこの尚書の奏上は裁可され、「皇皇后帝」の呼称に「五精」の二字を加えた上で、五精帝の呼称として用いることに決定された。これは、鄭玄の経書解釈が国家儀礼に新たに採用されたことを示している。(43)

また、この時、博士の秦静は、南郊の天皇大帝と五精帝のみを祭り、地を除外する形態を提案したが、これは、天皇大帝と五精帝の間に地を介在させないものであり、五精帝を天皇大帝と根源を同じくしつつも天皇大帝に次ぐ天帝であると位置づける鄭玄の解釈と合致する。

この秦静の提案に対し、反対を唱えたのが王粛であった。この時の王粛の意見は、同じく『通典』巻五五「告礼」に、次のように見える。

> 五精帝は、地より尊貴な神ではありません。今回嘉瑞を奉じて（神々に）告げるに当たり、地だけが欠けるというのは、道理として通りません。地を天に配するのが、道理として正しいことです。
>
> （五精之帝、非重於地。今奉嘉瑞以告、而地独闕、於義未通。以地配天、於義正宜。）

ここで王粛は、五精帝を地の下に位置する神と明言し、天には地を配享する天地合祭を主張する。つまり、王粛は、天

—地—五帝という序列を主張するのであるが、この序列は、天と地を最上位に合祭し、その下位に五帝を祭るという王莽・後漢以来の南郊の制度と合致し、従来の祭祀の形態を維持しようとする保守的な立場に立つものである。

その後、明帝の景初元年(二三七)十月、郊祀制度に抜本的な改革が行われた。それは、洛陽の南の委粟山に新たに圜丘を設けるというものであった。(44)

この時の明帝の詔は、『三国志』明帝紀の裴松之注に引く『魏書』に載せられ、そこには次のような記述がある。

曹氏の家系は(帝舜)有虞氏から出ている。今回、圜丘を祭る時には始祖である帝舜を配享し、圜丘(で祭る天帝)を「皇皇帝天」と号せよ。……。天郊で祭る神は「皇天の神」と号し、太祖武皇帝を配享せよ。

(曹氏系世出自有虞氏。今祀圜丘以始祖帝舜配、号圜丘曰「皇皇帝天」。……。天郊所祭曰「皇天之神」、以太祖武皇帝配。)

これによれば、その時、皇帝曹氏の始祖を舜と認定し、舜を、圜丘で祭る「皇皇帝天」に配享し、太祖曹操を、天郊で祭る「皇天之神」に配享することとされた。

この、圜丘で祭られる「皇皇帝天」と、天郊で祭られる「皇天之神」の違いについては、『三国志』蔣済伝の裴松之注に、

太祖を貶めて、(太祖を)正天に配享しない。

(降黜太祖、不配正天。)

という蔣済の批判を載せていることから、太祖曹操が配享される天郊の「皇天之神」は正天ではなく、圜丘の「皇皇帝天」が正天であったことがわかる。従って、「皇天之神」は「皇皇帝天」に次ぐ天神である。

このように、天を祭る場所を圜丘と南郊に分離し、それに対応する二段階の天神を考えるのは、鄭玄説の特徴であることから、この郊祀の改制は鄭玄説に基づく改革である。

なお、『三国志』蔣済伝の裴松之注には、

景初年間になり、明帝は高堂隆の意見に従い、魏(の曹氏)を舜の後裔だと述べた。

(及至景初、明帝従高堂隆議、謂魏為舜後。)

とあり、この郊祀制度改革において曹氏の祖先を舜と認定したことは、高堂隆の意見に従ったものとされる。また、『三国志』高堂隆伝に載せる高堂隆の青龍四年(二三六)の上疏(45)に、「今、圜丘・方沢・南北郊・明堂・社稷、神位未だ定まらず」とあり、圜丘と南郊を区別した上で、その制度がなお整備されていないことを問題としていることからも、翌景初元年の郊祀制度改革は高堂隆の意見に従ったものと考えられ

る。

高堂隆は、明帝が平原王の時に傅として仕え、明帝の即位とともに入朝した側近であり、[46] 鄭玄の学を学んだと言われる。[47] 実際に、『三国志』高堂隆伝などの記事から、高堂隆が天文・暦・緯書・占いに通じていたことがわかり、[48] 鄭玄の学問的特徴を継承していることが確認される。

さらに、景初元年の郊祀制度改革において、後漢から踏襲された南郊は「天郊」と改名されていることから、それまで南郊で祭られていた地の神位は除かれたと考えられる。これは、前述の秦静の提案と同じく、天皇大帝と五精帝の間に地を介在させない鄭玄説と合致する形態であり、高堂隆も「天を祭るに地を以て配せず」とする立場をとっていることから、[49] この点も高堂隆の意見に従ったものと考えられる。また、新設された圜丘でも地は祭られなかったと推測される。

一方、王粛は、鄭玄がその解釈の体系に組み入れた緯書の太微五帝について、「後世の讖緯、皆、之が名字を為《つく》る。亦た妖怪妄言たり。」（『孔子家語』五帝の王粛注）と否定し、郊祀の祭場については、「郊は則ち円丘、円丘は則ち郊なるを知る」（『礼記正義』郊特牲疏所引『聖証論』）と述べ、南郊と圜丘は同一であるとして、鄭玄の説く二段階の天帝に応じた祭場の分離を否定する。これらの王粛の説は、鄭玄説に基づく改制の主張に対して、後漢以来踏襲された南郊のみで祭天を行う郊祀制度を維持する立場から反対するものと位置づけることができる。

②正朔

郊祀制度改革と同じ景初元年には、改元とともに、従来の建寅の月（夏王朝の正月）に代えて建丑の月（夏王朝の十二月、殷王朝の正月）を正月とする正朔の改定が行われた。[50]

その改制の根拠も鄭玄説であった。当時、漢から魏への王朝交代は堯舜の禅譲に擬せられたが、正朔についての鄭玄説は、

> 王朝が交代する時には、正朔を改めない者はなく、堯は建丑の月を正月とし、舜は建子の月を正月とした。
> （帝王易代、莫不改正、堯正建丑、舜正建子。）
> （『尚書正義』舜典疏）

というものであり、夏王朝以前の上古の帝王の時にも正朔を改めたとするもので、堯舜禅譲の時にも正朔の改定が行われたと解する。そのため、鄭玄説は曹魏の正朔改定の根拠となる。実際に、この時の正朔改定は、前述の高堂隆の意見に従ったものであった。[51]

一方、王粛の説は、

ただ殷王朝と周王朝だけが正朔を改め、民の耳目を一新

させたのであり、夏王朝以前は、皆建寅の月を正月とした。

（惟殷周改正、易民視聴、自夏已上、皆以建寅為正。）
（『尚書正義』舜典疏）

というものであり、正朔の改定は殷王朝以後のことであって、夏王朝以前の堯舜禅譲の際には行わなかったと解する。従って、王粛説は曹魏の正朔改定に反対する根拠となるものであり、実際に王粛はこの時の正朔改定に反対している。(52)

以上の正朔の議論においても、鄭玄説に依拠する改制の主張に対して、王粛は旧来の制度を維持する立場から反対しており、郊祀に関する王粛の立場との共通性が認められる。(53)

③宗廟

また、魏初の皇帝の宗廟は、都の洛陽ではなく、もとの魏国の鄴に曹操が創建した宗廟を継続して用いていた。明帝が即位すると、洛陽に新たに宗廟が建設され、太和三年（二二九）十一月に完成し、明帝の直近四代の祖先、曹丕・曹操・曹嵩・曹騰の神主（位牌）が鄴から洛陽の宗廟へ移送された。(54)

洛陽の宗廟の完成に先立ち、同年六月、曹操の祖父に当たる曹騰に高皇の尊号が贈られ、さらに曹騰の父の曹節についても尊号が議論されることになったが、その議論の中で、太傅の鍾繇（一五一～二三〇）は、曹節の毀廟を主張した。毀廟あるいは遷廟とは、当主の代替わりに伴い、新しい当主から数えて一定の世代数を越えた祖先について、親族関係が尽きたとして、その廟を廃止し、廃止する廟の神主を他所に移すことである。但し、曹魏の皇帝廟は、後漢以来の慣例に従い、廟内の各室に各祖先を分けて祭る形態であったため、(55)ここでの毀廟は、単独の室での祭祀を廃止することである。

この時の鍾繇の意見は、『通典』巻七二「天子追尊祖考妣」に、次のように載せられる。

処士君（曹節）は、その（世代の）数が（今上陛下を一とすると）六になり、親族関係において既に尽きています。その廟は毀つべきであり、その神主は移すべきです。
（処士君其数在六、於属已尽。其廟当毀、其主当遷。）

ここで鍾繇は、曹節が今上帝（明帝）の五代前の祖先であり、親族関係が尽きているとして、毀廟とするように提案した。『通典』にはこの記事の後、「詔して之に従う」とあることから、鍾繇の意見は採用されたことがわかる。

その結果、前述のように、同年十一月に、曹節を除いた曹騰・曹嵩・曹操・曹丕の四代の神主のみが洛陽の宗廟へ移送されたのである。

そこで、この議論を、経学的観点から分析してみたい。

天子の宗廟については、『礼記』王制に、「天子は七廟。三昭三穆と、大祖の廟とにして、七なり。」とあり、始祖である太祖の廟と三昭三穆との計七廟であることが説かれる。昭と穆は、家系において一世代ごとに交互に配当される序列である。

この『礼記』の記述に対する鄭玄の注では、

これは周の制度である。七とは、太祖、および文王・武王の祧と、直近四代の親廟とである。太祖とは、后稷のことである。

(此周制。七者、大祖及文王武王之祧、与親廟四。大祖、后稷。)(『礼記』王制・鄭玄注)

と説かれ、『礼記』の天子七廟を周王朝の制度とし、周の太祖后稷の廟と、文王・武王の廟である二祧、そして現天子の直近四代の廟(四親廟)との計七廟とする。このうち、四親廟については、天子の代替わりに伴い直近四代の範囲を超えた祖先は毀廟となるが、毀廟の神主は、昭穆を同じくする二祧のいずれかに移され[56]太祖の廟と二祧とは天子の代替わりに拘わらず永久に廃止されない不毀廟となる。

一方、王粛の説は、唐の『尚書正義』に、

所謂二祧については、王粛は、高祖の父と(高祖の)祖父のことと考える。それらと高祖以下(の四親廟)とを合わせて、三昭三穆となるのである。

(所言二祧者、王粛以為高祖之父及祖也。並高祖已下、共為三昭三穆耳。)(『尚書正義』咸有一徳疏)

と見える。つまり、二祧を現天子の五代前と六代前の祖先の廟と解し、その二祧と四親廟とを合わせた直近六代の廟が「三昭三穆」であり、それらと、不毀廟である太祖の廟とで計七廟になり、直近六代を超えた祖先が毀廟となるとする。

ここで前述の鍾繇の意見を考察すると、鍾繇は、今上帝の直近四代の範囲を超える五代前の祖先を親族関係が尽きたと述べており、それは鄭玄説と合致するものである。

一方で、この鍾繇の意見に基づいて曹節が毀廟とされるまでは、曹節までの直近五代の祖先が鄴の宗廟に祭られていたことが確認される。それは鄭玄説とは明らかに相反する形態であり、鄭玄説は採用されていなかったことがわかる。

そして、その形態は、天子は直近六代までを祭るとする王粛説と完全には合致しないが、明帝の六代前の祖先に当たる「曹節の父」については、歴史書にその名が伝えられず、また鄴の宗廟の創建以来祭られた形跡がないことから、もともと空席であったと考えられ、そのことを考慮すると、王粛説と合致していたと認められる。

従って、太和三年の曹節の毀廟によって、王粛説と合致する形態から、鄭玄説に基づく形態へと改制が行われたということができる。

その後、景初元年六月に至り、皇帝の宗廟の抜本的な改革案が奏上された。その案は次のようなものであった。

武皇帝は乱を治めて正に戻されたので、魏の太祖とし、……、文皇帝は天に応じて受命されたので、魏の高祖とし、……、今上陛下は（諸制度を）作られ政治を盛んにされたので、魏の烈祖とし、……、（以上の）三祖の廟は、万世にわたって毀たないものとし、それ以外の四廟は、親族関係が尽きれば順に毀ち、周の后稷（の太祖の廟）と文王・武王の祧の制度と同様にすべきです。

（武皇帝撥乱反正、為魏太祖、……、文皇帝応天受命、為魏高祖、……、帝制作興治、為魏烈祖、……、三祖之廟、萬世不毀、其余四廟、親尽迭毀、如周后稷文武廟祧之制。）

（『三国志』明帝紀）

この案の詳細は、さらに以下のようにも述べられている。

太祖の廟の北に二祧を設け、左の祧を文帝の廟として、高祖昭祧と号し、右の祧を明帝の廟に当てて、烈祖穆祧と号するものであった。

（於太祖廟北為二祧、其左為文帝廟、号曰高祖昭祧、其右擬明帝、号曰烈祖穆祧。）

（『宋書』礼志・三）

即ちこの案は、武帝曹操を太祖、文帝曹丕を高祖、今上帝曹叡を烈祖とした上で、高祖・烈祖の二廟を二祧とし、それら二祧と太祖の廟とを不毀廟とし、それらに四親廟を加えた七廟制に改めるというものであった。このような七廟の形態は、鄭玄の周制七廟の解釈と合致する。

さらにこの案では、太祖廟の北の左右に二祧を設置すると記されることから、各祖先を同じ廟内の各室に祭る後漢以来の慣例を改め、各祖先ごとに独立した一廟を立てる計画であったことがわかり、より経書の記述に即した形態で鄭玄説を実現しようとしたものであったということができる。なお、この案は採用されたとされるが、[57] 実施については不明である。

一方、『礼記』王制の「三昭三穆」を現天子の直近六代前までと解する王粛説について、その背景を後漢の宗廟の制度まで遡って考察すると、後漢末の献帝期に蔡邕（一三三～一九二）が宗廟制の改革を主張した「宗廟迭毀議」に、次のように述べられる。[58]

礼制の七廟とは、三昭三穆と、太祖の廟とで七廟になります。……。孝章皇帝・孝安皇帝・孝桓皇帝は、その親族関係が三昭の範囲内にあります。孝和皇帝・孝順皇帝・孝霊皇帝は、その親族関係が三穆の範囲内にあります。（以上の諸帝は）親廟の範囲に入る親族関係がまだ尽きていないので、各季に常に（神主を）陳列して祭るべきです。

（礼制七廟、三昭三穆、与太祖七。……。孝章皇帝・孝安皇帝・孝桓皇帝、親在三昭。孝和皇帝・孝順皇帝・孝霊皇帝、親在三穆。廟親未尽、四時常陳。）

ここで蔡邕は、『礼記』王制に基づき、太祖と三昭三穆が天子の七廟であるとした上で、その三昭三穆に当たる具体的な皇帝の謚を挙げている。それらの諸帝の順序と昭穆を図示すると、

光武帝	明帝	章帝	和帝	安帝	順帝	桓帝	霊帝	献帝
	昭	穆	昭	穆	昭	穆		

となり、蔡邕は、『礼記』王制の三昭三穆について、今上帝（献帝）の直近六代前までがそれであると解釈していたことがわかる。この点は、前述の王粛の解釈と同じである。(59)

そして、『続漢書』祭祀志・下の劉昭注に引く袁山松の『後漢書』は、「宗廟迭毀議」と同一のものと認められる蔡邕の議を引用した後、「議、遂に施行せらる」と記していることから、この蔡邕の議は施行され、『後漢書』献帝紀に載せる初平元年（一九〇）の改革がその議によるものと考えられる。

従って、王粛の説は、曹魏明帝期における鄭玄説に基づく宗廟制の改革に反対し、後漢末の蔡邕の議による制度や、その根拠となった経書解釈を維持する保守的な立場に立っていたということができる。

以上の三つの事例から、王粛説は、明帝期における鄭玄説に基づく様々な礼制改革の主張に対し、保守的な立場から反対したものであったことがわかる。(60)

本稿の初めに引用した狩野直喜「礼経と漢制」は、漢代の状況について、次のように述べる。

因襲にとらはれて、現状をそのまゝもつて行かうとするものと、イデオロギーに燃えて制度を革新して行かうとするものとの二つの流れがありました。

曹魏においても同様の二つの流れがあったことが確認され、王粛は前者に、高堂隆らは後者に属していたといえる。但し、この場合のイデオロギーは、新興の鄭玄の経書解釈に基づく儒教であり、改革に反対する王粛も、同じ儒教の枠の中で、主として旧来の古文説に依拠しつつ鄭玄説に反論した点に、この対立の特徴が認められる。

八、王粛説の背景

続いて、王粛が明帝期の改制に反対した背景について考察

を進めたい。
王粛は、前述のように、当初学んだ鄭玄説に対し、後に疑問を抱いて反論するに至ったが、それはやむを得ないものであったと自ら述べる。[61] この、王粛が鄭玄説批判に転じた背景として、従来、二つの影響が指摘されている。
一つは、王粛が宋忠を通じて荊州の学による平明易解の経書解釈を継承したという指摘である。王粛は、十八歳の時に宋忠に従って揚雄の『太玄』を読み、その注解を著したという。[62] 宋忠は、王粛が師事する前に、荊州を治める劉表のもとで他の学者たちと五経章句の撰定に携わり（『後漢書』劉表伝）、その五経章句は、「浮辞を刪剗し、煩重を芟除す」[63]というものであったといわれる。その平明易解の解釈態度は、揚雄に淵源しており、それが宋忠を通じて王粛に継承されたとする加賀栄治氏の指摘がある。[64]
もう一つは、王粛の父である王朗、および、王朗を介した王充の影響の指摘である。王粛は、王朗の『易伝』を撰定しており（『三国志』王粛伝「父朗の作る所の易伝を撰定す」）、経学説において、王朗からの継承が確認される。[65] そして、王朗は会稽赴任中に王充の『論衡』を入手し、それを許都に持ち帰った。時人は王朗の才が進んだことを称し、ある者がその理由を尋ねたところ、『論衡』によるものであったという。[66] このことから、王粛に王朗から『論衡』が伝わり、それが王粛の学問に影響を与えたとする指摘がある。[67]
以上の二つの指摘を検討する上で、まず、前述の『後漢書』鄭玄伝において、鄭玄説の「繁」を譏った者として「通人」が挙げられていることに注目したい。「通人」について、加賀栄治氏は、「具体的には後漢末の大儒鄭玄のような、博覧多通の学者をさす」とするが、[68] そのような「通人」が鄭玄説を譏ったと『後漢書』に記されていることは、後漢末の知識人の中で鄭玄説に批判的な立場をとる者が、荊州の学に限らず、幅広く存在していたことを示唆するものである。[69] また、王粛は、前述のように、緯書の説を否定する立場に立ち、それは、図緯の説を否定する王充『論衡』からの影響といえるが、さらに、『論衡』が王朗に与えた影響を、当時の人々が「才が進んだ」と評価していることから、当時の人々の一般的な通念は、緯書を否定する方向にあったことがわかり、そのような一般的な通念が、王粛説の背景になったと考えられる。
そこで、この問題について、明帝期の制度改革に反対した者は王粛だけではないことから、王粛以外の反対論にも検討を加え、それらの共通点を明らかにしていきたい。
まず、蔣済（?～二四九）について考察を加えたい。蔣済は、前述のように、明帝が高堂隆の意見に従って曹氏の始祖を舜と認定し、舜を「皇皇帝天」に配享し、曹操をそれに次ぐ「皇天之神」に配享したことを批判し、次のように述べる。

魏は舜の後裔ではないのに勝手に血のつながりのない者を祭り、太祖（曹操）を貶めて、正天に配享しない。皆でたらめである。

（魏非舜後而横祀非族、降黜太祖、不配正天。皆為繆妄。）

（『三国志』蔣済伝・裴松之注）

このほか、陳寿（二三三〜二九七）も、その著『三国志』の高堂隆伝において、高堂隆が正朔を改定し、曹氏を舜の後裔としたことを次のように批判する。

どうしても正朔を改め、また魏（の曹氏）に舜を祖先とさせようとしたことに至っては、所謂、思い込みがその博識を越えてしまったというものであろうか。(70)

（及至必改正朔、俾魏祖虞、所謂意過其通者歟。）

以上のような蔣済や陳寿の言説から、高堂隆による改制の主張は、魏晋時代の認識において、強引なものと捉えられ、当時、十分な説得力を持っていなかったことが推察される。そのような当時の一般的な通念に基づき、王粛はその改制に反対したと考えられる。

さらに、王粛と同様の立場は、王粛の父の王朗にも見出すことができる。

明帝の太和年間に、以前から肉刑の復活を主張していた鍾繇が、改めて肉刑を復活させるよう上疏した。肉刑は、前漢の文帝の時に原則的に廃止されたものである。その肉刑を復活させようとする議論は、後漢末から魏晋時代にかけて特に活発に行われたが、(71)それは、礼制の議論と同じく、漢の制度に代わる新たな儒教的制度の整備に伴う議論の一環として位置づけることができる。

この太和年間における鍾繇の肉刑復活の主張に対して反対したのが王朗である。この時の鍾繇の主張は、『三国志』鍾繇伝に、次のように載せる。

（漢の）文帝が法を改めたのは、上古のやり方に合致していません。……。もともと斬右趾の刑に当たるのに（漢の文帝がその刑を廃止する際に）死刑に入れられてしまった罪については、その（斬右趾の）刑を復活させて執行してください。……。臣は肉刑を復活させることにより、毎年三千人を生かしたいのです。

（孝文革法、不合古道。……。出本当右趾而入大辟者、復行此刑。……。臣欲復肉刑、歳生三千人。）

つまり、古代の肉刑の一つである斬右趾（右足切断）の刑を復活させることにより、肉刑の廃止に伴い斬右趾に代わってより重い死刑に入れられている罪人の命を救うことができるというのである。

『三国志』鍾繇伝は、それに対する王朗の反論を次のように載せる。

そもそも五刑の諸条項は、科律に記載されておりますが、そこには死刑を一等級減刑する法が既にあり、死刑(にすべき)でないものは減刑にします。……。今肉刑を復活させて執行するならば、恐らく、(肉刑復活によって)減刑となることの(説明の)文が天下の人々の目にはっきりわからないうちに、肉刑の悪評が敵の耳に届くことになるでしょう。

(夫五刑之属、著在科律、自有減死一等之法、不死即為減。……。今復行之、恐所減之文未彰于萬民之目、而肉刑之問已宣于寇讐之耳。)

ここで王朗は、死刑の罪人を救いたいのであれば、従来の減刑の法を適用すればよく、もし肉刑を復活させれば、肉刑の悪評が広まるという弊害があるとして反対したのである。そして、『三国志』鍾繇伝には続いて、

そのことを議論する者は百余人であったが、王朗と同じ意見の者が多かった。(明)帝は呉と蜀が未だ平定されていないことから、ひとまず(肉刑の復活を)見送りとした。

(議者百余人、与朗同者多。帝以呉蜀未平、且寢。)

とあり、王朗の意見に賛同する者が多く、それが当時の一般的な通念に合致していたことがわかる。

鍾繇の主張した肉刑の復活は、後漢において既に鄭玄が主張したことである。『晋書』刑法志には後漢末のこととして、次のように記す。

この当時、天下は乱れつつあり、人々は土が崩れるような状勢で、刑罰は悪事を懲らしめるのに十分ではなくなった。そこで、著名な儒者で大才ある元遼東太守の崔寔・大司農の鄭玄・大鴻臚の陳紀などの人々が、みな肉刑を復活させて執行すべきであると考えたが、漢の朝廷ではその事を議論しなかったので、採用されることはなかった。

(是時天下将乱、百姓有土崩之勢、刑罰不足以懲悪。於是名儒大才故遼東太守崔寔・大司農鄭玄・大鴻臚陳紀之徒、咸以為宜復行肉刑、漢朝既不議其事、故無所用矣。)

これによれば、後漢末に鄭玄らが肉刑の復活を主張したが、後漢の朝廷で取り上げられることはなかったという。鍾繇は、前述のように、宗廟について鄭玄説と合致する意見を主張しており、鄭玄説の影響が確認される者であるが、肉刑の復活

についても鄭玄と同様の主張をしている。

鄭玄と鍾繇の肉刑復活の主張には、古制を復活させることによって現状の問題を解決することができるという考え方が共通して見られる。

それに対して、王朗は、従来の方法によって同等の効果が得られるのであれば、必ずしも古制を復活させる必要はなく、改制に伴う弊害の方がかえって問題であるという現実的・保守的な考え方をとる。この立場は王肅の説にも共通して見られるものである。

従って、王肅説の特質は、王朗から継承されたものと考えることができる。

おわりに

鄭玄説は、後漢において、儒教的制度の整備が一部にとどまり、現実的な経書解釈が必ずしも要求されていなかった状況を背景として、諸文献の整合的な解釈を重視する方針のもとに構築された説であった。そのため、その説は、体系的で精緻な構造を持つ一方で、当時の制度とは多くの点で合致しないものとなり、また、緯書を解釈の体系に組み入れたために神秘性を伴い、結果として当時の一般的な通念とは相反する要素が含まれるものになった。

後漢滅亡後、曹魏の明帝期において、漢の制度や慣例に代わる新たな儒教的制度の整備が進められると、鄭玄説に基づく制度改革が主張されたが、上記の特徴を持つ鄭玄説に基づく改制は、より多くの造作や負担、あるいは混乱を伴うものであった。王肅は、王朗の影響を受けつつ、その弊害を重視し、当時の制度や通念に即した現実的な立場から、鄭玄説に対して反論したと考えられる。

このことから、経学史上において王肅説が果たした役割は、新興の鄭玄説が持っていた実施上の問題点に対して、現実的立場から修正を行ったことにあり、それは、後漢滅亡後、漢制に代わる新しい儒教的制度の整備に伴い、経書解釈に対する社会的要請が、より現実的な解釈を求める方向に変化したことに応じたものであったということができる。[72]

注

（1）狩野直喜「礼経と漢制」（『読書纂余』、弘文堂書房、一九四七年）。内藤湖南『中国中古の文化』（弘文堂書房、一九四七年）にも同様の指摘がある。

（2）漢代経学の流れは、本田成之『支那経学史論』（弘文堂書房、一九二七年）、加賀栄治『中国古典解釈史　魏晋篇』（勁草書房、一九六四年）、溝口雄三・丸山松幸・池田知久編『中国思想文化事典』（東京大学出版会、二〇〇一年）を参照。

（3）『世説新語』文学・劉孝標注所引『鄭玄別伝』「玄、……、十三誦五経、好天文・占候・風角・隠術。年十七、見大風起、詣県曰、某時当有火災。至時果然。」

（4）『世説新語』文学・劉孝標注所引『鄭玄別伝』「年二十一、博極群書、精歴数図緯之言、兼精算術。」

（5）「図緯」の意味については、狩野直喜『両漢学術考』（筑摩書房、一九六四年）「両漢文学考」十四「後漢の経学と讖緯」を参照。

（6）緯書の佚文は、安居香山・中村璋八『重修緯書集成』（明徳出版社、一九七一〜一九九二年）を参照。

（7）鄭玄の生涯と学問については、藤堂明保「鄭玄研究」（東京帝国大学文学部卒業論文、一九三七年、蜂屋邦夫編『儀礼士昏疏』所収、汲古書院、一九八六年）、王利器『鄭康成年譜』（斉魯書社、一九八三年）、池田秀三「緯書鄭氏学研究序説」（『哲学研究』六、一九八三年）、吉川忠夫「鄭玄の学塾」（川勝義雄・礪波護編『中国貴族制社会の研究』、京都大学人文科学研究所、一九八七年）、加賀栄治「鄭玄研究（一）」（『人文論究』六五、一九九八年）、加賀栄治「鄭玄研究（二）」（『人文論究』六六、一九九八年）、間嶋潤一『鄭玄と『周礼』』（明治書院、二〇一〇年）を参照。

（8）本田成之『支那経学史論』（前掲）、重澤俊郎「周礼の思想史的考察」（『東洋の文化と社会』四、一九五五年）。

（9）加賀栄治『中国古典解釈史　魏晋篇』（前掲）一五六頁。

（10）鄭玄の経書解釈における緯書の重要性については、池田秀三「緯書鄭氏学研究序説」（前掲）に指摘されている。

（11）『周礼』春官・大宗伯「以禋祀、祀昊天上帝」、春官・大司楽「冬日至、於地上之圜丘奏之。若楽六変、則天神皆降、可得而礼矣。」

（12）『礼記』郊特牲「郊之祭也、迎長日之至也。大報天而主日也。兆於南郊、就陽位也。」

（13）『礼記』祭法「周人禘嚳而郊稷」。

（14）『周礼』春官・大宗伯の鄭玄注「昊天上帝、冬至於圜丘所祀天皇大帝」。

（15）『礼記』月令の鄭玄注「皇天、北辰耀魄宝、冬至所祭於圜丘也」。

（16）緯書『春秋合誠図』（『初学記』巻二六所引）「天皇大帝、北辰星也」、『春秋緯』（『礼記正義』郊特牲疏所引）「北極耀魄宝」。

（17）『礼記』祭法の鄭玄注「禘……、謂祭祀以配食也。此禘、謂祭昊天於圜丘也。」

（18）『礼記』祭法の鄭玄注「祭上帝於南郊、曰郊」。

（19）『礼記』月令「孟春之月、……、是月也、天子乃以元日、祈穀于上帝」、鄭玄注「謂以上辛郊祭天也」。

（20）『礼記』郊特牲の鄭玄注「易説曰、三王之郊、一用夏正」、『礼記正義』郊特牲疏「此易緯乾鑿度文」。

（21）『周礼』春官・大司楽の鄭玄注「王者又各以夏正月、祀其所受命之帝於南郊、尊之也」。

（22）『礼記』大伝の鄭玄注「王者之先祖、皆感大微五帝之精以生」、『礼記』喪服小記の鄭玄注「始祖感天神霊而生」。

（23）緯書『春秋文耀鉤』（『春秋左伝正義』桓公五年疏所引）「大微宮有五帝坐星、蒼帝其名曰霊威仰、赤帝曰赤熛怒、黄帝曰含枢紐、白帝曰白招拒、黒帝曰汁光紀」。

（24）『礼記』大伝の鄭玄注「蒼則霊威仰、赤則赤熛怒、黄則含枢紐、白則白招拒、黒則汁光紀。皆用正歳之正月、郊祭之。……。孝経曰、郊祀后稷以配天、配霊威仰也。」、『礼記正義』大伝疏「云蒼則霊威仰至汁光紀者、春秋緯文耀鉤文」。

（25）緯書『春秋元命包』（『礼記正義』大伝疏所引）「夏、白帝之子。殷、黒帝之子。周、蒼帝之子。」
(26) 池田秀三「読易緯通卦験鄭注札記」(中村璋八編『緯学研究論叢』、平河出版社、一九九三年)。
(27) 『論語集解』堯曰「孔安国曰、履、殷湯名也。此伐桀告天文也。……。皇、大也。后、君也。大大君帝、謂天帝也。」
(28) 『孝経』聖治章の邢昺疏「鄭注論語云、皇皇后帝、並謂太微五帝」。
(29) 『礼記』郊特牲の鄭玄注「魯以無冬至祭天於圜丘之事。是以建子之月郊天。」、『礼記』礼器の鄭玄注「上帝、周所郊祀之帝、謂蒼帝霊威仰也。魯以周公之故、得郊祀上帝、与周同。」
(30) このことは、拙稿「後漢・魏・晋時代における堯舜禅譲に関する経書解釈について」(『後漢経学研究会論集』二、二〇〇五年)において論じた。
(31) 鄭玄説の精緻で繁雑な特徴を示す具体例については、古橋紀宏・喬秀岩「魏晋礼制与経学」(『儒家典籍与思想研究』二、二〇一〇年)を参照。
(32) 王朗および王粛の生涯と著作については、王粛「孔子家語序」、『三国志』王朗伝・王粛伝とその裴松之注、李振興『王粛之経学』(嘉新水泥公司文化基金会、一九八〇年)緒論、二「王粛之生平及其年表」、王葆玹『今古文経学新論』(中国社会科学出版社、一九九七年)第三章、十一「王粛学派」を参照。
(33) 加賀栄治『中国古典解釈史 魏晋篇』(前掲)七一~七二頁、一三六~一三七頁。
(34) 池田秀三「盧植とその『礼記解詁』(下)」(『京都大学文学部研究紀要』三〇、一九九一年)。
(35) 景初元年の郊祀制度改革の詔(『三国志』明帝紀・裴松之注所引『魏書』)に「四百余年、廃無禘祀」とある「禘」(大祭の意)は、後漢において宗廟の大祭や南郊の祭天は行われていたことから、圜丘の祭天を指すものと考えられ、鄭玄説の立場から、漢代に圜丘の祭祀を行わなかったことを述べたものと考えられる。
(36) 『続漢書』祭祀志・上「二年正月、初制郊兆於雒陽城南七里。依鄗、采元始中故事。為円壇八陛、中又為重壇。天地位其上、皆南郷、西上。其外壇上為五帝位。青帝位在甲寅之地、赤帝位在丙巳之地、黄帝位在丁未之地、白帝位在庚申之地、黒帝位在壬亥之地。」なお、中央の壇には、その後、配享される高祖の神位が置かれた(『続漢書』祭祀志・上「隴・蜀平後、乃増広郊祀、高帝配食、位在中壇上」)。
(37) 『後漢書』光武帝紀・上、建武元年六月己未「其祝文曰、皇天上帝、后土神祇、……」、『続漢書』祭祀志・上、建武元年「其文曰、皇天上帝、后土神祇、……」。
(38) 『漢書』郊祀志・下「後莽又奏言、……、今称天神曰皇天上帝」。
(39) 『漢書』郊祀志・下「莽又頗改其祭礼曰、周官天墜之祀、楽有別有合、……」。『周官』は『周礼』のことである。
(40) 吉川忠夫「鄭玄の学塾」(前掲)。
(41) 北京図書館金石組編『北京図書館蔵中国歴代石刻拓本匯編』第二冊(中州古籍出版社、一九八九年)「公卿将軍上尊号奏」碑、および『三国志』文帝紀・裴松之注所引『献帝伝』。
(42) 「霊命瑞図」に関する史料は、津田資久「符瑞「張掖郡玄石図」の出現と司馬懿の政治的立場」(『九州大学東洋史論集』三五、二〇〇七年)を参照。
(43) このことは、拙稿「後漢・魏・晋時代における堯舜禅譲に関する経書解釈について」(前掲)において論じた。
(44) 『三国志』明帝紀、景初元年十月乙卯「営洛陽南委粟山為圜丘」。

(45)『三国志』高堂隆伝によれば、この上疏は「有星孛于大辰」という現象を受けてなされたものであるが、明帝紀の青龍四年十月甲申条に「有星孛于大辰」の記事があり、その時のものと考えられる。
(46)『三国志』高堂隆伝。
(47)『隋書』礼儀志・二に載せる隋の許善心らの議「高堂隆為鄭学」。
(48)内山俊彦「魏晋の改制論と正統論」(『中村璋八博士古稀記念東洋学論集』、汲古書院、一九九六年)。
(49)『晋書』礼志・上に載せる東晋の顧和の表。
(50)『三国志』明帝紀「景初元年春正月壬辰、山荏県言黄龍見。於是有司奏、以為魏得地統、宜以建丑之月為正。三月、定暦改年為孟夏四月。」。「建寅」「建丑」の意味については、『藪内清著作集　第三巻』(臨川書店、二〇一八年)八六頁を参照。
(51)『三国志』高堂隆伝「隆又以為、改正朔、……、自古帝王所以神明其政、変民耳目、……。於是敷演旧章、奏而改焉。帝従其議、改青龍五年春三月為景初元年孟夏四月、……。」。
(52)『宋書』礼志・一「明帝即位、便有改正朔之意、朝議多異同。……。侍中繆襲・散騎常侍王粛・尚書郎魏衡・太子舎人黄史嗣以為不宜改。」。景初元年の正朔改定については、内山俊彦「魏晋の改制論と正統論」(前掲)を参照。
(53)このことは、拙稿「魏晋時代における礼学の研究」(東京大学大学院人文社会系研究科博士論文、二〇〇六年)において論じた。
(54)『三国志』明帝紀、太和三年十一月・同年十二月。
(55)『宋書』礼志・四に載せる南朝宋の傅休の議「自漢明帝以来、乃共堂各室、魏晋依之」。
(56)『礼記』祭法の鄭玄注「天子遷廟之主、以昭穆合蔵於二祧之中」。
(57)『宋書』五行志・二「魏明帝景初元年、有司奏、帝為烈祖、与太祖・高祖並為不毀之廟。従之。」
(58)『蔡中郎集』巻九および『東漢文』巻一〇による。
(59)以上の宗廟については、拙稿「曹魏明帝期の皇帝宗廟制」(『香川大学国文研究』四三、二〇一八年)において論じた。
(60)このことは、拙稿「魏晋時代における礼学の研究」(前掲)において論じた。
(61)王粛「孔子家語序」「自粛成童始志于学、而学鄭氏学矣。然尋文責実、考其上下、義理不安、違錯者多。是以奪而易之。……。乃慨然而歎曰、予豈好難哉、予不得已也。」
(62)『三国志』王粛伝「年十八、従宋忠読太玄、而更為之解」。
(63)『蔡中郎集』巻三「劉鎮南碑」。
(64)加賀栄治『中国古典解釈史　魏晋篇』(前掲)第二章、第一節、二「宋忠に学ぶ――「荊州の学」とのつながり」、および「荊州の学」の本質的傾向」。なお王葆玹『今古文経学新論』(前掲)も王粛への荊州学の影響を指摘する。
(65)王葆玹『今古文経学新論』(前掲)第八章、十「鄭玄、王粛《易》学的対立」。
(66)『後漢書』王充伝の李賢注に引く袁山松『後漢書』「充所作論衡、中土未有伝者。……。其後王朗為会稽太守、又得其書。及還許下、時人称其才進。或曰、不見異人、当得異書。問之、果以論衡之益。」
(67)王葆玹『今古文経学新論』(前掲)第三章、十一「王粛学派」。
(68)加賀栄治『中国古典解釈史　魏晋篇』(前掲)二五頁。
(69)加賀栄治『中国古典解釈史　魏晋篇』(前掲)六三頁も、荊州の学の経書解釈について、「このような解釈態度が、特に荊州の独創ではない」と述べる。

（70）「意過其通者」は、『資治通鑑』景初元年の胡三省注に「意過其通、謂意料之説、執之甚堅、反過其学之所通習者也」とある。

（71）この時期の肉刑復活に関する議論については、内田智雄編『訳注 中国歴代刑法志（補）』（創文社、二〇〇五年）、福原啓郎『魏晋政治社会史研究』（京都大学学術出版会、二〇一二年）を参照。

（72）本稿は、第六四回国際東方学者会議東京会議シンポジウムⅣにおける発表「鄭玄・王粛の礼学」の内容をもとにした拙稿「漢魏の経学の変化と鄭玄・王粛の礼学」（『香川大学教育学部研究報告』一、二〇一九年）に、さらに加筆したものである。また、本稿は、ＪＳＰＳ科学研究費基盤研究（Ｃ）（課題番号一九Ｋ〇〇〇五六）の助成を受けた研究の成果である。

北朝の学問と徐遵明

池田恭哉

徐遵明（四七五～五二九）は、北魏の大儒と評価され、実際『北斉書』儒林伝序によれば、北斉における学問は、周易・尚書・三礼・左伝について、徐遵明門下から伝承されたものだった。『魏書』及び『北史』の儒林伝に収められる徐遵明の伝記を読み進めながら、あわせて周辺の学問動向を探ることで、徐遵明の学問が同時代に受容され、かつ後世にまで継承されていった要因を、本稿では明らかにしたい。

はじめに

徐遵明（四七五～五二九）という人物は、しばしば「北魏の大儒」と評価される。なるほど『北斉書』巻四十四・儒林伝序は、北魏以来の経学の伝承を述べる前に、次のように前提するのである。「全般に経学を修めた学徒たちは、多くが北魏末年の大儒学者たる徐遵明の門下より輩出された（凡是經學諸生、多出自魏末大儒徐遵明門下）」。そして続けて述べる具体的な経学の伝承を見れば、実に周易・尚書・三礼・左伝の学問が、徐遵明の門下に端を発するというのである。(1)

すると確かに徐遵明は、「北魏の大儒」と評してよい。だが徐遵明の学問は、何故かくも北魏の儒学界を席巻し、後世にまで伝承されたのか。従来の研究では、徐遵明は北魏の大儒者として存在した状況から出発し、その後の北朝での学問の伝承や、その義疏の学など後世の学問への影響が、数としては少ないながらも、考察されてきた。(2)本稿では、徐遵明の

いけだ・ゆきや――京都大学文学研究科准教授。専門は魏晋南北朝隋唐の思想史。主な著書・論文に『南北朝時代の士大夫と社会』（研文出版、二〇一八年）、「『隋書』の成立とその問題――辛彦之の没年と明堂の議論から」（『六朝学術学会報』二一集、二〇二〇年）、「隋朝における牛弘の位置」（『中国思想史研究』四〇号、二〇一九年）などがある。

学問が北魏で広まり、定着していった過程を、『魏書』巻八十四・儒林伝および『北史』巻八十一・儒林伝上に収められた徐遵明の伝記を読み進めつつ、描出したい。

一、燕斉趙魏と学問の盛行

『魏書』と『北史』の儒林伝に見える徐遵明の伝記は、『魏書』の方に徐遵明の弟子・李業興が永熙二年（五三三）に徐遵明の謚号を求めて撰した上表文が載録され、『北史』の方に二つの逸話が付加されている他には、大差がない。以下、基本的には『魏書』の伝（「本伝」と呼称）を引用し、話が『北史』の伝に及ぶ際にはその旨を断る。

さて本伝は、「徐遵明、字は子判、華陰（陝西省）の人である。身の丈は八尺、幼くして孤児となったが学問を好んだ（徐遵明、字子判、華陰人也。身長八尺、幼孤好學）」と始まる。その華陰出身の彼が、十七歳で東へと学問の旅に出ることとなる。

十七歳の時、同郷の毛霊和らに付き従って、山東地域へ学問のために出向いた。上党（山西省）に至り、そこで屯留（山西省）の王聡を師匠とし、毛詩・尚書・礼記に関する学問を授かった。一年すると、早々に王聡の下を離れて燕趙の地域に出向き、張吾貴を師として仰いだ。

（年十七、隨郷人毛靈和等、詣山東求學。至上黨、乃師屯留王聰、受毛詩・尚書・禮記。一年、便辭聰詣燕趙、師事張吾貴。）

徐遵明が「山東」（太行山脈以東）や「燕趙」（河北省北部・山西省北部）を遊学先に選択した背景には、その地域の学問的な先進性があった。古勝隆一「隋代儒教の地域性――特に山東儒者について」は、『北斉書』『周書』『隋書』の各儒林伝に見える学者の出自を精査する中で、冀州（河北省）、とりわけその東部の信都・清河・河間・博陵・恒山・趙郡・武安・襄国、あるいは衮州（山東省西北部）に、儒学の伝統が存したと概略する『隋書』地理志の記述に注意し、そこが徐遵明の遊学先や活動地域と重なると指摘する。(3)

後に徐遵明が燕趙の地域に留まり学問を講じてからは、ここが北魏の学問の中心地となる。焦桂美氏も、北魏において経学の中心が漢代以来の斉魯地域から河北地域（燕趙魏）へと変化したとし、その要因の一つに、ここでの徐遵明の講学を挙げる。(4) ただ徐遵明の遊学以前の状況は、必ずしも情報が多くない。徐遵明が燕趙の地域に遊学したのは、直接は張吾貴が目当てだったわけだが、ここでは趙郡（河北省）の李氏の例を紹介しておこう。

『魏書』巻四十九の李霊の伝によれば、その父・李勰は

「虚静恬淡として学問を好み、趙魏の地域に名声があった（恬靜好學、有聲趙魏）」。また李霊の堂弟・李孝伯の伝（『魏書』巻五十三）によれば、その父・李曽は「若くして鄭玄注の礼や春秋左氏伝を学び、教育を生業とした（少治鄭氏禮・左氏春秋、以教授爲業）」。そして李孝伯自身も、「若くして父親の学業を継承し、様々な著作に通暁した（少傳父業、博綜羣言）」と言い、兄の李祥も、「家の学問を伝承し、地元では彼を尊崇した（學傳家業、鄉黨宗之）」と言う。

さらに李孝伯の伝の史臣の語には、「燕趙の地域には実に奇特の士が多い。李孝伯の風度や見識は、思うにその他の人士を多分に凌駕する（燕趙信多奇士。李孝伯風範鑒略、蓋亦過人遠甚）」とある。また『北史』巻三十三では趙郡李氏の面々の伝をまとめ、そこの史臣の論には、「古の人の言に、『燕趙の地域には奇特の士が多い』とある。李霊とその従兄弟たち（李順・李孝伯）を見ていると、いずれもその言葉の通りだ（古人云、燕趙多奇士。觀夫李靈兄弟、並有焉）」とある。(5)

李霊や李孝伯は、世祖・太武帝（在位は四二三～四五二年）の後期に活躍した人物である。右の一連の記事は、彼らの父の世代から、趙郡の李氏がすでに学問とその伝承によって、「燕趙魏」という地域に一定の名声を博し、評価されていたことを示そう。(6)

さてこうした燕趙魏における学問の充実は、何も趙郡李氏だけに限らなかった。『魏書』儒林伝序では、世宗・宣武帝の時代に中央で儒学復興の兆しが見えた事実を伝えたのに続けて、次のように言うのである。(7)

当時は太平の世であり、学問が大いに盛行した。そのため燕斉趙魏の地域では、経書を手に私学に入った者が数え切れない程であった。多ければ千人余り、少なくても数百人の規模であった。

（時天下承平、學業大盛。故燕齊趙魏之間、橫經著錄、不可勝數。大者千餘人、小者猶數百。）

宣武帝の在位は四九九年から五一五年、徐遵明の二十四歳から四十歳の時期に相当する。ここでは宣武帝の時代、燕趙魏に斉（山東省）を加えた地域で、千人規模の学生を抱える場合もある程に、私学が隆盛を極めたと言う。この私学の代表格こそ、宣武帝に先んずる孝文帝の時代、十八歳の徐遵明が弟子入りした張吾貴の学団なのであった。

二、張吾貴の学団

張吾貴の伝も、徐遵明と同様に『魏書』儒林伝に見える。それによれば字は呉子、中山（河北省）の人で、十八歳の時に地元から太学博士に推挙された。(8) 続けて伝には言う。

張吾貴はそれまであまり学問を積んでおらず、そこで酈詮から礼の学問を授かり、牛天祐から易の学問を授かった。酈詮や牛天祐が大方の学問の基礎を授けてやり、張吾貴は書籍を一通り読み終えると、すぐに自ら別個の学団を立ち上げ、世の人々は争って彼に付き従った。

（吾貴先未多學、乃従酈詮受禮、牛天祐受易。詮・祐粗爲開發、而吾貴覽讀一遍、便即別構戸牖、世人競歸之。）

酈詮や牛天祐は地元の学者と思われ、張吾貴が「別構戸牖」と言うからには、彼らも小規模ながら学団（戸牖）を率いていたのであろう。張吾貴には大勢の生徒が追従したらしいが、彼の学問の魅力は那辺にあったのか。張吾貴の伝は、続けて次のような話を載せる。

かつて夏季の講座にて、千人単位の生徒が集まり（『春秋』経を講じたが）、（春秋左氏）伝については講じず、生徒たちはヒソヒソと「張先生は左氏伝について、どうも講義できないようだ」と言った。張吾貴はそれを聞き付け、生徒たちに言った「私の今般の夏季講座は一旦休講とし、後日左氏伝について解説しよう。君たちが次に講座に来る時は、皆テキストを持参するように」。生徒たちは不審がるばかりであった。張吾貴は劉蘭に言った「君はこれまで左氏伝を読んできたことだし、私に一つ講義をしてほしい」。劉蘭はそこで講義をした。三十日の間、張吾貴は（左氏伝の）杜預と服虔の両注釈を読み、双方を比較検討して、異同を尽く列挙した。生徒たちが後日集うと、直ちに彼らに講義をし、経義の原則を説いて余すところなく、すべて独創性に富んでいた。劉蘭はといえば黙って耳を傾けていた。学者たちはこの件により、いよいよ張吾貴を奇特な存在と見做した。

（曾在夏學、聚徒千數而不講傳、生徒竊云、張生之於左氏、似不能説。吾貴聞之、謂其徒曰、我今夏講暫罷、後當説傳。君等來日、皆當持本。生徒怪之而已。吾貴謂劉蘭云、君曾讀左氏、爲我一説。蘭遂爲講。三旬之中、吾貴兼讀杜・服、隱括兩家、異同悉舉。諸生後集、便爲講之、義例無窮、皆多新異。蘭乃伏聽。學者以此益奇之。）(9)

張吾貴の学団では、ある一定の季節ごとに講座を開き、千人単位の学生が共通のテキストを片手に、一つのテーマ（今回は春秋と左氏伝）に関する張吾貴の講義を聴講する形式だったようである。やはり『魏書』儒林伝に立伝される劉蘭は、武邑（河北省）の人で、彼の伝にも張吾貴は登場している。

劉蘭は左氏伝を五日に一通りのペースで読み、広く五経に精通した。それより以前、張吾貴は聡明さで人より勝っていたために、彼が展開する学説は、先儒の内容に基づかないものであった。ただ劉蘭だけが経や伝の来源を追尋し、注釈者の意図に基づき、緯書の学や先儒の旧説をも織り交ぜて、実に精緻な学問を備えていた。(10)

(蘭讀左氏、五日一遍、兼通五經。先是張吾貴以聰辨過人、其所解説、不本先儒之旨。唯蘭推經傳之由、本注者之意、參以緯候及先儒舊事、甚爲精悉。)

張吾貴の学問は、先儒の学問成果を踏まえて自らの学問体系を構築するタイプのものではなかった。むしろ他者を凌ぐ理解の速さや、学説の核心を手早く掴む要領の良さ、そして他人の学説を自説に取り込み巧みに示す演出により、多くの学徒を惹き付けていったと思しい。張吾貴は劉蘭の左氏伝に対する学殖を事前に十分承知し、一方で彼の学問スタイルとして、自分以上に学徒を魅惑する形で学説を提示し得ないのを見越した上で、先のエピソードの如くうまく話を運んだのであろう。

だがこの張吾貴の学問スタイルは、言わば諸刃の剣であった。左氏伝を素材に奇才ぶりを評価された張吾貴も、伝には続けて次のように言われるからである。

しかし弁舌の上手さは自らの間違いを言い繕うに足りるものであったために、進んで出鱈目な学説を唱え、それが原因で学問は長く伝承されはしなかった。しかも気概は地方長官をも侮り、王侯たちに謙ることもなく、とうとう仕官せずに生涯を終えた。

(而以辯能飾非、好爲詭説、由是業不久傳。而氣陵牧守、不屈王侯、竟不仕而終。)

張吾貴の弁が立つ様子は、学徒を魅了する効果があった。その一方で、張吾貴の学問は確たる根拠が乏しいために、受講生によっては不満を募らせ、後継者を生まなかった。

しかも張吾貴の学団は、千人単位の学徒を抱えていたこともあり、直接に張吾貴本人から指導を受けることは、あまりなかったらしい。『魏書』巻六十九・崔休伝には、「世宗初」のこととして、張吾貴の学団の様子が伝えられる。崔休は清河(山東省)の人で、当時は渤海を治めていた。

当時、大儒の張吾貴が、山東にて非常に評判を得ており、全国の学生たちが挙って彼を尊崇し、遠方からの弟子入り希望者が、常時千余人あった。生徒数が膨大になったため、学団で収容しきれない場合が多かった。崔休はそこで彼らに食べ物を用意し、彼らを引き入れて礼遇し、学問させて帰してやったので、儒者たちはこのことを話題の種にした。

(時大儒張吾貴、有盛名於山東、四方學士、咸相宗慕、弟子自遠而至者、恒千餘人。生徒既衆、所在多不見容。休乃爲設俎豆、招延禮接、使肄業而還、儒者稱爲口實。）

世宗の時代、第一節の『魏書』儒林伝序に言うように、燕斉趙魏の地域で私学が栄え、張吾貴の如く千人規模の学徒を抱える学団があった。だがその規模故に弟子を掌握しきれず、他の学団へ流出する場合もあったであろう。

張吾貴の学問的な根拠が薄弱なこと、学徒が多すぎること。張吾貴の学団が有したこの二つの問題点は、そのまま徐遵明が張吾貴の下を去る要因となった。本伝は、徐遵明が張吾貴の下に訪学したことに続けて言う。

張吾貴は門下生の数が非常に多く、徐遵明は彼の下で学問を授かること数ヶ月にして、何と密かに友人に言った「張先生は名前こそ知れ渡っているが、内容面ではきちんとしたものがない。彼の講義する学説では私は満足できず、また別の師匠に付こうと思う」。かくして平原（河北省）の田猛略とともに、范陽（河北省）の孫買徳の下で学業を授かった。

（吾貴門徒甚盛、遵明伏膺數月、乃私謂其友人曰、張生名高、而義無檢格。凡所講説、不愜吾心、請更從師。遂與平原田猛略就范陽孫買德受業。）

三、徐遵明による学団の形成

張吾貴の学団を去り、田猛略と一緒に孫買徳の下で研鑽を積むことになった徐遵明だったが、これも短い期間であった。本伝は言う。

一年して、孫買徳の下までも辞去しようとした。田猛略が徐遵明に言った「君は若い頃から師匠に付き従って学び、いつも学業を全うしない内に、遠く新しい師匠を求め出かけて行く。付いたり離れたり、あまりに酷くはないか。そうした心掛けでは、とうとう大成しないのではないかと心配になる」。徐遵明は言った「私はいま初めて本当の師匠の所在を悟った」。田猛略が言った「どこにいるのだ」。徐遵明は実に自分の心を指差して言った「まさしくここにいるのである」。

（一年、復欲去之。猛略謂遵明曰、君年少從師、每不終業、千里負帙。何去就之甚。如此用意、終恐無成。遵明曰、吾今始知眞師所在。猛略曰、何在。遵明乃指心曰、正在於此。）

こうして自らの進むべき道が定まった徐遵明は、本伝によれば独学の時代を迎える。

そこで平原（河北省）の唐遷の下に出向いて身を寄せ、養蚕小屋に暮らした。[11] 孝経・論語・毛詩・尚書・三礼を読み、外出もせずに、およそ六年を過ごした。時に箏を掻き鳴らし笛を吹くことが、自らを癒す楽しみであった。また陽平郡館陶（河北省）の趙世業の家に、服虔注の春秋左氏伝があり、それが晋代は永嘉年間（三〇七～三一三）の古写本だと知ると、徐遵明は出かけて行ってこれを読んだ。さらに数年を経て、自らの手で『春秋義章』を撰述し、三十巻に仕立てた。

（乃詣平原唐遷、納之、居於蠶舍。讀孝經・論語・毛詩・尚書・三禮、不出門院、凡經六年。時彈箏吹笛、以自娛慰。又知陽平館陶趙世業家、有服氏春秋、是晉世永嘉舊本、遵明乃往讀之。復經數載、因手撰春秋義章、爲三十卷。）

十七歳で山東に遊学し、一年して張吾貴門下で数ヶ月を過ごし、孫買徳の下でも一年を経ているので、この独学の六年間は、徐遵明の二十歳から二十六歳くらい、北魏の孝文帝から宣武帝への代替わりの時期に当たる。

この間に徐遵明は手広く読書をした。特に服虔注の左氏伝については晋代の旧本を読み、『春秋義章』三十巻がその成果なわけだが、これは確認できる徐遵明の唯一の著作である。服虔注の左氏伝は、徐遵明門下で継承され、『北史』儒林伝序に、「河北の儒者たちで春秋（左氏伝）に通暁した者は、皆（用いたのが）服子愼（服虔）の注したもので、やはり徐遵明の門下から出た（河北諸儒、能通春秋者、竝服子愼所注、亦出徐生之門）」とある。[12]

さて如上の研鑽の後、徐遵明はその他の北魏の学者の例に漏れず、門弟を抱えるようになる。だが長期の独学のために名も売れていなかったのか、すぐに大量の学徒が集まったわけではなく、徐々に学団を拡大させていった。本伝はその辺りの事情を、「この（独学による研鑽の）後、学問を教えるようになり、門弟は少なかったのだが、しばらくして大勢になった（是後教授、門徒蓋寡、久之乃盛）」と、ごく簡潔に記すに過ぎない。しかし『魏書』からは、徐遵明の学団が勢力を獲得していく様を、もう少し具体的にたどれる。

まさに『魏書』儒林伝序が、燕斉趙魏の地域に大勢の学徒が蠢いていたと言うように、当時は張吾貴の他、いくつか学団があった。張吾貴の最大の対抗馬は劉献之（博陵饒陽（河北省）の人）の学団であり、『魏書』儒林伝の劉献之の伝に言う。

当時、中山の張吾貴が劉献之と名声で肩を並べ、世間では誰もが儒宗（儒者の宗師）と呼んでいた。張吾貴が一度講座を開く度に、千人単位の生徒がいたが、学業の特に優れた者は少なかった。劉献之の学団に登録した生徒は、数百人程度だったが、いずれも経書に通暁していた。

そこで見識のある学者は（張吾貴と劉献之の）両者の優劣を判定した。北魏では戦乱があってから後、五経の経義については、師匠より伝承された学説があったものの、世の学生たちは、抱えた多くの疑問について、すべて劉献之に解決してもらった。

（時中山張吾貴、與獻之齊名、海内皆曰儒宗。吾貴每一講唱、門徒千數、其行業可稱者寡。獻之著錄、數百而已、皆經通之士。於是有識者辨其優劣。魏承喪亂之後、五經大義、雖有師說、而海内諸生、多有疑滯、咸決於獻之。）

単純な学徒の数では、やはり張吾貴の学団が突出していた。しかし師匠と学徒の学問上の質という観点からすれば、劉献之の学団の方が張吾貴の学団を上回っていたのであった。実際、張吾貴の学問はあまり継承されなかった一方で、毛詩の学問に関しては、北朝では劉献之を起点に継承されていった。[13]

加えて徐遵明が学団の拡大を図った当時、別に漁陽（天津市）の鮮于霊馥の学団も規模が大きかった。両学団のせめぎ合いについては、『魏書』儒林伝の李業興の伝を見よう。李業興は上党長子（山西省）の人である。

後れて趙魏の地域にて徐遵明に付き従った。当時、漁陽の鮮于霊馥も、やはり生徒を集めて学問を教えていたが、徐遵明の評判はまださほど芳しくなく、学団の登録者数も少なかった。李業興はそこで鮮于霊馥の学舎に出向き、受講生を装った。鮮于霊馥はそこで彼に言った「李君は長いこと羌博士にくっついているらしいが、何かしら学んだかね」。李業興はじっと何も言わなかった。鮮于霊馥が左氏伝について解説を始めると、李業興はその経義について数カ条を問い質したが、鮮于霊馥は答えられなかった。ここに至って衣服を打ち払い、立ち上がって言った「羌弟子はまったくこの通りですよ」。かくして直ちに徐遵明の下へ帰って行った。これ以降、鮮于霊馥の学生は一斉に徐遵明の下に流れていった。徐遵明の学徒が大勢になったのは、李業興のお陰であった。

（晩乃師事徐遵明於趙魏之間。時有漁陽鮮于靈馥、亦聚徒教授、而遵明聲譽未高、著錄尚寡。業興乃詣靈馥黌舍、類受業者。靈馥乃謂曰、李生久逐羌博士、何所得也。業興默爾不言。及靈馥說左傳、業興問其大義數條、靈馥不能對。於是振衣而起曰、羌弟子正如此耳。遂便徑還。自此靈馥生徒、傾學而就遵明。遵明學徒大盛、業興之爲也。）

この李業興の活躍により、徐遵明の学団は北魏を代表する学団へと成長するのであった。

ところで鮮于霊馥が徐遵明を「羌博士」と呼び、徐遵明の弟子たる李業興が「羌弟子」と自称するのは、どういう意味なのか。これに関しては『史通』外篇・雑説中・北斉諸史が参考になる。そこでは「王劭の『斉志』[14]は、当時の俗語や方言を多く採録しているが、その是非は如何か」（王劭齊志多記當時鄙言、爲是乎、爲非乎）と設問され、その答えは「例えば現在用いられている言葉として（如今之所謂者）」と言って、六種の唐代における俗語・方言が示される。そして実は「關右稱羌」がその中の一つに数えられた上、次のようにまとめられるのである。

いったいこうした事例は非常に数多く、きっとその言葉遣いの本源を追究してみても、出所を詳らかにし得ないが、これを王劭『斉志』について見てみれば、はっきりと判明するのである。こうした観点から言えば、王劭の採録した俗語や方言は、大変に役に立つのである。

（凡如此例、其流甚多、必尋其本原、莫詳所出、閲諸齊志、則了然可知。由斯而言、劭之所錄、其爲弘益多矣。）

『史通』の文脈では、唐代の言葉遣いが北斉の俗語や方言に由来することを知れる点で、王劭『斉志』を有用とする。だが我々は逆の意義を見出すであろう。つまり北朝では「關右」（関西、函谷関以西）を「羌」と称していたということを知れるのである。[15]

以上を踏まえ、先の李業興と鮮于霊馥の対話を振り返りたい。鮮于霊馥が徐遵明を「羌博士」と称し、確かに徐遵明は華陰、つまり「関西」の人であった。その彼が十七歳から「山東」や「燕趙」に遊学に出て学問的な研鑽を積み、徐々に学徒を抱え始めていた事実を知る時、元々この地域で学団を構えていた鮮于霊馥が発した「李生久逐羌博士、何所得也」との言葉には、学問の先進地域たる燕斉趙魏から見た、後進地域たる関西への侮蔑の意図を読み取れよう。それ故に、鮮于霊馥をやり込めた後の李業興による「羌弟子」との自称も、強烈な効果を発揮したと言える。

四、徐遵明の学団とその学問

次第に門弟の数を増やしていった徐遵明の学団では、実際にどのような学問が展開されていたのか。門弟の数の増加を記した後、本伝は徐遵明の活動を次のようにまとめる。

徐遵明が講壇に立つ時は、決まって経と疏とを手にし、その上で議論を開陳した。彼の門徒は現在までそのやり方を継承し、習慣となった。徐遵明は二十年余り地元を離れて学問を講じ、世の人々は挙って彼を尊崇した。積極的に貢物を受領し、儒者としての風格を欠くものであった。

（遵明每臨講坐、必持經執疏、然後敷陳。其學徒至今浸以成俗。遵明講學於外二十餘年、海内莫不宗仰。頗好聚歛、有損儒者之風。）

義疏学で義疏は、経や注と別行していたとされ、ここに言う徐遵明の講義スタイルは、その典型である。[16]そしてそのスタイルは、徐遵明の門下に綿々と継承されていった。

また焦桂美氏が、北朝における学問伝承のあり方の特徴を「学承多門」と定めて、実例を挙げつつ指摘するように、北魏では経書ごとに師匠を選択する場合が往々にしてあった。[17]その中で徐遵明自身が、独学の時代を中心に多分野の学問に精通し、それを長期間にわたって学団内で伝承したことは、ある特定の経書には限らない、幅広い分野における徐遵明の学問の影響力の伝播をもたらしたのではあるまいか。だからこそ本稿冒頭にも紹介したように、『北斉書』儒林伝序で、北斉の多岐にわたる経書の学問が徐遵明に端を発すると言われるようになったと考えられるのである。[18]

加えて徐遵明が燕趙の地域に遊学し、そこに留まって講義を続けた（「講學於外」）ことで、元来が学問の先進地域だったこの地域に、より強固な経学の土壌が築かれた。すでに古勝氏が、徐遵明の活動地域から北斉の多くの学者が生まれたと指摘する通りである。[19]

では徐遵明の実際の学説や如何、と問われれば、残念ながら不明と回答する他はない。徐遵明には著作が『春秋義章』三十巻しかなく、それも現在は逸しているのである。

ただ何に立脚した学問を営んでいたかは、ある程度明らかにし得る。と言うのも、『北斉書』儒林伝序が、北斉では徐遵明の門下に出た周易・尚書・三礼の学問が鄭玄注に、左伝の学問が服虔注に、それぞれ依拠したと伝えてくれるからである。そしてこうした徐遵明の学団が、二十年余りの長期に渡り北魏の世に信頼を勝ち得、その学問が北斉に継承されたことは、北朝の経学における鄭学（漢学）を宗とする傾向を促進させた面があろう。[20]

なお『北史』の徐遵明伝は、「徐遵明は鄭玄の論語への序文に、『(論語は)『八寸策』に記した』[21]とあるのを見、誤って『八十宗』としてしまい、こじつけの説明を行なった。そのいい加減さは大体がこの類であり、劉献之・張吾貴は一段と酷かった（遵明見鄭玄論語序云書以八寸策、誤作八十宗、因曲爲之説。其僻也皆如此、獻之・吾貴又甚焉）」との逸話を載せる。これを額面通り受け取れば、徐遵明の学問も、張吾貴の「以辯能飾非、好爲詭説」という程ではなくとも、かなり口先の達者なことに支えられたものだったらしい。

また『北史』徐遵明伝は、「頗好聚歛、有損儒者之風」について、本伝より詳しい。

（徐遵明は）積極的に貢物を受領し、劉献之・張吾貴とともに全員が河北にて生徒を集めて授業をしていたが、納付すべき糸や穀物の量を掲示し、衣服や日用品を質入れさせた上で彼らを受け容れ、それを「影質」と称していた。[22]これは儒者としての風格を欠くものであった。[23]

（頗好聚歛、與劉獻之・張吾貴皆河北聚徒教授、懸納絲粟、留衣物以待之、名曰影質。有損儒者之風。）

張吾貴、劉献之、そして徐遵明という、北魏を代表する学団は、すべてが学問を授ける対価に、学生から一定の糸や穀物を徴収した。また「衣物」を預かるのは、学生の他学団への流出を防ぐ意味もあったかもしれない。劉献之は彼の伝でも、入門希望者に学問の苦労を語った上、「君らの先生への謝礼も少なくないし、受け容れる私も苦労が伴うのだ（束脩不易、受之亦難）」と告げており、学団維持にはそれなりの謝礼が要求されたらしい。[24]

さてここまでは徐遵明自身の学問と、その学団の講義、性質などを見てきた。では学団にはどのような学徒が集まったのか。ここではその特徴の一つとして、若年者が多いということを指摘しておきたい。

『北斉書』巻二十六・平鑒伝には、「平鑒は若い頃から聡明で、非常に才智に溢れていた。徐遵明から学問を授かり、章句の学問には手を出さなかった（鑒少聰敏、頗有志力。受學於徐遵明、不爲章句）」とある。他に『北斉書』儒林伝・馬敬徳には言う。

若くして儒学を好み、書物を背に大儒の徐遵明に付き従い、詩や礼を学ぶと、おおよその経義は理解したが、細かな内容までは把捉し切れなかった。そこで春秋左氏伝に専心し、思索探究に努め、昼も夜も弛むことなく、経義の解釈は儒者たちに称賛された。燕趙の地域で学問を教授し、彼に追従した学徒は多かった。

（少好儒術、負笈隨大儒徐遵明、學詩・禮、略通大義、而不能精。遂留意於春秋左氏、沉思研求、晝夜不倦、解義爲諸儒所稱。教授於燕趙間、生徒隨之者衆。）

彼らは徐遵明の門を叩いた時に「少」、つまり若いとされるだけだが、実際の年齢がわかる人物もいる。『周書』巻三十八・呂思礼伝は「年十四、受學於徐遵明」と言い、『北史』巻五十六・魏収伝に附される魏質の場合は次の如くであった。（魏質は）年少の時分から学問を志し、十四歳の時、母親に徐遵明の下で学問を授かりたいと申し出たが、母親はまだ彼が十分な年齢に達していないからと許可しなかった。魏質はそこでこっそり一人の奴僕を引き連れ、遠く徐遵明の学団に向かったのだが、一通の手紙を認め、寝床の上に置いて行った。親疎を問わずそれを読んだ者は、互いを見合わせ悲しみに暮れた。五六年の内には諸々の経書の義理に通暁した。遊学から戻ると、入門志願者が殺到し、全員で衣服や食事を共有して、兄弟のように仲睦まじかった。

（幼有立志、年十四、啓母求就徐遵明受業、母以其年幼不許。質遂密將一奴、遠赴徐學、留書一紙、置所臥牀。内外見之、相視悲歎。五六年中、便通諸經大義。自學言歸、生徒輻湊、皆同衣食、情若兄弟。）

もう一例、『北斉書』儒林伝の李鉉、字は宝鼎、渤海南皮（河北省）の人を紹介しよう。彼は次のような学問遍歴をたどった。

家が元来貧乏で、いつも春と夏は農業に勤しみ、冬にやっと学校へ行った。十六歳の時、浮陽の李周仁に毛詩・尚書を授かり、章武の劉子猛に礼記を授かり、常山の房虬に周官・儀礼を授かり、漁陽の鮮于霊馥に春秋左氏伝を授かった。李鉉は地元に師とするに足る人物がいないと考え、かくて郷里の楊元懿や河間の宗恵振らと、一緒になって大儒の徐遵明の下へ出向いて学問を授かった。徐遵明の門下に五年おり、常々高弟との評判であった。二十三歳になると、自ら引き篭もり、あれこれ学説の是非を検討し、孝経・論語・毛詩・三礼の義疏と（春秋）三伝異同、周易義例の計三十巻余りを撰述した。……二十七歳の時、帰郷して両親に奉養し、そのまま地元で学問を教授し、生徒はいつも数百人に達した。燕趙の地域で経学について議論できる者は、多くが彼の門下の出身であった。

（家素貧苦、常春夏務農、冬乃入學。年十六、從浮陽李周仁受毛詩・尚書、章武劉子猛受禮記、常山房虬受周官・儀禮、漁陽鮮于靈馥受左氏春秋。鉉以鄉里無可師者、遂與州里楊元懿・河間宗惠振等、結侶詣大儒徐遵明受業。居徐門下五年、常稱高第。二十三、便自潛居、討論是非、撰定孝經・論語・毛詩・三禮義疏及三傳異同・周易義例合三十餘卷。……年二十七、歸養二親、因教授鄉里、生徒恒至數百。燕趙間能言經者、多出其門。）

李鉉の当初の師たちの内、鮮于霊馥はすでに李業興を介して登場し、やはり左伝を講じていた。他の三名について、浮陽・章武・常山はすべて現在の河北省に属し、燕趙の地域の儒者に他ならない。毛詩・尚書を授けた李周仁は、『北斉書』儒林伝序に、尚書を徐遵明から受け、毛詩を劉献之から受けたと伝わる。周官・儀礼を授けた房虬は、『周書』儒林伝・熊安生にも周礼の師として見える。彼らには一二の得意分野があったわけである。

李鉉は多くの儒者に個別の経を学び、それに飽き足らずに徐遵明の門を叩いたのであった。その成果がいくつかの著述、しかも義疏として結実したのは、徐遵明の講学が義疏の学の典型的なスタイルを採った影響であろう。また多くの経書に渡っており、先に指摘した徐遵明の学団の学問としての幅広さが、その他の学団と対比的な形で、浮き彫りになる。

このように、徐遵明の学団に集った学徒の多くは、名家の出とは言い難いながらも学問に志を有する若者であった。そもそも本伝の最後に載録される、李業興が徐遵明に諡号を求めた上表文で、徐遵明の出自が「冠木門の片田舎に生まれ、名族の基礎があったわけではなく、平原荒野に成長し、頼るべき優れた門地があったわけでもありません（生在衡泌、弗因世族之基、長於原野、匪乗雕鏤之地）」と語られている。そして潘忠偉氏も言う通り、徐遵明の学団に限らず、北朝私学は全体として微賤なる出自の人間の受け皿であった。(25)

彼らが学問を第一の目的に私学に入門したことは否定しない。だが第一節に引いたように、『魏書』儒林伝序は、宣武帝の時代に燕斉趙魏の地域で私学が隆盛を極めた事実を紹介したわけだが、それに続けて、「州では才徳傑出の者を推薦し、郡では孝行廉潔の者を貢挙し、朝廷に引き立てられた者が、毎年どんどん増えた（州舉茂異、郡貢孝廉、對揚王庭、毎年逾衆）」と言う。すると私学に集う多くの若者にとって、ここでの学業を基盤に評判を勝ち得ることは、官途に就くための重要な一手段であったことも、疑いなかろう。

また貧困ながらも意気盛んな若い学徒が多かったことは、徐遵明に限らず張吾貴、劉献之ら人気の高かった学団が、登録に際して様々な物品を質入れさせたことや、学問的な裏付けよりも、口先での一種のパフォーマンスに重きを置いたこととも、無関係ではないように思われる。

五、徐遵明と中央の関わり

徐遵明の学団の実態と、その講学が二十年余りにも及んだことを伝えた本伝は、続けてその後の徐遵明の人生をたどる。後に広平王の元懐が名声を耳にして徐遵明を招聘し、出向きながらすぐに辞去したのは、都が肌に合わないからであった。

（後廣平王懐聞而徵焉、至而尋退、不好京輦。）

これまで地方の一学団長に過ぎなかった徐遵明の評判が、中央にまで達した。広平王・元懐は、高祖・孝文帝の子で、『魏書』巻二十二と『北史』巻十九に立伝される。(26) その彼に招聘を受けた徐遵明は、一度は都に行きながら、すぐに立ち去った。その理由を本伝は「不好京輦」としか言わないが、実際に都で起こった事態は、もう少し複雑であった。

先にも触れた李業興の手に成る上表文は、門弟を多く抱え学問に打ち込んだ徐遵明を、子夏や鄭玄に擬えつつ賞嘆する。その後、広平王・元懐からの招聘をこう描写している。

徐遵明がその大いなる徳と高名さとにより、初めて手厚い招聘を受けた折には、前漢・鄒陽の言よろしく裾を引き摺り優雅に出かけ、前漢・楚元王が賢者に対したのと同様の厚遇を受けたのでした。黄門の李郁が詳しく知る内容を語りますと、自身を取り立ててくれた恩義に報いたものの、精神を奥深い谷に潜ませたいとの願望を抱き、ひっそり暮らして聖賢の道を満喫すべく、そのまま立ち去って戻ることはありませんでした。

（遵明以碩德重名、首蒙禮命、曳裾雅歩、眷同置醴。黄門李郁具所知明、方申薦奏之恩、處心守壑之志、潛居樂道、遂往不歸。）

「曳裾雅歩」は、『漢書』巻五十一・鄒陽伝に基づく。鄒陽は、自らが仕える呉王・劉濞への諫言の中で、「凝り固まった心を飾り立てれば、如何なる王の下にでも、長い裾を引き摺って出向けないことがありましょうか（飾固陋之心、則何王之門、不可曳長裾乎）」と言った（『文選』巻三十九にも「上書呉王一首」として採録される）。鄒陽の場合、それでも自分は呉王に奉仕すると言うのだが、以後「曳裾」は、王侯の門下に食客となることを意味する。

「眷同置醴」は、『漢書』巻三十六・楚元王伝に基づく。楚元王・劉交は、若い頃に一緒に『詩』を学んだ穆生・白生・申公を礼遇し、穆生が酒を嗜まないため、宴席ではいつも彼に醴（甘酒）を用意して接待した。以後「置醴」は、賢者を尊崇する典故となる。(27)

つまり李業興は、過去の丁重に賢者に接した王侯を広平王・元懐に、その厚遇に浴した賢者を徐遵明に、それぞれ見立てる。そしてそこに黄門・李郁が登場するわけだが、実は『魏書』巻五十三・李孝伯伝に附される李郁の伝にも、徐遵明の名が見えるのである。

著作佐郎から広平王・元懐の王友となり、元懐は大変に彼を礼遇した。当時、学士の徐遵明が山東の地域にて学問を講じており、門徒の数が非常に多かった。元懐は徐遵明を自らの館舎に招き、李郁に五経の義理を十数条質問させたが、徐遵明が答えられたのは数条だけであった。

（自著作佐郎爲廣平王懷友、懷深相禮遇。時學士徐遵明、教授山東、生徒甚盛。懷徵遵明在館、令郁問其五經義例十餘條、遵明所答數條而已。）

李業興の上表文の「黄門李郁具所知明」とは、この李郁の伝に見える五経の義理をめぐる問いに相違あるまい。[28] 李郁の伝に従えば、徐遵明は李郁にやり込められたのであって、それが恐らくは事の真相と思われる。李業興の上表文は、どこか曖昧模糊とした言い方だが、それもこの事の真相をカモフラージュしたためであろう。本伝の「不好京輦」にしろ、上表文の「處心守壑之志、潛居樂道、遂往不歸」にしろ、要するに徐遵明は都で李郁に学問的に打ち負かされ、引っ込んだわけであった。

さて徐遵明は都から引き下がった後、どう過ごしたのか。本伝の続きを読みたい。

孝昌年間（五二五～五二七）の末、南方へと黄河を渡り、任城（山東省）に客居した。兗州（山東省）に旧知の人があったので、そこに移り住んだ。永安年間（五二八～五三〇）の初め、東道大使の元羅が上表して彼を推薦したが、とうとう朝廷から招聘されはしなかった。

（孝昌末、南渡河、客於任城。以兗州有舊、因徙居焉。永安初、東道大使元羅表薦之、竟無禮辟。）

徐遵明は長年学問を講じた燕趙の地域を離れて、任城を経て兗州に移り住んだ。[29] そして永安年間、元羅の推薦を受けたのである。

元羅は孝明帝時代に権力を握った元叉の弟である（『魏書』巻十六・道武七王列伝）。青州刺史（山東省）時代、「元叉が朝廷で専横を極めると、元羅の名望は世に知れ渡り、当時才能や名声のあった人士の王元景（王昕）・邢子才（邢卲）・李奨らが、挙って彼の下に集い、青州の地に随従した（叉當朝專政、羅望傾四海、于時才名之士王元景・邢子才・李奬等、咸爲其賓客、從遊青土）」という。

その後、孝荘帝の時代に東道大使となったのだが、『北斉書』巻四十五・文苑伝・祖鴻勲には「永安年間の初め、元羅が東道大使となり、封隆之・邢卲・李渾・李象・祖鴻勲の全員を子使に任命した（永安初、元羅爲東道大使、署封隆之・邢卲・李渾・李象・鴻勳並爲子使）」[30] とある。永安年間に入る直前、青州渤海の人たる封隆之は、青州とその西の斉州の民衆による反乱を説得、降伏させる活躍を見せた。邢卲は先にも指摘した通り青州刺史・元羅の下におり、李渾もそれに同行していた。[31] するとこの「子使」の人選で元羅は、自らの側近であることの他に、青州・斉州など現在の山東省に縁の深い人物であることを重視したと言えよう。そうであれば、徐遵明がやはり永安年間の初めに東道大使の元羅に推薦されたのも、彼が一定の名声を有して現山東省の兗州に在住であったからではなかったか。[32]

ところが元羅の推挙も功を奏さぬまま、いよいよ徐遵明は死を迎えることとなる。本伝によりその死の経緯を確認しておこう。

永安二年（五二九）、元顥が洛陽入りすると、任城太守の李湛が義兵を挙げようとし、徐遵明もその軍事行動に参画した。夜分に巷間に出たところで、反乱の兵に殺害された。行年五十五であった。

（二年、元顥入洛、任城太守李湛將擧義兵、遵明同其事。夜至民間、爲亂兵所害。時年五十五。）

おわりに

幾度か触れたが、北斉では、周易・尚書・三礼・左伝の学問が徐遵明の門下から出たとされる。なぜ徐遵明は、それほどの地位を築き上げられたのか。他に張吾貴や劉献之の学団もあり、しばしば徐遵明の学団を含めた三学団が否定的に併称されていたように、徐遵明の学団が学問の上で傑出していたとは必ずしも言えない。

ただ第四節に紹介した、若くして徐遵明の門下に集った馬敬徳や魏質、李鉉らが、徐遵明の学団で身に付けた学問を、新たに自身が学徒を抱える形で伝承した点は、注意が必要であろう。馬敬徳と李鉉の場合は、他でもない燕趙の地域で学問を講じたのであり、こうした孫弟子を生み出す後継者がいたことは、徐遵明の学問がそこを領地とした北斉で広く受容された原因の一つとなったであろう。

またやはり本稿でも幾度か触れたが、徐遵明自身はもちろん、その学徒にも幅広い経書の学問を身に付けた者が多くいた事実も、この学団から多様な学問が展開し得た原因であろう。しかも張吾貴が学問の継承者を持たず、すぐに存在感を失ったのに比して、徐遵明は二十年余りに渡って学問を教授し、しかも学団に長期参加した学徒が複数いた点も[33]、彼の学問が息の長い伝承を勝ち得た要因の一つだったのではあるまいか。

ここまで徐遵明の伝を読み進めながら、徐遵明を受容した山東、燕斉趙魏の学問的な土壌、そこでの張吾貴、劉献之など諸学団の動向と、徐遵明の学団の発展過程などをたどってきた。これまで北朝の儒学を語る際、徐遵明は「北魏の大儒」として欠かせない存在であった。本稿は、その彼が如何にそうした地位を築き上げたのかを、実際の当時の学問伝承のあり方に即す形で描出したものである。

注

（1）焦桂美『南北朝経学史』（上海古籍出版社、二〇〇九年）の三五―四二頁に、各経書の伝承関係とその様相が整理されている。

(2) 姜寧「徐遵明与北朝経学」(『大衆文芸』二〇一〇年九期)、胡暁丹「徐遵明経学初探」(『文史雑誌』二〇一一年三期)など。

(3) 古勝隆一「隋代儒教の地域性——特に山東儒者について」(『中国印度宗教史とくに仏教史における書物の流通伝播と人物移動の地域特性』(科学研究費補助金基盤研究(B)(代表者：船山徹)研究報告書、二〇一一年、所収)、八八―九一頁。この論文については、中国語版「隋代儒教的地域性——以「山東儒者」為例」(廖明飛訳、『林慶彰教授七秩華誕寿慶論文集』、万巻楼、二〇一八年、所収)があるが、以下言及する際は初出の日本語版に拠る。

潘忠偉『北朝経学史』(商務印書館、二〇一四年)も『隋書』地理志を引き、古勝氏が指摘する地域を北魏後期・北斉の学問の中心地とする(二五八頁)。

(4) 焦氏前掲書、五七―六四頁。焦氏は「河北」を「按：此之河北、広義而言、指黄河以北的広大領域、主要指燕趙魏地」(五七頁)とする。「魏」は山西省南西部。

(5) 「燕趙多奇士」や類似の評語は、北朝の正史に頻見する。古勝氏前掲論文は、その事実を紹介し、「燕趙」の地域が「もっとも重要な学者を生み出したことは、疑いのないところである」と結論付ける(九五頁)。

(6) 趙郡李氏の学術(家学)の側面を論じたものとしては、専ら李孝伯より下の世代を対象にするが、陸路「北朝趙郡李氏家族文学与学術考論」(『西南大学学報(社会科学版)』第四十五巻第二期、二〇一九年)、参照。

(7) 「世宗時、復詔營國學、樹小學於四門、大選儒生、以爲小學博士、員四十人。雖黌宇未立、而經術彌顯」。ここに言う詔は、『魏書』巻八・世宗紀「(正始四年)六月己丑朔、詔曰、……今天平地寧、方隅無事、可敕有司準訪前式、置國子、立太學、樹小學於四門」。

(8) 張吾貴、字吳子、中山人。……年十八、本郡舉爲太學博士。

(9) 清・李慈銘『北史札記』巻三「疑聚徒千數下、當有講春秋三字。故下云不講傳及左氏似不能説語」(『越縵堂読史札記全編』下(北京図書館出版社、二〇〇三年)、所収)。今これを参考に、意を補って邦訳した。

(10) 当時の学問に緯書が果たした役割については、武田時昌「中世の義疏学と緯学」(『信州大学教育学部紀要』七〇、一九九〇年)、参照。

(11) 姜氏前掲論文は「徐遵明在唐遷門下」云々と言うが、直前の自らを師とする旨の発言から、唐遷と徐遵明の間に師弟関係はなかろう。

(12) 徐遵明を含む北朝での左氏伝の注釈とその流伝は、拙稿「北魏における杜預像」(拙著『南北朝時代の士大夫と社会』(研文出版、二〇一八年)、所収)二一五―二一七頁、参照。

(13) 焦氏前掲書四〇・四一頁、参照。

(14) 内容については藤善眞澄「王劭の著述小考」(同氏『道宣伝の研究』(京都大学学術出版会、二〇〇二年)、所収)、参照。

(15) 清・浦起龍『史通通釈』では、李業興の例の他、『北史』巻五十四・段栄伝で、北周・尉遅迥らが洛陽を襲撃したことに段韶が言った、「西羌闚逼、是膏肓之病」の語を引いて、「按二傳言羌、正指關右言」と指摘する。

(16) 義疏学における義疏の単行については、古勝隆一「釈奠礼と義疏学」(同氏『中国中古の学術』(研文出版、二〇〇六年)、所収)第一節「義疏と義疏学」、参照。喬秀岩『義疏学衰亡史論』(白峰社、二〇〇一年)も、「義疏は書物としては本来皆単行され、経注を具えていなかった。だから徐遵明は「毎臨講坐、必持經執疏、然後敷陳」（《魏書》に見える。）と言われる」と指摘する（一八五頁）。張吾貴の学団でも、生徒全員が同じテキストを片手に講義を受講したわけだが、形態は徐遵明の学団と同様と推察してよいのではないか。

(17) 焦氏前掲書四四頁。

(18)『周書』巻四十五・儒林伝・楽遜「魏正光中、聞碩儒徐遵明領徒趙魏、乃就學孝經・喪服・論語・詩・書・禮・易・左氏春秋大義」。これも徐遵明の学団が講じる学問が広範にわたったことを示す記事と言えよう。

(19) 古勝氏注3所掲論文第3節「徐遵明と熊安生」、参照。

(20) 姜氏前掲論文、焦氏前掲書三四九頁、参照。

(21)『儀礼』聘礼の賈公彦の疏に「鄭作論語序云、易・詩・書・禮・樂・春秋、策皆尺二寸。孝經謙半之。論語八寸策者、三分居一、又謙焉」と言う。阮元本校勘記は、「尺二寸」を「二尺四寸」とすべきと指摘し、するとその半分の孝経が「尺二寸」となり、三分の一の論語が八寸というのと整合する。

(22)『北史』巻四十七・賈思伯伝「累遷南青州刺史。初、思伯與弟思同師事北海陰鳳。業竟、無資酬之、鳳遂質其衣物。時人爲之語曰、陰生讀書不免癡、不識雙鳳脱人衣。及思伯之部、送縑百匹遺鳳、因具車馬迎之、鳳慙不往。時人稱歎焉」。これは受業への返礼の場合だが、学問の授受に際して自身の衣服や日用品をやり取りする例は、多かったと思われる。

(23)『魏書』に「儒者（之）風」は四例見える。巻五十二・宗欽伝「欽少而好學、有儒者之風。博綜羣言、聲著河右」、巻五十三・李孝伯伝附李郁「稍遷國子博士。自國學之建、諸博士率不講説、朝夕教授、惟郁而已。謙虚雅寛、甚有儒者之風」、儒林伝・梁祚「有儒者風、而無當世之才」、李業興「業興愛好墳籍、鳩集不已、手自補治、躬加題帖。其家所有、垂將萬卷、覽讀不息、多有異聞、諸儒服其淵博。性豪俠、重意氣、人有急難、委之歸命、便能容匿。與其好合、傾身無吝、若有相乖忤、便即疵毀、乃至聲色、加以謗罵。性又躁隘、至於論難之際、高聲攘振、無儒者之風。毎語人云、但道我好、雖知妄言、故勝道惡。務進忌前、不顧後患。時人以此惡之。至於學術精微、當時莫及」。これらの例から、何より儒者に期待されるのは、真摯にかつ誠実に学問に打ち込む姿である。ただそれが周囲（世間）との何らかの不調和や軋轢を生じるとき、「儒者之風」を損なうと判断されるのであった。

(24) 潘氏前掲書も、『北史』徐遵明伝の記事から、「此種学術与現実利益的緊密結合、也成了北朝私学的一貫伝統」と言う（二六五頁）。なお潘氏は『北史』徐遵明伝の記事を誤って『魏書』として引いている。

(25) 潘氏前掲書二五五・二五六頁。

(26) ただしともに伝文の多くを欠く。また墓誌銘が趙超『漢魏南北朝墓誌彙編』（天津古籍出版社、一九九二年）九二頁に見えるが、いずれにしても徐遵明との関係についての言及はない。

(27)「眷同」は「同等に目を掛けてやる」の意。盧諶「贈劉琨」（『文選』巻二十五）「眷同尤良、用乏驥騄」、庾亮「讓中書令表」（同巻三十八）「既眷同國士、又申之婚姻」。

(28)「黄門李郁」について、李業興の上表は永熙二年であり、李郁の伝に「永熙初、除散騎常侍・大衞將軍・左光祿大夫・兼都官尚書。尋領給事黄門侍郎。三年……」とある。

(29) 古勝氏注3前掲論文九一頁は、李業興の上表文で華陰出身の徐遵明を「故處士兗州徐遵明」と称することから、この兗州行きを「実質的な意味を持った移住であった」とする。

(30)『魏書』巻十・孝荘紀によれば、元羅が東道大使となったのは建義元年（五二八）五月丁巳。同年は九月乙亥に永安元年に改元している。

(31) 『北斉書』巻二十一・封隆之伝「時青・齊二州士民反叛、隆之奉使慰諭、咸即降款。永安中、除撫軍府長史」。巻三十六・邢卲伝「屬尚書令元羅出鎮青州、啓爲府司馬。遂在青土、終日酣賞、盡山泉之致。永安初、累遷中書侍郎」、巻二十九・李渾伝「時四方多難、乃謝病、求爲青州征東府司馬。與河間邢卲・北海王昕倶奉老母、携妻子、同赴青・齊。……永安初、除散騎常侍」。李象は経歴不詳。祖鴻勲は涿郡范陽（河北省）の人。元羅の子使となる前は滑臺城（河南省）で葛栄の侵攻を防いだ。

(32) 張吾貴伝に「不屈王侯」（『易』蠱「不事王侯、高尚其事」に基づく）とあれば、張吾貴も徐遵明同様、王侯から招聘されて断ったか、それを期待しつつ夢破れたかしたのか。また二人に限らず、学団の長には王侯による推挙の期待が普遍的に存したのかもしれない。

(33) 第四節に紹介した李鉉が五年、魏質も五六年いた。『周書』儒林伝・熊安生では「後事徐遵明、服膺歴年」と言う。熊安生については査洪徳「一代儒宗熊安生」（『殷都学刊』一九八九年第四期）、古勝氏注3所掲論文第3節「徐遵明と熊安生」、参照。

明堂に見る伝統と革新——南北朝における漢学

南澤良彦

みなみざわ・よしひこ——九州大学大学院人文科学研究院教授。専門は中国思想史。主な著書・論文に「試論漢唐将作大匠——中国古代的科學技術與官僚制」（『第七届中日學者中國古代史論壇論文集』、中国社会科学出版社、二〇一六年）、『中国明堂思想研究』（岩波書店、二〇一八年）、*Confucian Academies in East Asia*（共著、Brill, 2020）などがある。

南北朝時代において、南朝と北朝は、漢代の学術に対し、ともにその正統的な継承者を自負しながら、北朝は漢代の理想に近い明堂を実現し、南朝は漢代とは似ても似つかない明堂を完成した。思想、学術が複雑に絡み合った明堂に見える、伝統と革新の興味深いねじれ現象に着目し、南北両朝における漢代の学術受容の諸相を考察する。

はじめに

明堂《めいどう》は前近代中国において最も重要とされた礼制建築の一つでありながら、礼学上紛糾を極めた問題の一つでもあった。明堂に関する議論は多岐に渉るが、とりわけ熱心に討議されたのはその構造である。

明堂のイメージは、天円地方を表現した上円下方《じょうえんかほう》の建築物、すなわち、天を象徴し、天空を志向する上部構造物と、地を象徴し、整然と区切られた複雑な内部構造を持ち、四方に凸出《とっしゅつ》した下部構造物とから構成された、例えば後漢の明堂（**図1**）のような建築物であろう。このような明堂は漢代にその祖型が成立した。そして、清代に建造された北京天壇《ぺきんてんだん》祈年殿《きねんでん》（**図2**）を明堂と認めるなら、今日に至るまでの二千年もの歴史の中で、歴代明堂はほぼこのイメージを裏切らないスタイルだった。

ところが、南朝の明堂だけは、太廟に準拠する、長方形の壁体《へきたい》の上に寄棟《よせむね》屋根を載せた、まるで異なったスタイルだった（**図4**を参照）。一方、北朝には、別の意味で画期的な明堂

図1　後漢洛陽明堂（楊鴻勛『建築考古学論文集（増訂版）』（清華大学出版社、2008年、317頁）より）

図2　北京天壇祈年殿（著者撮影）

が出現した。漢代儒学者の理想を具現化した明堂を造ったのである。すなわち、南北朝において、本来漢族のものである明堂をめぐって漢族と非漢族、伝統と革新とがあたかも、ねじれを生じたかの如き様相を呈したのである。

　南北朝時代は漢族と非漢族とが、それぞれ本拠を離れ、漢族がフロンティアだった江南に、非漢族が漢族の本拠地だった中原に移住し、漢代に培われた伝統を移植して、再生、変異、革新を遂げたダイナミックな時代であった。それは政治、経済だけではなく、学術、文化も同様であった。漢族が移り住んだ江南は学術的にも未開の地だった。学術機関は未整備で、書籍、学者にも乏しく、移住した門閥貴族の文化的財産に依存する他なかった。北朝は漢族の故地を受け継いだが、学術機関は廃墟と化し、漢代の学術は疎開先や非漢族に細々と受け継がれるのみだった。だが、南朝北朝ともその困難な状況にもかかわらず、発展を遂げ、独特の学術、文化を開花した。明堂はその顕著な例の一つである。

　南朝の明堂は、魏晋玄学史上重要な人物である西晋の裴頠《はいぎ》の影響下にあり、きわめて玄学的である。北朝最初の明堂は、非漢族の王朝であるにもかかわらず、漢化を至上命題として推し進めた北魏の孝文帝がその一環として製作を命じた。しかしながら、南朝の明堂が玄学的で漢代の明堂とは似ても似つかないとしても、それが直ちに漢代の学術からの逸脱、訣別を意味し、北朝の明堂だけが漢代の学術に忠実だったとの結論を下すのは、早計であろう。南北朝における明堂のドラスティックな変化はそれぞれの王朝の学術と密接な関係にあり、したがって、各王朝の明堂の正確な分析は、その時代の学術の変遷を丹念にたどって初めて可能になるのである。

本論考では明堂の構造、建築様式の変遷に着目し、南北朝の各王朝がその明堂の制作において依拠した資料、学校制度、書籍、学問内容、明堂関係者の学問を検討することによって、各時代の明堂の背景にある学術の傾向を分析し、南北朝時代の学術の特質を解明する。

一、漢代――術数と儒学と

(1) 漢代の三つの明堂

1　武帝の泰山明堂

漢代（前漢、前二〇二〜八、後漢二五〜二二〇）には三つの明堂が建設された。すなわち、武帝泰山《たいざん》明堂、王莽《おうもう》長安明堂、後漢洛陽明堂である。これら三つの明堂はそれぞれ特徴を異にする明堂のプロトタイプであり、特に後漢洛陽明堂は後漢に創建された後、曹魏《そうぎ》、西晋、北魏の三王朝によって代々増改築され使われてきた、文字通りの祖型となった。

元封《げんぽう》二年（前一〇九）、武帝（在位前一四一〜前八七）は明堂を汶水《ぶんすい》のほとりに建立した。泰山東北には周の明堂迹があったが、その制度は不明で、方士（神仙術師）の公玉帯《こうぎょくたい》の提供した「黄帝明堂図《こうていめいどうず》」に依拠した。「黄帝明堂図」に基づく、泰山明堂の構造は、壁のない茅葺《かやぶ》き屋根の二階建ての建物だった。

泰山明堂は方士由来の、神仙思想的色彩に満ちた出所の怪しい図に拠ったにもかかわらず、爾後《じご》、儒家思想で粉飾され、儒家的明堂説の源泉の一つとして、後世の明堂論に大きな影響をおよぼしてゆく。

2　王莽の長安明堂

前漢平帝の元始《げんし》四年（四）、王莽（在位八〜二三）は、劉歆《りゅうきん》を責任者として首都長安に明堂を建立した。王莽は、古文経学の振興を図った。劉歆も古文経推進の主導者であるから、長安明堂も古文経学の産物と推定される。ところが、古文経の『周礼《しゅらい》』が明堂の内部構造を五室とするのに対し、王莽の長安明堂は九室、上円下方の構造で、今文経系の『大戴礼《だたいらい》記《き》』『礼記《らいき》』の記述と一致するから、王莽長安明堂は必ずしも古文経学のみに依拠したとは言えない。

3　後漢の洛陽明堂

後漢の明堂は、中元《ちゅうげん》元年（五六）、張純《ちょうじゅん》、桓栄《かんえい》等の儒学者の進言により、造営された。『後漢書《ごかんじょ》』の唐・李賢注、『続《しょく》漢書《かんじょ》』の梁・劉昭注が引用する文献によれば、上円下方、九室等の特徴を備え、基本的に『大戴礼記』に忠実に立てられた。また、明堂建立に先立って、張純は、緯書や、「黄帝明堂図」、武帝泰山明堂及び王莽長安明堂創建時の明堂論議を研究した。『大戴礼記』は今文経であり、緯書をも参照したことから、後漢の明堂は今文経学に依拠したとされるが、古文経である『春秋左氏伝《しゅんじゅうさしでん》』の故事を踏まえた儀礼を行っており、必ずしも今文経学一辺倒というわけではない。

（2）蔡邕の「明堂月令論」と鄭玄の明堂論

1　蔡邕の「明堂月令論」

後漢は礼学が発達した時代であり、明堂に関する議論も活発に行われた。学者の意見は概ね、洛陽明堂に対して好意的であったが、批判的意見を表明する者もいた。その代表格が蔡邕《さいよう》と鄭玄《じょうげん》であり、彼ら二人の明堂論は後世に大きな影響を及ぼした。

蔡邕（一三三～一九二）は、儒教経典に通暁した他、讖緯《しんい》の学や災異《さいい》解釈にも通じ、術数・天文・音律・暦法を好んだ。蔡邕の主張である「明堂月令論《めいどうげつれいろん》」は、経書を博引旁証して明堂について論じる。その構造に関しては、陽を象徴する円形の屋根が覆い陰を象徴する方形の建物の上に載る（上円下方）、屋根は通天屋と言い、直径九丈、高さ八十一尺、八卦を象《かたど》る八闥《たつ》（門）、九州を象る九室、十二箇月の数に応じる十二宮、四戸八牖《よう》（窓）に九室を乗じた三十六戸七十二牖を備える等のことが記される。

「明堂月令論」に示された明堂は、歴史上には実在しなかった、術数的象徴が凝集した完璧な構造と数値からなる、蔡邕の理想とする明堂であった。北朝系の王朝はこの蔡邕の「明堂月令論」を尊崇し、その実現を目指すことになる。

2　鄭玄の明堂論

鄭玄（一二七～二〇〇）は、後漢最後にして最大の儒学者とされるが、その礼学体系は後漢の礼制の集大成ではなく、むしろ独自色が色濃いものであり、後漢洛陽明堂にも批判的であった。

鄭玄の礼学体系は『周礼』を最高原理（経礼）とする。その明堂学説も同様に『周礼』を根本に据える。したがって、明堂は『周礼』に記されるように五室でなければならない。明堂が五帝《ごてい》を祭祀する場であり、五行《ごぎょう》の数によって室を設けているからである。明堂の構造については五室であること以外は、おおむね、緯書『孝経援神契《こうきょうえんしんけい》』に依拠して、上円下方、八窓四闥（門）、国都の南にあることを肯定する。なお、緯書を信奉するのも、鄭玄の学問の大きな特色の一つである。また、鄭玄は明堂の五室の配置を解釈して、土室を中央に置き、木室を東北に、火室を東南に、金室を西南に、水室を西北にそれぞれ置くとする（図3）。

鄭玄の学問（鄭学）は漢末においてすでに広汎な支持を獲

得し、三国時代には当初、一世を風靡する勢いであった。その後、王粛《おうしゅく》の学（王学）が現れ、学界を二分する状況になるが、三礼《さんらい》の学（礼学）が鄭学によって学ばれることは南北両朝に共通する現象であった。その明堂説も常に最も有力な学説として影響を及ぼした。実際、曹魏（二二〇～二六五）では当初、後漢洛陽明堂を承継したが、明帝の時代に鄭玄説を採用して明堂改制を行った。後漢の明堂は九室だったから、鄭説に従えば、五室に改造されたと思われる。西晋（二六五～三一六）では、曹魏の明堂を承継しながらも、王粛を外祖父に持つ武帝に忖度《そんたく》し、建国直後の泰始《たいし》二年（二六六）に王学に従ったが、元康《げんこう》元年（二九一）に再び鄭説に復帰しており、その度ごとに制度も変革されたに違いない。このように魏晋の明堂制度は鄭玄、王粛両学派の論争の焦点となり、変革が絶えなかったのである。

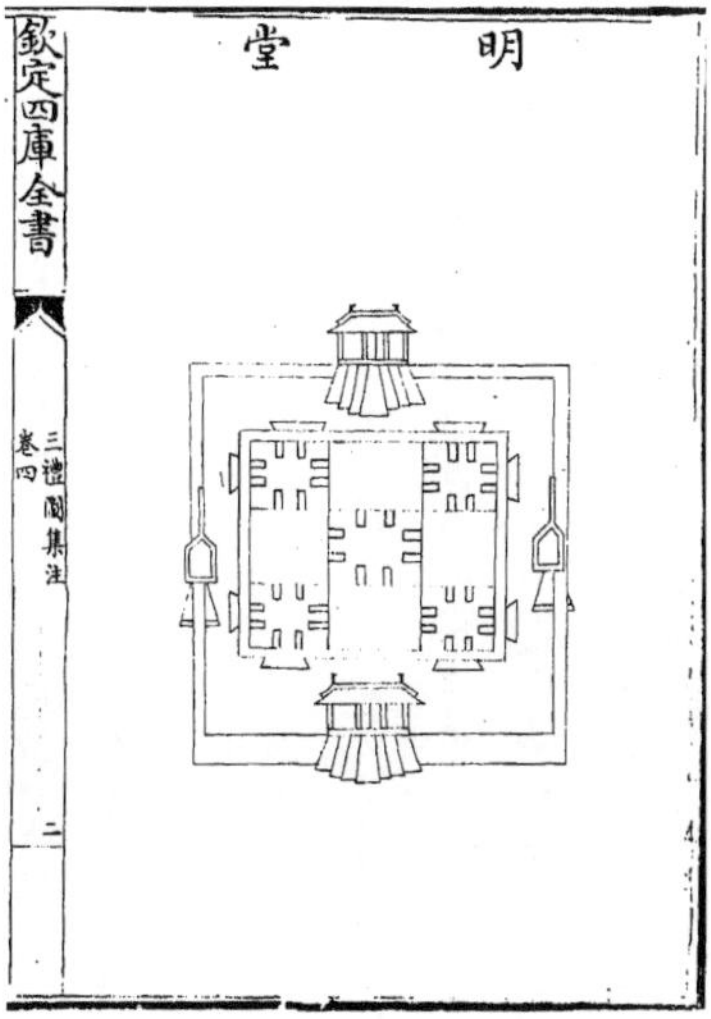

図3　五室の明堂（宋・聶崇義『三礼図集注』（『文淵閣本四庫全書』本））

二、裴頠とその「一屋之論」

（1）裴頠の学問

裴頠（二六七～三〇〇）は、漢代からの名門河東《かとう》の裴氏の出身であり、曾祖父の裴茂《も》、祖父の裴潜は、それぞれ漢と魏の尚書令にまで登った。父の裴秀は、晋の司空に至り、『易論《えきろん》』『楽論《がくろん》』を著し、また『禹貢地域図』十八篇を制作した。裴頠自身は、『晋書』の本伝に「広い見識を持ち、博学で古典を研究した」と称された。

裴頠は実務に長けた政治家の家に生まれ、儒学と科学的精神を受け継いだ人物である。ただし、裴氏が玄学に秀で、清談の名手を輩出した一族であることも忘れてはならない。劉宋の劉義慶《りゅうぎけい》『世説新語《せせつしんご》』品藻《ひんそう》篇には、人士が裴家を琅邪《ろうや》の王氏に擬《なぞら》え、裴頠を王戎《じゅう》に擬えたことが記される。また、裴頠の叔祖父の裴徽《き》は王弼《ひつ》と無について問答し、叔父の裴楷《かい》は王戎と並び称された清談の名士であった。裴氏と琅邪《ろうや》の王氏との関係は密接で、裴頠の妻は王戎の娘である。

河東の裴氏は後の南朝隋唐時代において、琅邪の王氏、陳郡の謝氏、潁川《えいせん》の荀氏等と肩を並べる有力貴族となったが、漢末から魏晋にかけて、一定の地位を官界に占め、玄学、儒学の両方に軸足を置く家学に基づく独特の家風を誇ったのである。

（2）裴頠の「崇有論」

裴頠もその弁舌と理知とで西晋の貴族社会に名を馳せた。『晋書』本伝には、裴頠は楽広《がくこう》と清談し、談論豊富で窮せず、「言談の林藪《りんそう》（言説の宝庫）」と称された逸話が記される。その後も、活発に言論活動を続けたが、玄学、清談の流行により、世の中が軽佻浮薄になり、儒学を尊重しなくなったことを憂慮し、時弊を打開するために「崇有論《すうゆうろん》」を著した。

「崇有論」は玄学を儒学の立場から批判した言説と理解されがちだが、無為の名の下の放逸、無秩序を批判したのであって、王弼の玄学の枢要である本無《ほんむ》（根本原理としての無＝道）は否定せず、むしろ尊重した。「崇有論」は、無（＝道、理）の完全なる実現のため、理の現象であるこの有の世界において聖人は人々を教え導く、とする。「崇有論」に見られる有の「自生」、「全有」の思想は、王弼から郭象《かくしょう》の「独化」「自得」の思想に至る過程の中に位置付けられるのである。

裴頠は、魏の何晏《かあん》、阮籍《げんせき》、西晋の王衍《えん》らが、高位高官にありながら、清談に耽り、礼法を遵守せず、自己の職務を果たさないのに地位や名誉、報酬を貪ったため、その虚無的スタイルが模倣され、現実軽視の風潮が流行し、今日の惨状に至ったことを問題視した。言い換えれば、支配層の人間が社会的責任を放棄し、その結果、社会全般の風潮の頽廃を招いた点を批判したのである。

（3）裴頠の「一屋之論」

支配層の社会的責任を重視する裴頠は、繰り返される明堂論議に対しても批判的だった。明堂改制が議論されていた元康年間（二九一～二九九）、裴頠は国子祭酒に任ぜられ、礼制論議に主体的に関わる立場にあったが、当時の紛糾した議論の中で、①図像が描かれ儀式の実施に不向きな明堂と、②祭祀の場が正しい方角に向いていない明堂が最も問題であることを指摘した。

①から検討すれば、後漢に造られ魏晋でも使われた洛陽明堂に図像があったことを記す資料は現存しないが、『孔子家《こうしけ》語《ご》』には、「孔子は（周の）明堂を見学したとき、四門の壁に堯《ぎょう》・舜《しゅん》の肖像や桀《けつ》・紂《ちゅう》の図像があって、それぞれに善悪の行状《ぎょうじょう》や王朝の興廃に関する勧誡が書き添えてあるのを見た。また周公が成王を輔佐し、成王を抱いて斧の描かれた屏風を背にし、南面して諸侯を朝見させた図が有るのを見た。」と記される。

『孔子家語』は従来、魏の王粛が手を加えた偽書とされてきた書物である。近年の新出土文献研究の進展により、その真偽が再検討されているが、王粛が大々的に顕彰して注目された事実に変わりはない。王粛はこの一節を周公即位説否定の論拠とするが、王粛の偽作である疑いが濃厚である。洛陽明堂にも堯・舜・桀・紂の肖像画、周公が成王を助けて諸侯を朝見させた情景の壁画があったかも知れないが、あるいはこの記述を根拠に、西晋時代に描くことが議論された可能性は高く、裴頠の批判の標的となったのである。

②については、いわゆる「四維《しい》の个《か》」が問題である。「四維の个」の「四維」は「東南・西南・東北・西北」、「个」は小部屋の意味である。『礼記』月令篇の規定では、明堂には青陽（東堂）・明堂（南堂）・総章（西堂）・玄堂（北堂）の四つの堂がある。この四堂はまたそれぞれ左个・大廟・右个に三分され、一年十二箇月に対応する。後漢洛陽明堂は、「上円下方、九室、重隅、十二堂」（北魏・酈道元《れきどうげん》『水経注《すいけいちゅう》』穀水《こくすい》）であり、「四維」の位置に「重隅」があった。重隅（二重の角部屋）というのは、青陽右个と明堂左个とで東南の室を、明堂右个と総章左个とで西南の室を、総章右个と玄堂左个とで北西の室を、玄堂右个と青陽左个とで北東の室をそれぞれ共用していたからである。月令に厳格であれば、例えば三月に配当される青陽右个は東南東の方角に、四月に配当される明堂左个は南南東の方角にあるべきなのに、ともに東南の方角にあるのである。二重に数えることの当否は措くとしても、方角の違背は明白である。裴頠の批判はまさにこの一点に向けられたのである。

以上の批判の後、裴頠は、「一屋之論《いちおくのろん》」なるプランを提示する。すなわち、ただ「殿屋《でんおく》」だけを建造し、そこで先帝を上帝に配祀する儀礼（厳父之祀）を盛大に行い、それ以外の要素はすべて排除する、というプランである。「殿屋」とは「柱だけで内壁のない広壮な方形の建物」である。明堂の制度は、文献解釈の相違や鄭王の学派間の対立により、五室・九室の争い、室・堂の区別、个の重隅問題等の論争が延々と繰り広げられてきた。裴頠のプランは明堂内部に間仕切りを一切設けないことによって論争の原因を除去しようとしたのである。

『孔子家語』とその王粛注は、西晋時代には権威が認められていた。また、四維の个の位置は実は鄭玄の学説とも合致する。ところが、裴頠は鄭王いずれの権威も認めず、一刀両断に批判し、「一屋之論」を提唱した。それは、明堂論議が権威に盲従し、本質を見失っていることに対する警鐘であり、浮虚に流れた玄学、清談に対する「崇有論」と同様の効果を狙ったのであろう。もっとも、「一屋之論」は具体性に乏しく、実現可能性を疑問視されたか、晋の起居注に記録されたが、後の正史（『宋書』『南斉書』『晋書』）には収められず、西晋の明堂論議では真剣に論議された形跡はない。

ところが、二世紀近く後になってから、劉宋が南朝初めての明堂を殿屋のみとしたのを皮切りに、南朝の四王朝すべてが採用するところとなり、北人の批判の対象となった。裴頠は西晋を代表する儒学者でありながら、「言談の林藪」と評され、玄儒兼修の先駆者であった。その「一屋之論」は諧《かい》謔《ぎゃく》的であり、人の意表を突きながらも本質を的確に顕示しており、きわめて玄学的である。それが、玄儒の兼修がより普遍的な現象となった南朝で「一屋之論」が受容され、逆に北朝で嫌悪の対象となった最大の原因のひとつであろう。

三、南朝――玄儒兼修の時代

（一）劉宋時代

1　劉宋の明堂

劉宋（四二〇～四七九）の大明《だいめい》五年（四六一）、江南に初めて明堂が起工された。この明堂の最大の特徴は、裴頠の「一屋之論」に依拠したことである。巨大な殿屋だけの構造とし、三十六戸、七十二牖《よう》のような細部のみならず、上円下方の観念も放棄した。

しかしながら、このドラスティックな改革には、些か不徹底の憾《うら》みがある。設計計画の上奏はまず、歴代、明堂の制度には絶対的に依拠できる原則はなく、文献も学者たちの意見もまちまちであると弁解した上で行われた。また、「天子の廟と路寝は皆、明堂と制度を同じくする」とする鄭玄の説に依拠して、明堂を天子の廟である太廟と同一の構造とし、国の南に立て、漢武帝に公玉帯が献上した「黄帝明堂図」に依拠して内部の空間を設計した。これには、アイデアだけの「一屋之論」の不備を補うだけではなく、「一屋之論」を明堂の伝統に組み入れようとする意図が窺《うかが》えるのである。

2　劉宋の学問

南朝の学問は当初、東晋時代（三一七～四二〇）のそれを継承した。東晋王朝は当初、博士の数を制限し、『周易《しゅうえき》』王粛伝、『尚書《しょうしょ》』鄭玄注、『古文《こぶん》尚書』孔安国《こうあんこく》伝、『毛詩《もうし》』鄭玄箋《せん》、『周礼《しゅらい》』鄭玄注、『礼記《らいき》』鄭玄注、『春秋左伝《しゅんじゅうさでん》』杜預《どよ》注、『春秋左伝』服虔《ふっけん》注、『論語《ろんご》』『孝経《こうきょう》』鄭玄注各博士一人、計九人の博士のみを置いた。その後、追加して『儀礼《ぎらい》』『公羊伝《くようでん》』に博士が各一人置かれ、最終的に十六人まで復活したとはいえ、『周易』鄭玄注の博士は置かず、五経を分掌せず教えた。

これに対し、劉宋では儒、玄、文、史の四学《しがく》が置かれた。元嘉《げんか》十五年（四三八）、三礼、『毛詩』に明るい雷次宗《らいじそう》を徴《ちょう》召《しょう》して学館を立てさせ、儒学を教えた。同様に何尚之《かしょうし》に玄学、何承天《かしょうてん》に史学、謝元《しゃげん》に文学の学館を立てさせ、四学が並立した。その後、雷次宗は招隠館《しょういんかん》で皇太子、諸王に『喪《そう》服経《ふくけい》』を講義した。また、泰始六年（四七〇）、総明観《そうめいかん》を設立し、儒、玄、文、史四科を置いた。また、朝廷の礼制は鄭注を用いて王粛を排斥し、『周易』は荀爽《じゅんそう》、王弼を取った。

劉宋の明堂制度の発案は、すべて有司（役人）の奏上に由り、個人名は伝わらない。祭祀制度については、太学博士《たいがくはくし》司馬興之《ばこうし》、虞龢《ぐわ》、祠部郎顔奐《しぶろうがんかん》、王延秀《おうえんしゅう》等がいるが、このうち、王延秀は太原の王氏の出身、玄学とも儒学（礼学）とも縁があった。王延秀は四学の玄学館を立てた何尚之の高弟であり、泰始七年（四七一）の明堂論議では、祠部郎として鄭玄の学説に依拠して論陣を張った。

3　謝荘と南朝の家学

宋の明堂における祭祀に使用された歌謡「明堂歌《めいどうか》」の歌詞は、謝荘《しゃそう》（四二一〜四六六）が制作した。明堂歌は明堂を祭祀した歴代王朝がそれぞれのものを備える。多くが凡庸であるのに対し、謝荘の明堂歌はきわめて異彩を放つ。これは謝荘という一個の天才の為せる業と謂うべきであろうが、しかしながら、謝荘が南朝きっての名門貴族、陳郡陽夏の謝氏の出身であることから、やはり謝氏の家学を反映すると思われる。

周知のように、謝氏は琅邪の王氏とともに、東晋南朝における清談、玄学の中心であり、謝荘の直系の曾祖父謝万《ばん》は、言論、文章に優れ、「八賢論《はちけんろん》」を作った。謝荘の父、謝弘微は所謂「烏衣之遊《うぃのゆう》」のメンバーとして知られ、従叔の謝峻《しゅん》（謝安の孫）の養子に入り、書籍数千巻を相続した。謝氏にはまた、詩人の系譜があり、謝霊運、謝恵連、謝朓《ちょう》は三謝と称されて、文壇に重きを為した。謝荘も文才に恵まれ、詩歌、辞賦等多くの作品がある。

謝荘は儒学にも熟達し、『春秋左氏伝』に対する深い造詣があった。「明堂歌」からは『周易』、『礼記』及びその鄭玄注、『尚書』『史記』『漢書』『春秋繁露《はんろ》』、緯書等の知識が窺われる。もちろん、祭祀歌としては『詩経』の頌や『漢書』郊祀歌以下の伝統を踏まえているのは当然である。

謝荘は、年七歳で能く文をつくり、『論語』に通じたが、当時国学や四学はない。書籍については、東晋では初め三千一十四巻しかなかったが、その後散佚していた西晋の書籍が次第に流入するようになり、劉宋では、元徽《げんき》元年（四七三）作の王倹《おうけん》の『元徽四部目録』には一万五千七百四巻が著録される。それでも、西晋の最盛期に二万九千九百四十五巻と著録された宮中の書籍の半数に過ぎない。

陳寅恪《ちんいんかく》が、「蓋《けだ》し漢代の学校制度が衰退し、博士の伝授の風気が止んだ後、学術の中心は家族に移り、家族はまた地域に制限された。故に魏晋南北朝の学術、宗教はみな家族、地域の二点と分離できない。……太学博士の伝授は家人の父子の世業に変わった。所謂南北朝の家学がこれである。」（陳寅恪『隋唐制度淵源略論稿』、十七、十九頁）と述べる通り、謝荘の学識は謝氏一族の家学によって養われたのであり、「明堂歌」は謝荘の文学的才能と家学の結実なのである。

（2）南斉時代

南斉《なんせい》（四七九～五〇二）の明堂は劉宋の明堂施設を踏襲したが、明堂の制度についてその存廃から始まる根本的な議論が盛んに行われた。最初の議論は、南斉成立の年、建元《けんげん》元年（四七九）七月、有司が問い、王倹が答えるかたちで行われた。

王倹（四五二～四八九）は琅邪の王氏の出身、父の王僧綽《そうしゃく》は学問を好み、朝廷の典故に通じた。劉宋の孝武帝の時代、文学が好まれ、儒教は振るわなかったが、王倹は三礼に留意し、『春秋』を好み、発言は慌ただしいときにも必ず儒教に基づき、そのため高官の好尚がかわり、儒教が振興したという。朝廷の儀式、旧法典、晋、宋以来施行された過去の事例を、諳じていたため、南斉での行政業務は流れるように決済し、常に博引旁証、先儒にも稀で、八坐（五尚書、二僕射、一尚書令）の部下でも異を唱えるものはいなかった。また、永明《えいめい》三年（四八五）、南斉の国学が開設されると聡明観は廃され、蔵書は王倹の私宅に開かれた学士館に移された。『七志』、『元徽四部書目』を選定し、南斉の大典、礼儀詔策はみな王倹に出た。

南斉の国学では当初、鄭玄と王弼の『周易』注、杜預と服虔の『春秋左氏伝』注、何休の『春秋公羊伝』注、麋信《びしん》の『春秋穀梁《こくりょう》伝』注、鄭玄の『孝経』注が置かれた。『周易』の鄭玄注の廃止が検討されたが、王倹の意見により、廃止されず、かわって『穀梁伝』の麋信注が范寧《はんねい》注に代えられた。『周易』鄭玄注の存廃を巡り、陸澄《りくちょう》は、王倹への書簡で、王弼注は玄学であり、鄭玄注は儒学である。玄学と儒学とを併存して一体となってこそ『周易』の道の意義を説くことができる、と述べた。

（3）梁時代

1　梁の明堂

梁（五〇二～五五七）は当初、劉宋、南斉の明堂を襲用した。南斉の明堂の内部は、鄭玄の学説に依拠して五室を設けていた。この明堂五室の制を、武帝（在位五〇二～五四九）は明堂に固有の制度ではないとした。鄭玄の明堂学説の中枢をなす明堂五室の制を否定することは、鄭玄の明堂理論の根幹を揺るがすことに他ならない。そこで梁最有力の礼学者である朱《しゅ》异《い》（四八三～五四九）が反論すると、武帝は五室廃止の方針を撤回した。

天監《てんかん》十二年（五一三）、梁の武帝は、劉宋時代の太極殿《たいきょくでん》を解体し、その資材を利用して、太廟《たいびょう》を基準とし、十二間《けん》の明堂を建造した。

上述のように、鄭玄の説では天子の廟（太廟）、路寝（政治の正殿）、明堂は制度を同じくする。南朝では政治の正殿は太極殿だったから、太廟、太極殿、明堂の三建築物の構造は相似形と考えられていたのであろう。梁の明堂が太極殿の資材を転用した大きな理由の一つは、基準とした太廟と太極殿の構造が同じであり、転用が容易だったからに違いない。劉宋の明堂も太廟を基準としたから、南朝の明堂は一貫して太極殿型のスタイルだったことになる。南朝の太廟、太極殿、明堂はいずれも現存しないが、中国隋唐時代の太極殿を模した日本の大極殿《だいごくでん》を参考に、太極殿の在りし日の姿を彷彿《ほうふつ》すれば、それが漢代の明堂とその外観を大いに異にすることが理解されるであろう（図４）。

図4　太極殿のイメージ（京都　平安神宮拝殿）（『平安京』、京都市文化市民局、2014年、15頁）

2　梁の学問

天監四年（五〇五）、梁では五館と国学を立て、五経《ごきょう》を教授した。五経博士各一人、明山賓《めいさんひん》、陸璉《りくれん》、沈峻《しんしゅん》、厳植之《げんしょくし》、賀瑒《がとう》を当て、各一館を主宰した。館には数百の学生がおり、明経合格者は直ちに官僚に採用したところ、経書を懐にして雲のように集まった。梁の初め、秘書監任昉《じんぼう》が文徳殿に集めた衆書は二万三千一百六巻だった。

梁の学問は、玄儒兼修の風潮で、また、礼学が盛んだった。武帝自身がその実践者で、年少にして篤学であり、儒学、玄学を理解し、『制旨孝経義《せいしこうきょうぎ》』『周易講疏《こうそ》』『楽社義《がくしゃぎ》』『毛詩答問』『春秋答問』『尚書大義』『中庸講疏』『孔子正言』『老子《ろうし》講疏』凡そ二百余巻を著した。五経博士の一人、厳植之も、『喪服礼』『孝経』『論語』、鄭玄の三礼、『周易』『毛詩』『左氏春秋』とともに、『荘子』『老子』を学んだ。

3　朱异と李業興の対話

武帝が鄭玄の五室説を否定したときに反論した朱异は、謝荘や王倹のような名門貴族出身ではない。だが、五館が開かれたとき、博士明山賓に服膺《ふくよう》し、五経に通暁し、最も礼と『周易』とを得意とした。また、『孝経』『老子』も講じた。

明堂については東魏の李業興《ぎょうきょう》との問答が重要である。天《てん》平《ぴょう》四年（五三七）、東魏の首都鄴《ぎょう》都整備のため、博識ぶりを買われた李業興は、梁の武帝の許に派遣された。朱异は李業興と、北朝は鄭玄説に依拠して南郊《なんこう》と円丘《えんきゅう》とを異にし、南朝は王粛説に基づき南郊円丘を同一とすることを確認しあった。ついで、次のような明堂の議論となる。

李業興は、「梁の明堂が四方に柱のある四角い建物で五室も九室も無いのは、裴頠の「一屋之論」によるのであろうが、裴頠は室を排除せよとするだけで、上円下方の当否は述べていない。上円でないのはなぜか」と問うた。朱异は、「上円下方の説は経典に典拠がないのだから、上方で問題ない。」と答えた。李業興が言う「上円下方説の出典はきわめて明白なのに、卿《そなた》は見ていないのか。梁武帝の『孝経義』にも「上円下方」と書いてある。卿の返答は自己矛盾である。」朱异が言う、「ならば、上円下方の出典は如何に。」李業興が言う、「『孝経援神契』が出典だ。」朱异が言う、「緯書がどうして信用できよう。」李業興が言う、「卿はもし信用しないなら、（明堂に祀る五帝の名である）霊威仰《れいいぎょう》、叶光紀《きょうこうき》の類は経典には出て来ないのに、信用するのか。」朱异は言葉がなかった。

（北斉・魏収《ぎしゅう》『魏書《ぎしょ》』儒林伝、李業興）

この問答で分かるのは、李業興は上円下方を明堂に不可欠の要素だと認識していること、裴頠の「一屋之論」には上円下方の観念を否定する文言はないこと、そして、緯書に対し李業興が肯定派であり、朱异は否定派であることである。「一屋之論」と上円下方の観念について言えば、確かに李業興の言う通りである。殿屋だけの構造は上円下方の観念を否定しない。だが、劉宋の有司が明堂と太廟との同制を説く鄭玄の学説を援用し、太廟に準則したため、上円ではなくなったのである。その後、南斉も梁もこの点に疑問を差し挟むことはなかった。

四、北朝——儒学専一の時代

（1）北朝の明堂

1　平城の明堂

北魏（三八六～五三四）初の明堂は太和《たいわ》十五年（四九一）、洛陽遷都以前の首都、平城《へいじょう》（今の大同）に作られた。その概要は酈道元の『水経注』漯水《るいすい》によれば、次の通りである。

北魏の平城の明堂は、上円下方、四周には全部で十二宮九室あり、重隅はない。室外の柱の内部と藻井《そうせい》（豪華な格天井《ごうてんじょう》）との間には縹碧《ライトブルー》の色に塗った機輪（機械式の回転輪）を設けており、天体の回転運動を象る。回転輪には北極星と二十八宿（の星座）を描いて蓋天（ドーム状の全天）を象る。毎月北斗七星の指し示す方位に輪を動かし天道に対応させる。このような装置は古来よりの明堂には無かった。明堂の上層には霊台（天文台）を加増し、明堂の下には水を引き入れて辟雍《へきよう》とし、水流の両岸は石を敷き詰めて堤とする。このような設計は古制（周代の制度）に準拠するものだ。

この明堂の特徴は、上円下方、九室、霊台・辟雍の明堂との一体化であり、これらは、後漢の蔡邕「明堂月令論」に依拠すると推定される。また、「明堂月令論」が、明堂が九室十二宮を有すること、上円下方の構造であること等を述べることも、既に見た。北魏平城明堂は、まさに蔡邕の「明堂月令論」に示された明堂を実現したものであると言ってよい。盧植《ろしょく》、潁容《えいよう》、賈逵《かき》、服虔等の有力な漢代儒学者も、周代の霊台、明堂、辟雍が一体であることを唱えていた。それ故に、それを実現した北魏平城明堂は右の引用のように、「古制（周代の明堂制度）に準拠する」と評価されたのである。ただし、鄭玄は見解を異にすることは注意すべきである。

2 洛陽の明堂

孝文《こうぶん》帝は洛陽遷都（四九三）後、明堂の造営を願っていたが、実現できなかった。世宗《せいそう》の延昌《えんしょう》三年（五一四）に明堂建立の詔書が下された。しかしこの時は五室九室の論争と経済問題のため、明堂は建立されなかった。粛《しゅく》宗の熙平《きへい》二年（五一七）に再び明堂建立が提議され、詔《みことのり》により五室とすることが決定した。その後、元叉《げんさ》が実権を握る（正光《せいこう》元年、五二〇）と、五室の明堂を九室に改築する決定が為された。しかし時局の混乱のために、この改築工事は中断を余儀なくされた。

洛陽明堂については、袁翻《えんはん》や賈思伯《かしはく》、李謐《りひつ》等の漢人知識人が意見を述べた。総じて言えば、洛陽遷都以後、北魏の知識人たちの大半は、『大戴礼記』や蔡邕の明堂論に批判的で鄭玄の学説に賛成し、明堂、辟雍、霊台一体で九室の平城明堂を否定し、辟雍・霊台とは別個の、五室の明堂を建立することを支持したのである。

(2) 北朝の学問

1 北魏の学問

道武《どうぶ》帝は即位後、国子学を建て、五経博士を置いた。明元《めいげん》帝は、国子学を中書学と改め、教授博士を立てた。太武《たいぶ》帝は始光三年（四二六）に平城城東に太学を起こし、太和年間（四七七～四九九）、孝文帝は中書学を国子学に改め、遷都後は国子太学、四門小学を建てた。

学問は、鄭玄注『易』『書』『詩』『礼』『論語』『孝経』、服虔注『左氏春秋』、何休注『公羊伝』が主流で、王粛注『周

易』、杜預注『左氏春秋』も行われた。鄭玄の学は特に好まれたが、王粛の学が排斥される風潮はなく、王粛学派、あるいは鄭王折衷の学者も少なくなかった。

中原の書籍は、劉宋の武帝が関中に侵入したとき、府庫に四千巻あるのみだった。北魏は華北を統一し、中原の書籍を押収したが、全部は揃わず、洛陽遷都後、南斉から書籍を借りてようやく秘府の蔵書が充実した。

2　李沖グループの学問

平城、洛陽の明堂の設計施工を任せられたのは尚書の李《り》沖《ちゅう》（四五〇～四九八）である。李沖は隴西《ろうせい》（今の甘粛省）の李氏の出身で、孝文帝の最も信任厚い側近である。李沖は、その巧思《こうし》（工学技術の顕著な才能）と統率力を発揮し、蔣少游《しょうしょうゆう》（?～五〇一）、王遇等の天才建築家集団を率いて、平城の明堂、円丘、太廟、及び洛陽の都市計画、郊兆（南郊、北郊の祭祀施設）の整備、宮殿の新築のすべてに携わった。

李沖の出身である隴西の李氏は、遠祖を漢の将軍、李広とし、直接には五胡十六国の一つ、西涼の王李暠《こう》とする。李沖は李暠の曾孫であり、父李宝が北魏に帰順したため、北魏に仕えることになった。李沖の学識は、四五一年に中書学生となり、その後、秘書中散、内秘書令、中書令を歴任し、禁中の文事に触れる中で、そのかなりの部分が培われたものと推測される。

孝文帝は、太和十五年の明堂、太廟修築に際し、蔣少游を洛陽に派遣し、魏晋時代の遺跡を実地調査させた。蔣少游は南朝斉の首都建康にも派遣され、その宮殿の様式を秘密裏に観察した。才能豊かな建築家だったが、中書写書生から中書博士となり中書（宮中図書室）に出入りするうちに学識も深めたと思われる。

王遇は羌族出身の天才建築家、陵墓、太極殿、内外諸門制度をすべて監作したというのだから、古典や故実にも通じていたはずだが、それを示す史料はない。

（3）東魏、北斉、北周の明堂と学問

1　東魏、北斉、北周の明堂

西暦五三四年、北魏は東魏と西魏に分裂し、それぞれ鄴と長安を首都とした。前章で検討した東魏の李業興と梁の朱异との明堂問答が行われたのは、その翌年である。東魏は北斉に、西魏は北周に相継いで交替し、北斉は『周礼』考工記を採用して五室とし、北周は漢の『三輔黄図《さんぽこうと》』を採用して九室とし、各々その明堂の制度を保有したが、結局建立することはなかった。

北斉では経学者は徐遵明《じょじゅんめい》門下が多かった。明堂制度で『周礼』を採用したのは、その影響であろう。一方、北周で、

二次資料である『三輔黄図』が、経典『周礼』（考工記）と同格の文献と見なされていることは注目に値する。それは、北周を継いで北朝、そして南北朝を統一した隋が明堂の研究と設計にあたって、経典と二次資料、果ては実用書の類に至るまでを同等に扱い、種々雑多な書物を利用したからである。隋の学問が諸学雑糅《ざつじゅう》の傾向にあったのは、北周に端を発するのかもしれない。

2　李業興の学問

李業興は徐遵明の高弟である。李業興は師の教えを墨守し、また百家、図緯、風角、天文、占候を博渉、習熟し、暦計算を最も得意とした。これらの学問傾向は鄭玄のそれを彷彿させる。

李業興は梁では、朱异の他に武帝とも問答した。それは、武帝が李業興に、経書研究を通じて、儒学、玄学に通底する思想を見出したのかと問うたのに対し、李業興は、五経を学ぶばかりで、深遠な哲学には無縁であると答えて始まる。丁々発止の問答が、どこかかみ合っていない原因は、南朝の皇帝が玄儒兼修、乃至は玄儒文史を総覧して自由闊達なのに対し、北朝の正統派学者は鄭学的知識を網羅して鄭学の世界の中で自己完結しているからであろう。問答は、武帝が、「『周易』の太極は有なのか無なのか。」と問うたのに対し、李業興が『周易』繫辞伝には「易に太極有り」とあります。もとより玄学とは無縁で、とても清談のお相手は務まりません。」と素っ気なく答えて終わる。（以上、『魏書』儒林伝、李業興による。）

五、唐代――南北朝の統一乃至は折衷（結語に代えて）

（1）歴代明堂の依拠資料

歴代明堂の依拠した資料を概観すれば、漢代の三つの明堂では泰山明堂は方士の図「黄帝明堂図」に拠ったが、長安明堂は『周礼』『明堂陰陽《めいどういんよう》』、洛陽明堂は『大戴礼記』、緯書、「黄帝明堂図」、泰山、長安明堂関係の記録、つまり、古文、今文の経書と緯書、実際の図面、記録が使われた。蔡邕の「明堂月令論」は経書と伝注、鄭玄の明堂論は経書、緯書に依拠した。魏晋では、洛陽明堂の改築に、鄭玄と王粛の学説が参照された。裴頠は「厳父之祀」の一点は『孝経』に拠ったが、一屋の由来は不明である。南朝は、裴頠の「一屋之論」に依拠した点は画期的だったが、鄭学や「黄帝明堂図」で補強した。北魏は平城時代には、蔡邕の「明堂月令論」を信奉したが、洛陽では鄭学と鄭学を除く漢代儒学の間で五室か九室かをめぐり揺らいだ。北斉は『周礼』（鄭学）、北周は『三輔黄図』（『大戴礼記』説）をそれぞれ採り、隋では経書、緯書、伝注、正史や起居注から、新出の地下資料（『逸《いつ》周書《しゅうしょ》』）、儀注等に至るまで実に雑多な文献が参照された。

歴代明堂の依拠資料の学術傾向を簡単に述べれば、漢代が術数と儒学であり、魏晋は鄭学、王学、南朝は玄学と儒学（鄭学）、北朝は鄭学及び漢代儒学、隋は諸学全般となる。各時代の学術の特徴を概観すれば、漢代は経典整備と経学形成、魏晋は鄭学王学並立、南朝は玄儒兼修、北朝は漢代儒学尊崇、隋は諸学雑糅と言える。明堂の依拠資料の特徴はその時代の学術のそれとほぼ合致するのである。

（2）『五経正義』に見られる南北朝経学の統一乃至は折衷

唐（六一八～九〇七）の明堂は、貞観《じょうがん》時代と高宗《こうそう》時代に具体案が出され、実現寸前までいったが、いずれも沙汰止みとなり、実現したのは則天武后《そくてんぶこう》だった。

貞観年間（六二七～六四九）、礼部尚書盧寛《ろかん》、国子助教劉《りゅう》伯荘《はくそう》等は、「黄帝明堂図」を彷彿させる「上層祭天、下堂布政」の二重構造の明堂構想を提唱した。これに対し、貞観五年（六三一）、孔穎達《くようだつ（くえいたつ）》（五七四～六四八）は、「六芸《りくげい》群書百家諸史」つまりは正統的《オーソドックス》な文献には二層の楼閣状の明堂を根拠づける明証は見当らない、と批判した。逆に、魏徴《ぎちょう》（五八〇～六四三）は賛意を示し、さらに、「五室重屋、上円下方」の明堂案を提唱した。「自我而作、何必師古（我よりして作る、何ぞ必ずしも古を師とせん）」という信念であり、経典の理念にさえ忠実であれば、サイズや細部は時宜に従って随意にして良いと考えたのである。また、顔師古《しこ》（五八一～六四五）は、『逸周書』『大戴礼記』『周礼』『尸子《しし》』『孝経緯』及び蔡邕、鄭玄、淳于《じゅんう》登、潁容等の漢代儒者達の学説を概観して奏議を行い、唐代に始まり万代に伝える「大唐《だいとう》の明堂」の「創造」を皇帝に促《うなが》した。

高宗（在位六四九～六八三）は鄭玄説による五室明堂論を排して、『大戴礼記』、盧植、蔡邕説による九室明堂論を支持した。永徽《えいき》三年（六五二）六月、関係部署の役人は九室明堂の「内様《ないよう》」（内部模型）を製作し、『周礼』考工記、『大戴礼記』『三輔黄図』、張衡《ちょうこう》『東京賦《とうけいのふ》』『明堂陰陽録』及び鄭玄、盧植、蔡邕等の所説を参考にして明堂の詳細なプランを上奏した。

乾封《けんぷう》二年（六六七）二月、高宗は詔書を発して、明堂創設を宣言した。翌年の詔書には具体的な設計が典拠を明らかにして、詳細に述べられている。典拠は、『周易』『漢書』が過半を占め、他に『尚書』、『周礼』、及びその鄭玄注、『礼記』、『河図《かと》』、『易緯』、『老子』『荘子《そうし》』『淮南子《えなんじ》』『文子《ぶんし》』がある。

垂拱《すいきょう》四年（六八八）二月、則天武后（在位六九〇～七〇五）は、明堂を創立した（**図5**）。十二月に完成した明堂は万象《ばんしょう》神宮《しんきゅう》と名付けられたが、証聖《しょうせい》元年（六九五）に焼失した。翌年同じ規模で再建された明堂は通天宮《つうてんきゅう》と命名された。

則天武后の明堂は、衆議を聴かず北門の学士と協議して設計され、寵臣の薛懐義《せつかいぎ》が工事を取り仕切った。明堂中に上下を貫く巨木があり、辟雍と一体化していることや、通天宮との命名が、明堂辟雍一体説と通天屋を説く蔡邕「明堂月令論」の影響を物語るが、史書に典拠は記されない。また、三層が上円下方を、各構成部分が五行思想と時令思想を象徴し、数字には逐一典拠があるはずだが、やはり史書に記されない。

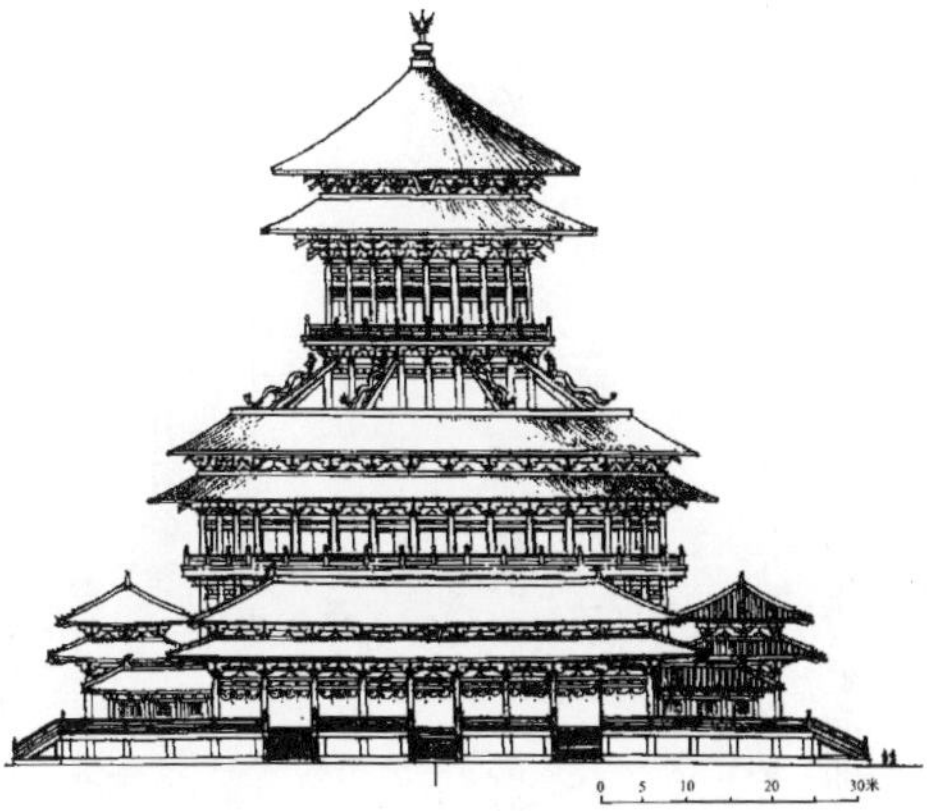

図5　則天武后の明堂（楊鴻勛前掲書、505頁）

高宗の明堂構想で、興味深いのは、明堂論議の典拠には、永徽三年までは、盧植、蔡邕等の学説、『三輔黄図』『三礼《さんらい》図《ず》』等の二次資料的文献が頻用されたのに対し、総章《そうしょう》二年（六六八）以降は打って変わって、五経や『史記』『漢書』、『老子』『荘子』といった一次資料的な経典ばかりが用いられるようになったことである。則天武后の明堂の議論も、「明堂月令論」や『三輔黄図』を典拠にすることはなかった。

実は、『五経正義《ごきょうせいぎ》』が天下に頒布され、科挙の教科書とされたのは、永徽四年（六五三）のことであり、ちょうど、この間に位置する出来事である。憶測すれば、『五経正義』の完成によって儒教国家たることを改めて宣言した唐王朝は、その正統性の証しである明堂の意匠が経典的文献に基づくことを誇示したかったのであろう。

（3）則天武后の明堂と『五経正義』

『五経正義』は貞観年間に太宗の命により、孔穎達、顔師古等によって南北の経書注、義疏を総合して編纂され、『周易』は王弼注、『尚書』は孔安国伝、『春秋左氏伝』は杜預の集解《しっかい》、『毛詩』は鄭玄箋、『礼記』は鄭玄注をとった。北朝では『春秋左氏伝』は服虔注、『周易』『尚書』『毛詩』『礼記』はいずれも鄭玄注だったから、南北朝の経学の統一は南朝の学問の勝利によってもたらされた。特に『周易』が王弼注を採用したことは、唐代儒学に玄学の要素が深く浸透したことを表す。ただし、孔穎達の『周易正義』はしばしば鄭玄や他の漢代儒学者たちの注を引用する。これは、本論考の南斉の項で見た、『周易』の十全な理解のため、王弼注（玄学）と鄭玄注（儒学）の併用を決めた南斉の陸澄、王倹と同じ考えに基づくのであろう。

則天武后は洛陽の乾元殿《けんげん》を撤去し、その跡地に明堂を建てた。乾元は『周易』上経、乾卦《けんか》、彖《たん》伝「大いなる哉《かな》乾元、万物資《と》りて始む。乃ち天を統《す》ぶ。」に由来する語である。天の大いなる力の始め、すなわち、万物を生み出し、統御する力の源を意味する。則天武后は乾元殿を神都《しんと》洛陽の中心にある根元として、万物生成の働きをするエンジンだと認識していた。則天武后はこの聖なる宮殿を毀《こわ》して明堂を創建し、万象神宮と命名した。万象の語は、『周易』上経、乾卦、彖伝の孔穎達の疏「万象の物、皆乾元に資り取りて各の始生を得、其の宜を失わず。」に典拠を持ち、乾元の働きによって生成し、調和する万物を言う。すなわち、万象神宮とは万物の神殿であり、万物生成、調和を象徴する万神の殿堂《パンテオン》（pantheon）なのである。通天宮の命名も、天と直結して大いなる力を得るとの祈願が込められている。

則天武后の明堂はその命名も含めて、王弼の注を採用した『周易正義』に触発された可能性が高い。玄学流行の風潮の中で「一屋之論」を採用した南朝とは異なった仕方ながらも、最も象徴的な部分で玄学を取り入れており、『周易正義』の世界観と通底する。

南朝が好んだ玄学の哲学を北朝が信奉した漢代儒学で補完した、『周易正義』の世界観を反映させることによって、南北朝に分岐した明堂は、唐に至り統一乃至は折衷されたのである。

参考文献

南澤良彦『中国明堂思想研究　王朝をささえるコスモロジー』、東京、岩波書店、二〇一八年
姚暁菲『両晋南朝琅邪王氏家族文化研究』、済南、山東大学出版社、二〇一〇年
焦桂美『南北朝経学史』、上海、上海古籍出版社、二〇〇九年
逯耀東『従平城到洛陽　拓跋魏文化転変的歴程』、北京、中華書局、二〇〇六年
張一兵『明堂制度研究』、北京、中華書局、二〇〇五年
姜波『漢唐都城礼制建築研究』、北京、文物出版社、二〇〇三年
王葆玹『玄学通論』、台北、五南有限図書出版公司、一九九六年
林登順『魏晋南北朝儒学流変之省察』、台北、文津出版社、一九九六年
陳寅恪『隋唐制度淵源略論稿』、北京、中華書局、一九六三年

附記　本研究はJSPS科研費JP20K00057の助成を受けたものです。

清朝考証学と『論語』

木下鉄矢

清朝漢学者は漢宋兼採を旨としたが、総じて朱子学を嫌った。朱子学は古の聖賢が同じ命題を伝授したとのフィクション（道統説）を前提に推論し、主張に客観性がない。また同じ妄想を根拠にして諸学を攻撃し、自学以外の発展を阻害したからである。漢学者はそう考えるため、朱子学の基本命題を一つ一つ考証し、命題の不成立を証明する。木下論文は漢学者が『大学章句』の「明明徳」および『論語集注』の「主一無適」の誤読を考証したことを例にあげて、漢学の史学的性格を明らかにしている。（川原代筆）

一、清朝考証学とは何か

経書の学「経学」は漢代以来の歴史を持つが、これを大きく「漢唐訓詁学」「宋明性理学」「清朝考証学」の三形態の変遷として捉える考え方が行われてきた。より具体的な歴史理解の進展によってこれらの大きすぎる図式は批判されてゆくべきであろうが、では全くそれらが無意味な呼称かというと、必ずしもそうではない。それらが実質的には、それぞれの当時スタンダードであった経書テキストへの読みのスタイルを刷新しようとして興った新しいスタイルと、それが中心をなして強い規定力を発揮していた時代とを、大まかには言い留めているからである。

では「清朝考証学」という呼称が言い留めているのは何か。それは、明の後半あたりから始まり、明末清初に散発的ではあるがはっきりとした形を提出し、やがて清朝の第四代皇

きのした・てつや（一九五〇～二〇一四）——岡山大学教授・地球環境学研究所教授を歴任。専門は中国思想史。主な著書に『「清朝考証学」とその時代』（創文社、一九九六年）、『朱子学』（講談社、二〇一三年）、『清代学術と言語学』（勉誠出版、二〇一六年）などがある。

帝・乾隆帝とその次の嘉慶帝の治世にかけて全面的に興隆し展開した、当時スタンダードであった経書テキストへの読みの刷新を行わんとする学術運動である。

その業績は膨大と言い得る。嘉慶帝を継いだ道光帝の第九年（一八二九）に阮元が編纂して刊行した『皇清経解』は、この学術運動が生み出した業績の大規模な収集であるが、明末清初の顧炎武、閻若璩に始まる七十三人、一八三種の著述が収められ、すべてで一四〇〇巻。さらにこの五十九年後、光緒十四年（一八八八）には王先謙の編纂により『続皇清経解』が刊行された。一一一人（ただし二十五人が『皇清経解』と重なる）、二〇九種の著述が収集され、こちらはすべてで一四三〇巻。正・続合わせると二八三〇巻に達する。

二、清朝考証学の読みのスタイル

清朝考証学がもたらした新しい読みのスタイルとは具体的にはどのようなものなのであろうか。

嘉慶二十年（一八一五）に全巻刊行を果たした段玉裁の『説文解字注』はこの期の学術を代表する業績とされるが、その第七篇上、『説文解字』本文「明は照也」に対する「注」から示す。

『詩経』大雅・皇矣篇「其の徳克く明」の注釈「毛伝」には「四方に照らし臨むことを明という」とある。

およそ明である程度が大変強い場合には「明明」と重ねた言葉になる。この「明明」というのは「昭昭」というのと似た意味となる。『詩経』大雅の大明篇「明明たるもの下に在り」、同じく常武篇「赫赫明明」の注釈「毛伝」にはいずれも「明明は察《けざやか》也」という。『詩経』に「明明」という例は五例あり、『書経』では「尭典」に一例ある。

『礼記』の大学篇に「大学の道は明明徳に在り」とあるが、そこの後漢・鄭玄の注釈には「明明徳とは其の至徳を顕明する也」とあり、『詩経』魯頌の有駜篇「公のところに在りては明明す」の同じく鄭玄の注釈「箋」には「公の所に在りては、但だ徳を明明する也」と云って、その後に今の『礼記』大学篇の「大学の道は明明徳に在り」を（考え合わせるべきテキストとして）引用している（してみれば、鄭玄が大学篇の「明明徳」を「徳を明明す」と読んでいたことは明らかだろう）。微な段階から著とした段階へ、そして著とした段階から隈なき明るさへ、『書経』尭典の「四表に光《みなぎ》り被《あふ》る」というそのこと、「明明徳」とは徳をそのように、天下に明るきが上にも明るくしてゆくことを謂うのだ。唐の孔穎達が『礼記正義』（すなわち『礼記注疏』の「疏」）の大学篇のところで「明明徳」を「己の光明なるの徳を章明す」と解説するなど、そこの読みを捉え損なってより以来、経書の本当の意味が隠滅してしまったのである。

こうして訳してみると、いかにも煩瑣な、興味のないものにはなんと言うことのない退屈な論述であるだろう。が、その歩みは、後半、当時のスタンダードであった朱子学の最も中心的とも言いうるテキストになんの衒いもなくいきなり踏み込んでいく。『礼記』大学篇とは、つまり「四書」の中の『大学』のこと、問題のその「大学の道は明明徳に在り」とはその冒頭の句である。朱子の『四書集注』の冒頭に置かれる「大学章句」のその冒頭の、この句に対する朱子の注釈は、この句を「明徳を明らかにす」と読み、「明徳」の「明」から思索を引き出す形で彫琢された彼の代表的なテキストである。訓読で紹介しておく。

「大学」とは大人の学也。「明」とは之を明らかにする也（上の「明」が他動詞だという注釈）。「明徳」とは人の天に得る所にして、虚霊不昧、以て衆理を具えて万事に応える者也。但だ気稟の拘える所、人欲の蔽う所と為れば、則ち時として昏し。然れども其の本体の明は、則ち未だ嘗て息まざる者あり。故に学ぶ者は当に其の発する所に因りて遂に之を明らかにし、以て其の初めに復すべき也。

この朱子のテキストの持つ思考の息吹を知るものにとっては、段玉裁のテキストはやぶから棒に足元を払うような感があるだろう。これこそが「清朝考証学」がもたらした新しい読みのスタイルであった。

三、王念孫の読み

しかし、やはりこの期を代表する学者であり、段玉裁とも親しかった王念孫の読みは、今の段玉裁の足元をも払うものであろう。

その子・王引之が父・王念孫との「経書」研究の成果を記録した『経義述聞』の巻三には、「明」「明明」に関する王念孫の次のような考証が伝えられる。

『爾雅』に見える訓詁には「孟は勉也」とある。「孟」と「明」とは古代においては声（語頭子音）が同じであり、同じ言葉の表記として互いに代わりとして使うことができた。だから勉の意味を「孟」が表し、同じく「明」が勉の意味で使われた（巻二十六「孟勉也」の条には「明」の字は古代には「芒」と同じ音であり、したがって「勉」「孟」「明」すべて同じ語頭子音の音節を表していた、という）。『書経』盤庚篇に「明聴朕言、無荒失朕命」とあるが、これは「当に勉めて朕の言に従い荒失すること無かるべし」と読むのだ。……この「明」を重ねると「明明」となる。『爾雅』には「亹亹は勉也」といい、『礼記』礼器篇「是の故に天時に雨沢せば、君子は達《みな》亹亹す」の鄭玄の注釈に「亹亹とはなお勉勉のごとき也」という。「亹亹」「勉勉」「明明」は語頭子韻を同じくする二音節語であり、その残りの部分（韻）は違っているが、それは互いに訛りあったという関係であり、一つの言葉の訛りによる三つの変異形であると認められる。

としてさまざまな用例を引く中に、段玉裁が挙げていた『詩経』魯頌・有駜篇の「公のところに在りては明明す」を一例として引く。ここの「明明」を「勉勉」「亹亹」と同語であると指摘するのは、まさに足元を払われる感がある。その、字面にとらわれず、声として響き訛りあっていた古代言語の生理を把握したその読みには、実は「大学」というテキストそのものが、『詩経』などに現れる「明明」を、段玉裁が「明らかにし明らかにす」と、今にして思えばなおその字面に囚われている読みを与えたあたりで同様に誤読した人物による作物なのではないか、と我々に疑わせるほどの衝撃力がある。

四、『論語集注』批判

『論語』を読むと言えば、清朝考証学の当時、やはりまずは朱子の『集注』がスタンダードとして与えられていたであろう。段玉裁は『説文解字注』第三篇下「敵は仇也」の注釈の中で朱子の「集注」に次のような、いかにも清朝考証学らしい批判を加えている。

「仇」というのは好い方も悪い方も両方に使われる言葉である。相い等しいのが「敵」とされる。そこから角突き合わせているのを「敵」とする。古い時代には「敵」のかわりに「適」の字を「敵」の意味で使用することが多かった。（用例を列挙して最後に）『文子』道徳篇には「一なる者は無適の道也」とある。按ずるに、後世の人間がこの『文子』の言葉を取って『論語』に注釈し、「敬とは主一無適の謂」と曰い、その「適」は「適」そのままの「往く」という意味で読んでいる。……『淮南子』詮言訓には「一なる者は万物の本也、無敵の道也」とある。『文子』と同じ言い方であるが、こちらは正に「敵」の字になっている。

『論語』の注とは、学而第一の「子曰く、千乗の国を道《おさ》むるには、事に敬にして信あり……」の朱子「集注」をいう。

道家系の『文子』によって『論語』の「敬」に注するのはおかしいという含みを持たせているのだろうが、『文子』によるにしても、その「無適」が「無敵」であることを知らないままに引いて「適くこと無し」と読んでいるのは、言わばお粗末に過ぎる、ということになろう。「敬」を「主一無適」で説くのは程伊川であり、それを受けて朱子もその思想の中核にこの一句を置いているのであるから、実に手厳しい批判である。というより、やはりはしごを外すような気見合いがある。

五、劉宝楠『論語正義』と潘維城『論語古注集箋』

清朝考証学における『論語』に関する業績としてよく知られるのは劉宝楠の『論語正義』である。道光八年（一八二八）から本格的に取り掛かり、資料を集成した上で取りまとめの作業に入ったが、完成することなく咸豊五年（一八五五）に病没し、後はその子の劉恭冕が継いで同治四年（一八六五）に完成した。

潘維城の『論語古注集箋』もやはり維城の没後その子の潘錫爵が編集し同治十一年（一八七二）に完成した。

いずれも資料をよく集め、詳細な検討を加えて圧倒的である。しかしこれは少し穿ちすぎではないかという感は時にぬぐえない。『論語』の研究でよく知られる武内義雄氏は「燕京読書記」（『全集』十巻）の中で、劉宝楠を抑え潘維城を高く評価されたが、潘氏には論断の鋭さがあるとされてのことである。

乾隆・嘉慶期を生きた姚鼐は同時代に興隆していた清朝考証学を少し離れたところから観察し得た人物であるが、「述菴文鈔序」の中で次のようなことを言っている。――文献に向かう学問には「義理」「考証」「文章」の三つがある。「考証」が行き過ぎると穿ちすぎてわけが分からなくなる――語弊を承知で言い換えれば、「義理」とは哲学、「考証」とは史学、「文章」とは文学としていいのではなかろうか。文献の読み方には哲学的に読む、史学的に読む、文学的に読むの三つがある、という指摘である。

清朝考証学の真骨頂は経書テキストを歴史的対象として眺め分析するところにある。また歴史的事実・事象の記録として考証するところにある。先ほどの王念孫の「明明」についての考察も、古代言語という歴史的事象についての「考証」なのである。してみれば、やはり乾隆・嘉慶期に活躍した、清朝考証学の中心人物の一人である銭大昕が「けだし宣尼（孔子）は『春秋』を作れば、その微言大義は多く『論語』に見ゆ。西京（前漢）は古を去ること未だ遠からざれば、猶おその学を伝える者有り。いま存する所はただ東漢（後漢）諸儒の説のみ、しかして『春秋』の微言絶えたり」（『潜研堂文集』答問六）と云ったのも、これこそが『論語』に対する「考証」学者の基本的な見方とならざるを得ないということなのであろう。『論語』における孔子の発言を、出来得る限り、歴史的事件・事象への暗々裏における評論にかかわる言説として解明することこそ、実に「考証」の腕の振るいどころである。

清朝考証学が「考証」学である限り、「義理」や「文章」の側面に疎くなってしまわざるを得なかったのも、ことの自然というものかもしれない。

附記　木下鉄矢『清代学術と言語学――古音学の思想と系譜』（勉誠出版、二〇一六年）より転載。

清代漢学者の経書解釈法

水上雅晴

みずかみ・まさはる――中央大学文学部教授。専門は清代学術・日本漢学。主な編著書・論文に『経典与校勘論叢』（北京大学出版社、二〇一五年、共主編）、「清代幕府与其学術機能――以阮元幕府為考察中心」（『阮元研究国際学術研討会論文集』、文物出版社、二〇一六年）、『年号と東アジア――改元の思想と文化』（八木書店、二〇一九年、主編）などがある。

経学の推移は、漢学（漢～唐）→宋学（宋～明）→漢学（清）と図式化できる。漢学と宋学がいずれも誇るべき師承を有する中、第二期の漢学（清代漢学）は自分たちの正統性を主張するため、弁疑によって宋学の主張の根柢を突き崩す一方で、師承に頼らずに自説の客観性を確保できる経書解釈の方法論を追究・改良し、その整備を進めた。

一、漢学から宋学へ、そして再び漢学へ

中国の伝統学術の中心に位置し続けたのは、経書を対象とする経学である。《四庫全書総目提要》巻一〈経部総叙〉が漢から清までの学術の沿革を概述して「漢京より以後、二千年に垂んとす。……其の帰宿を要するに、則ち漢学・宋学の両家、互ひに勝負を為すに過ぎず」と総括するように、経学の立場は大きく漢学と宋学に分けられる。《四庫提要》がまた「蓋し考証の学、宋儒は漢儒に及ばず、義理の学、漢儒も亦た宋儒に及ばず」（巻三十五〈四書章句集註〉）と説くように、漢学者は考証の学、宋学者は義理の学にそれぞれ長じると見られる。

（1）漢学の成立

漢代に至って「五経」という経書の枠組みが成立し、テキストの固定化が実現され、経書の字句に対する訓詁と解釈が蓄積されて、第一期の経学が成立した。これが漢学である。漢学を構成する訓詁は師承という経路を通じて伝承されており、漢儒が共有していた信念によると、その師承を遡ると五

経を編纂した孔子に行きつく。漢儒が経書解釈において重視するのは、根拠がある説、彼らの見解にもとづいて換言すると、確かな師承によって伝授されてきた訓詁を適切に運用することである。正統なる訓詁を根拠として持たない説は、目を引く独自性を備えていても用いられない。《礼記・中庸篇》に記されている通り、「徴《あかし》無きは信ぜず」だからである。漢学は六朝時代に、本文のみならず旧来の訓詁にもとづく注釈も解釈の対象に含む「義疏の学」に発展し、唐代に集成された。これを「漢唐訓詁の学」と称する。

(2) 宋学の出現と漢学の復興

旧来の訓詁を守るだけの漢学は、時を重ねる中で発展の余地が乏しくなって士人の関心と支持を失い、宋代に至ると義理の解明に力を注ぐ宋学が興起した。五経という旧来の枠組みを排除することはなかったが、義理考究の営みは「四書」という新たな経書の枠組みを中心に展開された。「宋より以来、……其のいはゆる学は、之を経に求めずして、但だ理に求め、故訓・典章・制度に求めずして、但だ之を心に求む」(凌廷堪《校礼堂文集》巻二十五〈戴東原先生事略状〉)との見解は極論であるにせよ、宋儒は根源的法則である「理」——道徳原理にして自然法則である点に着目すれば「義理」——を体得するための道具として経書を利用した。経書を道具と見なすようになると、独自性に富む解釈が陸続と打ち出されるようになり、皮錫瑞が「経学変古時代」(《経学歴史》第八章)と称する時代が出来した。

先聖が伝えた道は孟子が没して途絶えてしまい、千年以上の時を経て周敦頤ないし二程が再び世に明らかにした(1)、と考える宋儒にとって、漢儒の師承は一顧だに値しないものであった。他方、二程によって再興されたと信じられた道統が朱熹まで受け継がれ、この新たな師承の中で生まれた解釈が朱熹によって集大成されると、宋儒にとっては、朱熹の解釈を誤りなく継承することが肝要になった。朱子学の基本経典たる四書について言うと、《四書章句集註》に収載されている朱熹による校定経文と注釈が確かな拠り所となる。後儒が行うべきは、朱熹が与えた訓詁を含む注釈を正確に理解することであり、そのために《四書章句集註》に対する注釈書がいくつも作成され、やがて累積した注釈をもとにかつての義疏学と同様に再注釈書が編纂されるようになる。

その推移を簡単に説明すると、宋の趙順孫は「徧く子朱子の諸書及び諸高第の講解の、註意を発明すること有る者を取り、悉く下に彙めて、以て観省に便ならしめ、間ま亦た鄙見の一二を以て附す」(趙順孫《四書纂疏》自序)と述べるように朱熹と弟子たちの経説をもとに《四書纂疏》を編纂し、同書の中には朱子学者である黄幹・輔広・陳淳・陳孔碩・蔡淵・蔡沈・葉味道・胡泳・陳埴・潘柄・黄士毅・真徳秀・蔡模の全部で十三家の説が引かれている（《四庫提要》巻三十五〈四書纂疏〉）。元代に入ると、胡炳文が趙順孫《四書纂疏》と呉真子《四書集成》に引かれる説を取捨した上で、朱子学者四十五家の説を引いて《四書通》を完成し（同巻三十六〈四書通〉）、その後に《四書発明》を著した陳櫟が晩年に同書と《四書通》を併せて一書にしようとしたが果たせなかったため、弟子の倪士毅が《四書集釈》を編纂して師の遺志を成就した（同巻三十七〈四書集釈〉）。

このように新たな義疏が拡大再生産されて行きついた先が明の胡広らによって編纂された《四書大全》である。(2)「倪士毅《四書輯釈》に因りて、稍や点竄を加ふ」（《四庫提要》巻三十六〈四書大全〉）と評される同書は、科挙試験において最も重視される経義題の対策用の基本書籍となったが、経書学習者層を構成する主要な集団である科挙受験生の多くがこの本に収録されている解釈のみを学んで事足れりとするようになった。《四書大全》の出現によって経学が陳腐に堕してしまったため、顧炎武（一六一三～一六八二）は「八股行はれてよりして古学棄てられ、《大全》出でて経説亡ぶ」（《日知録》巻十八〈書伝会選〉）と激烈な批判の言葉を投げかけた。宋学はまた、朱子学から陽明学へと展開する中で、「心を師として自ら用ふ」（銭大昕〈経籍籑詁序〉）と評されるように、主観的な色彩を強める部分もあった。明代中期以降、思想家が自らの思想を読み込んでそれを宣揚するための道具となってしまった経書を学習の対象に引き戻す必要性が痛感されるようになり、明末に「原典回帰運動」と呼ばれる運動が発生し、その運動の中から清初に実証的な文献考証を行う学問が発展した。(3) それが清朝考証学であり、それに従事する者は、漢代、とりわけ後漢の「好古」の学風を慕ったので、自らが従事する学問を「漢学」と称した。(4)

以上の概説を踏まえると、中国における経学の展開は、第一期漢学（漢～唐）→宋学（宋～明）→第二期漢学（清）と図式化される。以下は、第二期の漢学に着目し、学問方法の特徴とそれをもたらした思想的背景について論じる。

二、清代漢学の課題

科挙試験の経義題に対して宋学の解釈に従って答案を書くように求められる状況は、元から清末に至るまで基本的に変わることはなかったから、王朝が明から清に代わったからと言って、宋学がすぐに廃れたわけではない。第二期の漢学が確立するには、「漢宋の争い」に勝たねばならなかった。学問上の争いの中で相手より優位に立つためには、二つの方法がある。一つは相手の主張を突き崩すことであり、もう一つは相手より説得力のある議論を展開することである。本節では前者に関わる営みについて考察を加える。

(1)「弁疑」の有効性

《漢書・芸文志》「文子九篇」の解題に「老子の弟子、孔子と時を並ぶるに、『周平王問ふ』と称するは、依託する者に似たり」と記されていることが示すように、中国において文献の信頼性を議論したり文献中に含まれる疑わしい要素を弁別したりする「弁疑」は長い歴史を持つ。弁疑が盛んになり始めるのは宋代であり、《周易》の十翼を孔子の作とする伝統的な見解に対する欧陽脩の論難、《毛詩》の小序に対する鄭樵の論駁を含め、多くの弁疑活動がなされている。(5) 朱熹も《古文尚書》と書序、さらには《毛詩》の小序に対して弁疑の手を及ぼしており、「詩序について、《後漢書・儒林伝》では明確に衛宏の作だと説いている。後に経書の意味が分からなくなったのは、いずれもそれによって損なわれてしまったのだ」(6)(《朱子語類》巻八十〈詩一・綱領〉)と指摘する。沈重が「鄭玄《詩譜》を案ずるに、〈大序〉は是れ子夏の作、〈小序〉は是れ子夏と毛公の合作」(7)と説明しているように、孔子に連なる由来を詩序に認める漢儒にとって、それが偽作であるとの主張は、もしそれが正しければ、《毛詩》解釈上、少なからぬ打撃を受けることになる。

(2) 清初における弁疑

弁疑によって対立者の所論の根拠が失われることもあり得る、という事情を踏まえると、清代の漢儒が弁疑の手法を用いて宋学を攻撃せんと試みたのは自然なことである。林慶彰によると、清初には「弁疑家」と称し得る学者が輩出した。具体的には、陳確・黄宗羲・黄宗炎・毛奇齢・朱彝尊・胡渭・万斯大・閻若璩・姚際恒・銭煌を挙げ得る。(8) これら諸家の中、黄宗羲(一六一〇〜一六九五)は、宋代易学の一つの柱を構成する河図・洛書などの易図が《周易》とは関係ないことを明らかにした。河図・洛書については、《周易・繋辞上》《尚書・顧命》《礼記・礼運》《論語・子罕》に見え、たとえば《周易・繋辞上》には「河、図を出だし、洛、書を出し、聖人、之に則る」との記述が存する。河図・洛書が《周易》の本源であるという見解は、漢の劉歆・揚雄に始まるが、漢儒は河図・洛書の実体およびそれと《周易》との関係について考察を深めるには至らなかった。

宋代に至ると、陳摶による《先天太極図》《龍図》《無極図》の三つの図式、周敦頤による《太極図》、邵雍《皇極経世書・観物外篇》所収の易図、という象数易学の発展を受けて、朱熹が《周易本義》や《易学啓蒙》の中に邵雍の伏羲四図（伏羲八卦自序図・伏羲八卦方位図・伏羲六十四卦次序図・伏羲六十四卦方位図）と文王二図（文王八卦方位図・文王八卦次序図）を採録したことで、河図・洛書は実体を備えるに至り、宋代易学を構成する重要な要素となった。[9]

（3）黄宗羲と胡渭の弁疑

黄宗羲は《易学象数論》の中で、《周易・繫辞上》の「仰ぎて以て天文を観、俯して以て地理を察す」に依拠して、河図・洛書が古代の地図や地理志を指すと断定した。それならば、河から図が出てこず、鳳が至らないことを孔子がなぜ嘆いた（《論語・子罕》）のかというと、当時は周を尊重する者は無く、列国はそれぞれ人民と土地を有しているのに、河図・洛書が周に届かないので、周が各国の具体的な情勢を知る術が無くなってしまい、鳳が至らないので天の時を知る術も無いので、孔子が嘆いたのだ、と説明する。[10] 黄宗羲の弁疑は、本書の自序に「其の時、康節……河図先天の説を創為す。是れも亦た一家の学に過ぎざるのみ。晦庵、《本義》を作り、之を開巻に加へ、《易》を読む者、之に従ふ」と記されていることから推察されるように、宋学を攻撃する意図にもとづいている。

河図・洛書に攻撃を加えたのは黄宗羲だけではなく、胡渭（一六三三～一七一四）もその一人に数えられる。その著《易図明弁》に対して、梁啓超は以下のように評価している。

「無極」「太極」と言い、《河図洛書》と言うのは、じつは宋学を構成する主要な核である。宋代の学者が理を言い、気を言い、数を言い、命を言い、心を言い、性を言うのは、みなこれから引き出されたものばかりである。……胡渭のこの書物は、《易》を、伏羲・文王・周公・孔子にかえし、《図》を陳摶・邵雍にかえしたもので、けっして過度の攻撃をしたものではないが、宋学はこれによって「致命傷」をうけたのである。[11]

（《清代学術概論》第五章）

（4）閻若璩の弁疑

「弁疑家」の中、宋学との関係において看過し得ない議論を展開した者に閻若璩（一六三六～一七〇四）がいる。閻氏は《尚書古文疏証》を著し、現行の《尚書》五十八篇の中、晩出に係る二十五篇が偽作であることを論じているが、その弁疑の中、宋学にとって少なからぬ打撃を与えた議論の一つに、《尚書・大禹謨》「人心惟危、道心惟微。惟精惟一、允執厥中」が偽作であることを論証したことが挙げられる。この十六字は、朱熹が〈中庸章句序〉において引用して心性論を展開しているので、「十六字心法」として尊ばれるほど朱子学にとって重要な記述である。黄宗羲が友人の朱朝瑛から聞いた言葉として、「従来、講学者未だ『危微精一』の旨を推源せざる有らず。若し〈大禹謨〉無ければ、則ち理学絶す」[12]を挙げているから、清初においてもその重要性は低下していなかった。

閻若璩は《尚書古文疏証》巻三、第三十一則において、かの十六字の由来を考証する。《荀子》の中で《尚書》の字句を提示する際、「書曰」に続けて引くか、それとも「康誥曰」など具体的な篇名に続けて引くか、いずれかの形しかないが、〈解蔽篇〉で「人心之危、道心之微」の句を引く場合に限って、「《道経》曰」に続けて引いている。[13]「惟精惟一」の四字については、同じく〈解蔽篇〉の「精於道」「一於道」を利用して作文したものであり、「允執厥中」の四字に至っては、《論語・堯曰篇》からの引用である。[14]

閻若璩の議論が一定の説得力を持つのは、《荀子》中の《尚書》の引用状況を網羅して通例を導き出した上で、〈解蔽篇〉における《尚書》の引用がその通例から外れることを明らかにしているからである。右の所説の後、「或るひと、余を難じて曰く」に続く閻説攻撃の言葉は、恐らく架空の人物のものであろうが、その言い分によると、「万世心学の祖」である十六字が《道経》に続けて引かれていることが批判の根拠になっているが、それはたまたま一箇所だけ典拠表示が異なったにすぎず、この事実をもとに〈大禹謨〉全体の信憑性を疑ってしまうのは、罪を聖経に得て逃れることができない所業である。[15]反論者の立場に立つと、問題を含む記述を例外的な事象として片づけるのは常道であるが、その反論が反論たり得るのは、他の全ての事例については対立者である閻若璩が導き出した通例が当てはまることを認めるからである。こうして見ると、宋学を奉じる者は閻氏が築いた土俵の上で辛うじて矛先をかわす状況に追い込まれていたのである。[16]

閻若璩の鋭利な弁疑は、学問上の対立者の立論根拠を動揺させることはできたが、それだけでは自家の解釈の正しさを承認させることは難しい。清初には弁疑の学が盛んになったが、弁疑は古文献考証の一環に過ぎず、その営みが宋学批判につながる箇所は限られている。つまり、弁疑だけで宋学の勢力を弱体化させることはできないのであり、漢学が勢力を伸張させるには、対立者たる宋学に属する者でさえも正当性を是認せざるを得ないような解釈の「方法」を見つけ出す必要があった。かくして新たな経書解釈法の開発が漢学者にとっての大きな課題となった。

三、経書解釈の方法論の整備

(1)「以経解経」と注釈の排除

自家の経書解釈が師承を遡っていくと孔子に連なると考える点で、漢学と宋学は一致していた。すると解釈の正当性の根拠を師承の正統性に求めるばかりでは、対立者を説得させることは到底できない。清代の「漢学」は漢唐訓詁の学を再評価することから興ったが、そこからどのようにして皮錫瑞が「経学復盛時代」（《経学歴史》第十章）と称するような活況を呈するに至ったのであろうか。

漢学者の著作を見て気づくのは、古典文献解釈の方法に関する言及が多くなされることである。まず清初の状況を確認すると、閻若璩は「それがいつの時代、どのような人々によって作られたかを的確に知ることが前提となってはじめて、今日の我々にはその『志を逆うる』ことが許される」[17]と述べ、成立時期や作者など文献の歴史性を踏まえて解釈することの必要性を説いている。「以経解経」、すなわち一つの経書を理解するために、その経書自体もしくは他の経書を用いる、という方法論は、かかる見地から出現してくるのであって、金原泰介が指摘するように、清初において黄宗羲・毛奇齢（一六二三〜一七一三）・閻若璩の少なくとも三者が「以経解経」を提起している。[18]経書を理解するための道具を「経」に限定することによって、先儒の注釈、あるいは師承・道統などの伝統的な権威に頼ることなく、客観的な理解に近づくことができる、と考えるのである。

「以経解経」は経書解釈の新たな方法論であると同時に、既成の学問に対する批判でもある。右の三者の中、毛奇齢は、「以経解経」に言及した後、「漢儒、経を信じ、必ず経を以て義を為し、凡そ立つる所の説、惟だ其の義の稍《いささ》かも経に違はんことを恐る」と述べ、漢儒が経にもとづいて説を立てることを評価する。その後、「而るに宋人は然らず。……第《た》だ先に一義を立て、而して諸経の説を為す者をして悉く以て義に就け使め、合すれば則ち是とし、合せざれば即ち非とす」（《西河集》巻五十二〈経義考序〉）と述べ、宋儒は逆にまず義を立て、経の方を自家の義に合致するように操作する、と批判している。金原が指摘するように、黄宗羲が「以経解経」について触れた文章の中でも邵雍易学の後天方位の説に対する批判がなされているから、[19]この方法の提唱者は宋学批判の意識を共有していた。

(2)「以経解経」を支える字音研究

「以経解経」を持ち出して経書解釈の客観性を志向しても、漢学者が清初を基準にしても少なくともその成立時期が二千年さかのぼる文献である経書を読み解くのに経書しか使わなければ、その間の言語の変化によって生じた隔たりを埋めることは容易でない。「以経解経」に肉づけする手法が必要であることは自明である。胡適が「以経解経」の典型的事例として、顧炎武らの古韻研究と戴震（一七二四～一七七七）以下の学者の古義研究を挙げているので[20]、その所見を手がかりにこの点を考察してみよう。

顧炎武は、「九経を読むは文を考ふるより始め、文を考ふるは音を知るより始む」（《亭林文集》巻四〈答李子徳書〉）と述べ、経書理解のために字音の知識が欠かせないことを説いている。そして、「宋韻出でて古音乃ち全く亡ぶ。古音を審かにせんと欲すれば、必ず唐韻より始む」（《音論》巻上〈唐宋韻譜異同〉）と述べるように、唐の韻書、すなわち完存する《切韻》系の韻書の中で最も古い《広韻》を古音研究上の土台に据え、明の陳第が確立した古音実証の方法によって《広韻》の韻部を組み替えて、古音を十部に分ける音韻体系を構築した。木下鉄矢によると、陳第は「一字一字の古音を実証的に究明する方法を確立したにすぎな」かったが、顧炎武は「一字一字の古音を、統一的法則に把握」する段階まで古音研究を発展させた[21]。

顧炎武以降、古音の整理は、段玉裁（一七三五～一八一五）の十七部説（二十五部）、戴震の二十五部説、孔広森（一七五一～一七八六）の十八部説、王念孫（一七四四～一八三二）の二十一部説（二十七部）という具合に展開していき、「《詩経》や《易経》の押韻文字学的なレベルでの研究を基礎として、ますます修正と精密さとを加えていった」[22]。右の諸家の中、清代古音学の進展に対する寄与が大きいのは段玉裁であり、再び木下によると、「顧炎武は、古音による韻部の区分表を提示したが、それは内部的な関係をもたない、単なる分類表であった。段玉裁はそれを、古代音韻についての、内部関係が示された体系的図式へと高めた」[23]のである。漢学者の字音研究の結果、経書の文字一つ一つの古音がなぜその字音を持つかについて、その理由を含めて説明が与えられるようになり、そこに導入された体系的・論理的な方法論に対して、宋学者は先儒の注釈の権威だけでは対抗することが難しくなった。

（3）戴震による方法論の完成

胡適が「以経解経」のもう一つの典型例として挙げていた戴震以下の古義研究は、古音学の展開を受けて、その方法論を完成した。戴震は、「聖人の道は六経に在り」（《東原文集》巻九〈与方希原書〉）という儒学者なら誰しも否定できないテーゼを提出した上で、経書解釈の方法について様々に論じる。次の発言もその一つである。

経を治むるには先づ字義を考へ、次に文理に通ず。志、道を聞くに存すれば、必ず依傍する所を空しうす。漢儒の訓詁は師承有るも、亦た時に傅会有り。……宋人は則ち胸臆を恃みて断を為し、故に其の襲取する所、謬り多くして、謬らざる者は其の棄つる所に在り。

《東原文集》巻九〈与某書〉

ここに説かれているのは、字義の考察と文章構造の把握の必要性である。その際、「依傍する所を空うす」ること、すなわち既存の注釈に依存しないことが重要であり、その言葉を裏返すと「以経解経」の立場の表明になる。

戴震は「以経解経」を発展させて、以下のように六経の解釈方法を理論化した。

経の至る者は、道なり。道を明かにする所以の者は、其の詞なり。詞を成す所以の者は、未だ能く小学文字を外にする者有あらざるなり。文字に由りて語言に通じ、語言に由りて聖賢の心志に通ず。

《東原文集》巻十〈古経解鈎沈序〉

この「文字→言語→聖人の道」という定式化された経書解釈の手順の中では、文字言語の研究、別の言い方をすれば「小学」が基礎となる。小学の重要性については、中国の歴史的な言語事情によって説明される。

夫れ六経の字、仮借多し。音声失はれて、仮借の意、何を以て得ん。故訓・音声、相表裏を為す。故訓明らかにして、六経乃ち明かにすべし。

《東原文集》巻十〈六書音均表序〉

「故訓」は経書の文字が持っている古義であり、漢字の絶対数が少ない古代に書かれた経書の文章は、仮借字が多く用いられている。すると後代の者が六経を正確に理解するには、仮借字の本字が何かを判別する必要があり、判別するためには文字の古音を明らかにしなければならないのである。(24)

清初の「以経解経」に啓発されて戴震が完成させた方法論は、その後の漢学者によって受容・実行された。(25)漢学が勢力を拡張する中で、経書の字句の瑣末な考証に従事するだけで満足するような学者がそこかしこで目撃されるような弊害が生じ、宋学の側からその点に批判がなされることもあったが、(26)第二期宋学の出現につながるような、新たな経書解釈の手法が提起されることはなかった。顧炎武が基礎を据え、戴震が完成させた経書解釈の方法は、宋学の側から見ても否定し得ない普遍性を備えていたのであるが、ここまでの議論を見る限りでは、何によってその普遍性が保証されたかがわからない。節を改めてこの点について論じてみよう。

四、普遍性の追求と帰納法的解釈

閻若璩は「大抵、一書を著はし、一説を立つるに、必ず処処円通にして、一毫の隔礙有らざるに至りて後可なり」（《潜邱劄記》巻六〈又与劉超宗文〉）と述べ、著書・立言に当たっては、あらゆる範囲で通用する説を立てるべきことを説いている。銭大昕（一七二八～一八〇四）が記す所によると、閻氏は「一物知らざること、以て深き恥と為す。人に遭ひて問ひ、寧日有ること少し」と柱に書き付けて学問への志を示している通り（《潜研堂文集》巻三十八〈閻先生若璩伝〉）、知識の空隙があることを許せず、休む暇無く人に質問を繰り返す生活ぶりであった。閻氏をかかる行動に駆り立てたのは、学問の方法論に対する自覚であろう。「天下の事、根柢由りして枝節に之くや易し、枝節由りして根柢に返るや難し。窃以為く、考拠の学も亦た爾《しか》り」（《尚書古文疏証》巻八、第百十二則）と述べているのは、「根柢」、すなわち通例確立の必要性であり、通例は枝葉末節に属する事象をもとに帰納的に推論することで獲得される。推断のために多くの事例を必要とするため、通例を導き出すのは容易な業でないが、一旦、通例が確立すると、個々の事象に対して容易に説明を与えられるようになる。

このような見解を持っていたのは閻若璩だけではない。顧炎武は、四庫館臣によって「学に本原有り、博贍にして能く通貫す」（《四庫提要》巻百十九〈日知録〉）と評されている。博学を志向するにとどまらず、その博学によって普遍性を持つ通例を導き出した、と見なされたからである。閻・顧と同様、特定の箇所のみに当てはまる解釈や説明を超えて、他の箇所にも漏れなく当てはまる通例の獲得を目指す者が少なからずいたことは、第二期漢学の特徴の一つである。以下、三者の事例を紹介しながら検討を加えていく。

（1）凌廷堪の場合

《儀礼》は三礼の中で礼の経という位置づけになっているが、韓愈が「余嘗《つね》に《儀礼》の読み難きに苦しむ」（《韓昌黎集》巻十一〈読儀礼〉）と述べているように、読解に苦労を覚える者が多い書物である。それは、「礼儀三百、威儀三千」[27]（《礼記・中庸》）などと称されるように、礼には細かい儀節があって名物度数や典章制度に関する知識が必要である上に、記述に重複や省略があったり、名称に不統一が見られたりすることが理由である。この読みづらさを克服するために朱熹は以下のような提言をしている。

此の書は読み難しと雖も、然れども却て多くは是れ重復す。倫類若し通づれば、則ち其の先後彼此展転参照し、

以て互相に発明するに足り、之を久うして自ら通貫するなり。（《晦庵集》巻五十九〈答陳才卿〉）

《儀礼》の記述の中にある「倫類」（類型）を押さえれば、おのずと全書の理解に達するというのである。朱熹が《儀礼経伝通解》を編纂したのはかかる見解にもとづくかに見えるが、同書は《儀礼》を経文にして、《礼記》や諸々の経史や雑書に見える礼に関わる記述を全て経文の下に附し、注疏に見える諸儒の節も細かく並べる、(28)という体裁を取っているだけであり、通例を提示しているわけではない。(29)

朱熹の提言を実行に移したと言えるのが凌廷堪（一七五七〜一八〇九）である。凌氏には《礼経釈例》の著があり、〈自序〉において「《儀礼》十七篇は、礼の本経なり。其の節文威儀、委曲繁重たり」と述べ、《儀礼》を礼学の基本経典に位置づけた後、書中で説かれる儀節が繁雑であることを説く。続いて、複雑で錯綜しているかに見える記述を丁寧に読み解いていくと、その中には「経緯塗径」、すなわち記述を整理し読み解くための手がかりがあると指摘し、この「経緯塗径」については「例のみ」と断言する。《儀礼》の雑駁に見える記述も、「例」を押さえることで、絡まった糸を解きほぐしたり、山の中で迷っても正しい道を見つけ出したりするかのように明瞭に理解することができるようになる。二十数年間にわたる絶え間ない「例」の追究の結果完成したのが《礼経釈例》なのである。

巻一〈通例上〉の第一則を見ると、「凡そ賓を迎ふるに、主人、適する者は大門の外に于てし、主人、尊なる者は大門の中に于てす」とあり、来賓があった時、主人と賓の地位が同等の場合は大門の外で迎え、主人が上位の場合は大門の外で迎える、という凡例が立てられている。続いてその凡例構築の材料となる記述（経文と鄭玄注）が提示される。

〈士冠礼〉：賓……立于外門之外（鄭玄注：外門、大門）、主人迎、出門、……左賓（鄭玄注：主人之僚友）。

〈士相見礼〉：主人……出、迎于門外。

〈聘礼〉：君使卿朝服、用束帛労、……賓……迎于舎門之外。

〈公食大夫礼〉：大夫相食……迎賓于門外。

〈聘礼〉：王使人労……侯氏……迎于帷門之外。

この五則を含む同類の記述、都合十二則から、右の凡例が導き出される。(30)注目に値するのは、凌廷堪が例外に属するかに見える記述も提示して検討を加えていることである。〈郷飲酒礼〉に「主人一相迎于門外」とあり、〈郷射礼〉に「主人一相出迎于門外」とある。「一相」は孔疏の説明によると、賓と主の命を伝達する者である。〈郷飲酒礼〉の「主人」は鄭注によると「諸侯の郷大夫」であり、〈郷射礼〉の「主人」は同じく鄭注によると「州長」であるのに対し、「賓」はいずれも処士であって「主人」とつりあわない。それでも「主人」が門外で迎えるのは、この「賓」が鄭注に示されているように「処士の賢者」だからであり、「諸侯の郷大夫」や「州長」である主人がわざわざ門外まで出て処士を迎えることで「尊賢」の意が明らかになるのである。このように凡例と合致しないかに見える記述を例外として考察対象から外すことはせず、そこに籠められた礼意をつまびらかにすることで、凡例の存在根拠がより強固になるのである。

凌廷堪は、《儀礼》の中の礼の儀節に関連する記述を分類・整理し、右に例示した帰納的な手法を用いて《儀礼》の中に二百四十六則の凡例が存することを明らかにした。《礼経釈例・自序》に「杜氏の《春秋》に于けるに倣ふ」とあって、体例は杜預《春秋釈例》を模倣していることが明言されているように、「例」に着目して経書の記述を整理するのは清代に始まるわけではない。しかし経書の中に存在する「例」を見出そうという試みが一般化したのは、清代に入ってからだと言える。実際、〈自序〉には続けて、《礼経釈例》を著している途中で、同様の問題意識にもとづくと思われる江永（一六八一～一七六二）《儀礼釈例》と杭世駿（一六九六～一七七三）《道古堂集・礼例序》の存在に気づいたため、同書の執筆を中断して二書を調査したことが記されている。調査の結果、いずれも「志有りて未だ之に逮ばず」、すなわち未完成であることが判明したから、安心して執筆を再開したのである。

(2) 焦循の場合

漢学者が経書の中に通例を探し求める試みをおこなったのは、《儀礼》だけではない。焦循（一七六三～一八二〇）は、《周易》の卦爻辞と卦爻象との関係を統一的に説明するための通例を探求し続け、独自の易説を構築した。その学説は《易学三書》と呼ばれる《易章句》《易通釈》《易図略》の中で展開されている。

焦循が〈易通釈自序〉（《雕菰集》巻十六）の中で語る所によると、易学に対する関心は少年期にまで遡り、ある日、塾から帰宅した時に、父から「密雲不雨、自我西郊」句が小過卦六五爻辞だけでなく、小畜卦卦辞にも見えるのはなぜか、と尋ねられたことがきっかけである。これは簡単に解決できる問題ではなく、理由を考えている中に、同人卦九五爻辞と旅卦上九爻辞に共に「号咷」の語が見えること、蠱卦卦辞に「先甲三日、後甲三日」とあるのに対して、巽卦九五爻辞に「先庚三日、後庚三日」とあること、このように異なる卦の卦爻辞が関連を持つと考えられる事例がいくつかあることに気づいたが、いくら思索をめぐらせても、誰に尋ねても、解決の糸口がつかめなかった。

この難問を解決するのに役だったのは、自然科学の知識である。焦循は、数学の「比例」の考え方を易辞の関係に当てはめ、旁通・相錯・時行の三つの原則を導入することで、《周易》卦爻辞の中に相互に関連する字句が散見する理由を説明できることに気づいた。旁通は、卦を構成する陰爻と陽爻が正反対である一組の六爻卦の間で爻を交換することであり、二と五、初と四、三と上の爻位の間でのみ交換可能である。相錯は、二つの六爻卦の間で上体と下体の三爻卦を入れ替えることによって、新たに二つの六爻卦を生み出すことである。時行は、旁通の操作が行き詰まらないようにするための基本ルールである。《周易》の中でこれらの原則が機能していることは、天体現象との類推によって理解可能である。天体現象の変化の規則が「実測」によって把握できるのと同様に、《周易》の卦爻辞と卦爻象の変化についても「実測」によってその規則を知ることができるのである。(31)

三つの原則の存在が確定すると、《周易》卦爻辞に看取される相関関係に合理的な説明を与えることができる。《易図略》巻一〈旁通図〉の中では、旁通によって《周易》経伝に見える字句の形態や配置の説明が付くと考えられる三十の証拠が列挙されている。焦循が「此の三十証を挙げて以て其の余に例す」と述べているように、全事例を網羅したわけではないが、三十もの証拠を示せば旁通の義の存在は帰納的に証明できると考えたのであろう。これら三十証の十六番めに、父から与えられた難題に対する解答が示されている。

> 小畜の「密雲不雨、自我西郊」、その辞、又小過の六五に見ゆ。小畜の上、豫の三に之けば、則ち豫、小過と成る。……解する者、旁通の義を知らず、則ち一の「密雲不雨」の象、何を以て小畜と小過、辞を同じくするか。

小畜卦䷈と豫卦䷏は、陰爻と陽爻が正反対の六爻卦であって旁通可能である。小畜卦の上九と豫卦の六三が入れ替わると、豫卦は小過卦䷽になる。この旁通の操作によって小畜卦と小過卦に関連が生じる。かくて両卦の卦爻辞に共通して「密雲不雨、自我西郊」の句がある理由が明らかになった。

本田済の解説によると、「経の字句と卦の形との間に、何らかの一貫した法則的連関を見出そうという意図は、漢易以後実象派の易学者に共通して存在」していた。ただし、「従来の諸法は、或る字句については升降、旁通を、或る字句については之卦を、という風にcase by caseに説明がつけばそれでよいといった態度」であった。それに対して焦循は、

「経文と卦の形だけをデータにして、全体に共通する解釈のキイを見出そうとする。……帰納的方法論――例えば古人が姑息的な協韻説で説いていたものを一つの音韻体系にしたような――に通ずるものがある」[32]のである。《易通釈》《論語通釈》《開方通釋》など書名に「通」を含む書物を多く書いている焦循は通例を解明しようとする意識が人一倍強かった。焦循と幼なじみであった阮元は、その学問の特徴をよく把握していたので、亡くなった焦循のために書いた伝記を書いて〈通儒揚州焦君伝〉と題したのである。

(3) 阮元の場合

阮元(一七六四~一八四九)も通例を構築して経書の字句を統一的に説明するする試みに従事した漢学者の一人に数えられる。阮元がおこなったのは、一つの経書の措辞に関わる通例を見つけることではなく、一つの経書で使われている特定の文字の共通義を見出そうとする試みである。具体的には、《論語》の随所に見える「仁」を総合的に論じており、その議論は〈論語論仁論〉(《揅経室集》巻八)の中で展開されている。

阮元は同論文の冒頭において、《論語》の中で仁を論じた章が全部で五十八あり、「仁」が百五回出現している事実を示した後、「仁」に対して多くの言を費やして説かれているが、「其の旨が失」われていると指摘する。[33] 続いてこの問題を解決するために、「《論語》に仁を論ずるの諸章を綜論して、其の説を後に分証」するという同論文の体例を示す。それからただちに具体的な議論に取りかかるわけではなく、まず「其の凡を発」する。つまり「凡例」を掲げる。凡例で説かれるのが仁の共通義であり、説明のために《礼記・中庸》「仁者、人也」とその鄭注「読如相人偶之人」が引かれる。[34]「相人偶」は「人之偶之(人が相手に対応する)」と同義であり、仁は「此の一人と彼の一人とが相人偶して其の敬礼忠恕等を尽くすの謂」と定義される。仁は複数の人がいる場での交際の中で発現するものであるから、続いて「必ず身に行なふ所の者に於て之を験して始めて見はれ、亦た必ず二人有りて仁乃ち見はる」と説かれる。逆に他者との交わりを絶って、一人部屋にこもって静坐して仁を体認しようとするのは、「終に指して聖門に謂ふ所の仁と為さず」と排撃される。この発言が日常生活での実践を離れた抽象的・形式主義的な道徳修養法に従事する宋学に対する批判であることは言うまでもない。

阮元は凡例となる基本義を示した後、「仁」字を含む五十八章を漏れなく引いて、本格的な議論を始める。当然のことながら、五十八章を機械的に並べるのではなく、各章における「仁」の扱いに留意した上で、他の徳目との関係、修徳の方法、実践状況、認定条件、付随する要素などのトピックにそれぞれ当てはまる章を並べ、諸章に見える「仁」が持つ様々な性質を解明しながら、一つ一つの「仁」の含義を論じていく。その議論は凡例で示された基本義の妥当性を再確認するためにもなされる。具体例を一つ紹介してみよう。

子夏曰：博学而篤心、切問而近思、仁在其中矣。
子游曰：吾友張也、為難能也。然而未仁。
曾子曰：堂堂乎張也、難与並為仁矣。

いずれも〈子張篇〉に見えるこの三章について「孔門に仁を論ずるは、近きに譬ふるの道」(35)と述べ、三章とも孔子の弟子たちが仁を論じる場合には、身近な物事に引き比べていることを説いていると見なす。その上で「此の数語、晋・宋以後の一切の異端の空虚玄妙の学・儒家の学案の新を標し勝ちを競ふの派を将《もつ》て皆預め括定を為す」と述べ、引用した三章は、釈老の影響を受けて空虚玄妙なる理を追求するような学派が次々と出現する状況に対する予防措置になっていることを表明する。続いて第三章を念頭に置いて「其の『為仁』と曰ふは、仁は必ず須く為すべく(36)端坐静観して即ち仁と曰ふべきに非ざるを見るべきなり」と述べ、曾子の言葉は、現実社会での活動に従事せず、静坐という個人的な修養によって仁を修得せんとする宋明理学に向けたものになっていることを説明する。最後に、同じく第三章を踏まえて、「『並為』と曰ふは、並びに即ち相人偶するの説なり」と述べ、三つの章に見える「仁」の含義が凡例で示されている「相人偶」の定義と調和することを確認する。

阮元は〈論語論仁〉とは別に〈孟子論仁論〉(《揅経室集》巻九)の一文を著し、〈論語論仁論〉ほど詳密ではないが、同様の手法を用いて、《孟子》の中で「仁」が見える諸章を網羅的に列挙して分析を加えている。分析の結果、「孟子の仁、孔子・堯・舜の仁と少しの差異も無きを見るべし」との結論、つまり〈論語論仁〉と同様の結論が導き出される。

凌・焦・阮三者の考証は、テーマに関連する記述を網羅的に集めた後、集まった資料をもとに帰納的な推論を展開して通例を導き出す、という第一段階の作業をおこなった後、構築された通例に即して個々の記述を検討する、という第二段階の作業に移っている。この第一段階は、閻若璩のいわゆる「枝節由りして根柢に返る」作業に相当し(37)多くの労苦を伴う。しかし一度通例が築きあげられると、その明確な基準をもとに個々の記述に検討を加えるのであるから、「根柢由りして枝節に之く」に相当する第二段階の作業は、第一段階より容易であり、この方法論にもとづいて得られた解釈は普遍的な妥当性を持つのである。

五、第二期漢学の方法論の背景

阮元が若年期の学業を振り返って、「元、少くして学を為すに、宋人より始む。宋よりして唐を求め、晋・魏を求め、漢を求め、乃ち愈いよ其の実を得」（《揅経室二集》巻七〈西湖詁経精舎記〉）と述べているように、乾嘉期と呼ばれる考証学が一世を風靡した当時は、文献や言説が古ければ古いほど正しいと考える好古的な思想を持つ士人が多く見受けられた。彼らの中には、焦循が「近ごろの学者、考拠を以て家に名づけ、断ずるに漢学を以てし、唐宋以後は、屏けて之を棄つ。其の同一の漢儒なるや、則ち許叔重・鄭康成を以て断を為し、其の一説に拠りて、以て衆説を廃す」（《論語通釈・釈拠》第一条）と指摘するように、著しい偏向性を示す者もいた。

第二期の漢学には、一方では第一期漢学と宋学に看取されたのと同様な伝統的な権威への盲従が一部に認められ、もう一方では立場を超えても解釈の正しさが確保される普遍性を追求する動きも看取された。本稿で考察したのは、この中の後者であり、清初に提起された「以経解経」が古音学の発展を承けて「文字→言語→聖人の道」の手順を踏む定型的な方法論に結実し、その方法論の中に、資料の博捜と帰納的推論を通した通例の獲得が含まれることで、経書解釈の普遍性が実現されたことを明らかにした。このように完成された実証的な解釈法は、宋学への対抗するために開発されたのであり、第二期漢学の特徴と特長の一部を構成する。

このように経書解釈法が整備されていった時代背景について、葛兆光は、以下のように考察している。

ここで指摘しなくてはならないのは、通例や通則を尋ね求める願望が起こるのには、相当重要な機縁があるということである。研究者が絶えず注意しているのは、天文暦算の学が清代の考証学的な著作の中で次第に比重を増していることであり、たとえば銭大昕が天文暦算を愛好する李鋭に説いたように、「数」――古代中国における天文暦算に対する総称――は「六芸の一、芸によりて道を明かにするは、儒者の学なり」。それはなぜかと言えば、「天地」すなわち「宇宙」に関連する天文・地理・数学の知識は、古代の中国社会の中で政治の合法性にお墨付きを与える学問を構築した上に、最も早く西洋の学問からの挑戦を受けて東西の知識交流と衝突の領域となったからである。[38]

葛氏の見解によると、通例を求める思潮が高まったのは、暦算学の発展と関係がある。焦循は《周易》の卦爻辞と卦爻象の変化も、天体現象の変化も、「実測」を通してその規則を把握できると考えていたが、所与の現象の中に通例を求めるという発想は、暦算学を学ぶ者ならば容易に到達できる。梁啓超が「(戴震)いご、経学家の十分の九は、天文数学をあわせ研究するようになった」[39](《清代学術概論》第十五章)と説くのは誇張が含まれているにせよ、本稿で取り上げた学者について言うと、黄宗羲・閻若璩・戴震・凌廷堪・焦循・阮元は、いずれも暦算家の伝記集《疇人伝》にその名が見える。[40]第二期の漢学に看取される暦算学の重視には、それが支配者の統治に正統性を付与する根拠として使われたという内在的な理由に加え、明末に西洋からこの方面に関する進んだ学問が入って来て暦算学を含む中国の学術に影響を与えたという外在的な理由もある。[41]川原秀城が指摘するように、西学の影響は暦算学にとどまらず、清代の考証学にも及んでおり、[42]本稿で論じた事柄はその状況の一端を示すものと言える。

注

(1) 胡宏〈周子通書序〉(《五峰集》巻三)や朱熹〈中庸章句序〉など。

(2) 朱熹《四書章句集註》が拡大再生産を繰り返して《四書大全》に至る状況については、佐野公治《四書学史の研究》第四章第二節〈註釈書の続成――集成書について〉(創文社、一九八八年)を参照。

(3) 林慶彰《明代経学研究論集》第四篇〈晩明経学的復興運動〉と第十一篇〈明末清初経学研究的回帰原典運動〉(文史哲出版社、一九九四年)。

(4) 清代「漢学」の称謂については、計翔翔〈〝漢学〟正名〉(《浙江社会科学》二〇〇二年第五期)や張晶萍〈経過学術与〝漢学〟観念〉(《湖南師範大学社会科学学報》二〇〇一年第一期)を参照。

(5) 曹養吾〈弁疑学史――従過去説到最近的過去〉(《古史弁》第二冊下編、上海古籍出版社、一九八二年)、九八―九九頁。

(6) 原文:〈詩序〉、東漢〈儒林伝〉分明説道是衛宏作。後来経意不明、都是被他壊了。

(7) 《毛詩・周南・関雎》「関雎、后妃之徳也」句下孔疏所引。

(8) 林慶彰《清初的群経弁疑学》第二章第四節〈当時的重要弁疑学家〉(文津出版社、一九九〇年)。

(9) 朱伯崑《易学哲学史》第二巻第三篇第六章〈宋易的形成和道学的興起〉と第七章〈南宋時期易学哲学的発展〉(華夏出版社、一九九五年。同書には伊東倫厚監訳・近藤浩之編による翻訳版〔朋友書店、二〇〇二年〕がある)。邵雍《皇極経世書》所収の易図に関わる問題については、川原秀城《数と易の中国思想史――術数学とは何か》第六章〈皇極経世学小史〉(勉誠出版、二〇一八年)を参照。

(10) 《易学象数論》巻一〈図書一〉。原文:謂之図者、山川険易・南北高深、如後世之図経是也。謂之書者、風土剛柔・戸口扼塞、如夏之〈禹貢〉・周之〈職方〉是也。謂之河洛者、河洛為天下之中、凡四方所上図書、皆以河洛繫其名也。〈顧命〉西序之〈大訓〉、猶今之祖訓、東序之〈河図〉、猶今之黄冊。……孔子之時、世莫宗周、列国各自有其人民土地、而河洛之図書不至、無以知其盈虚消息之数。故歎河不出図、其与鳳鳥言之者、鳳不至為天時、図不出為人事、言天時人事両無所拠也。

(11) 訳文は小野和子訳注本（平凡社、一九八七年版）による。以下同じ。

(12) 黄宗羲〈尚書古文疏証序〉（閻若璩《尚書古文疏証》巻頭所収）。

(13) 閻若璩《尚書古文疏証》巻二、第三十一則〈言人心惟危道心惟微純出荀子所引道経〉。原文：余曰：合《荀子》前後篇読之、引「無有作好」四句、則冠以「書曰」、引「維斉非斉」一句、則冠以「書曰」、以及他所引《書》者十、皆然。甚至引「弘覆乎天若徳裕乃身」、則明冠以〈康誥〉、引「独夫紂」、則明冠以〈泰誓〉、以及〈仲虺之誥〉亦然。豈独引〈大禹謨〉而輒改目為《道経》邪。予是以知「人心之危、道心之微」、必真出古《道経》、而《偽古文》蓋襲用。

(14) 同前。原文：此篇前又有「精於道」「一於道」之語、遂檃括為四字、復続以《論語》「久執厥中」、以成十六字。なお、「一於道」を〈解蔽篇〉の原文は「壱於道」に作る。

(15) 同前。原文：或難余曰：虞廷十六字為万世心学之祖、子之辞而闢之者、不過以荀卿書所引、偶易為《道経》而遂概不之信。吾見其且得罪於聖経而莫可逭也。

(16) 中島敏夫は、出土資料も利用可能な現在学術状況をもとに《尚書・大禹謨》の十六字に関する閻若璩の考証に批判を加えている。同氏〈《尚書》〈大禹謨〉「人心」十六字偽作説について（1）～（4）〉（《文明21》第十五～十八号、愛知大学国際コミュニケーション学会、二〇〇五～二〇〇七年）を参照。閻若璩の弁疑に看取される恣意性については、楊全群〈閻若璩的主観武断法――《尚書古文疏証》研究之七七〉（《古籍整理研究学刊》第五期、東北師範大学古籍整理研究所、二〇一四年）などを参照。

(17) 《尚書古文疏証》巻五下、第八十則〈言左伝引蔡仲之命追叙其事今不必爾〉。原文：須的知某詩出於何世与所作者何等人、方可施吾逆之之法。訳文は、吉田純《清朝考証学の群像》（創文社、二〇〇六年）、三〇頁による。なお、引用文中の「逆之」は《孟子・万章上》の「以意逆志」を指す。

(18) 金原泰介〈黄宗羲・万斯大の「以経解経」について〉（《中国哲学》第二十五号、北海道中国哲学会、一九九六年）、四五頁。

(19) 同前、五九―六〇頁。

(20) 胡適《戴東原的哲学・引論》（台湾商務印書館、一九六三年）、4頁。

(21) 木下鉄矢《清代学術と言語学――古音学の思想と系譜》第一部第三章〈古音学の歴史――学的認識の形成及び深化の過程〉（勉誠出版、二〇一六年）、三二頁。本稿における陳第と顧炎武の古音研究に関する論述は、同文中の〈陳第以前から陳第へ〉と〈陳第から顧炎武へ〉の小題下の文章を参考にしている。

(22) 濱口富士雄《清代考拠学の思想史的研究》第一編第三章〈清代考拠学における解釈の意味〉（国書刊行会、一九九四年）、二七頁。

(23) 木下前掲書、四一頁。

(24) 戴震に師事した段玉裁は、本字と仮借字を判別する上で《説文解字》が役立つことを説いている。「凡治経、経典多用叚借字、其本字多見於《説文》。学者必於《爾雅》・伝注得経義、必於説文得字義。既読経注、復求之説文、則可知若為叚借字、若為本字、此治経之法也」。（《経韵楼集》巻二〈聘礼辞曰非礼也敢対曰非礼也敢〉）

(25) 銭大昕・段玉裁・王念孫の例を挙げておく。「夫窮経者、必通訓詁、訓詁明、而後知義理之趣」。（銭大昕《潜研堂文集》巻二十四〈左氏伝古注輯存序〉）／「訓詁必就其原文而後不以字妨経、必就其字之声類而後不以経妨字、而後経明、経明而後聖人之道明」。（段玉裁《経韵楼集》巻二〈周礼漢読考序〉）／「訓詁声韻明而小学明、小学明而経学明」。（王念孫〈説文解字注序〉、段玉裁《説文解字注》巻頭所収）

(26) 陳祖武・朱彤窓《乾嘉学派研究》第五章第二節〈漢宋学之争与考拠学之趨向辺縁〉（河北人民出版社、二〇〇五年）。

(27) 儀節の繁雑さを示す各種の表現と礼の経典との関係については、皮錫瑞《三礼通論》第四条〈論鄭注礼器以周礼為経礼儀為曲礼有誤臣瓚注漢志不誤〉を参照。

(28) 《儀礼経伝通解》の体裁に関する説明は、巻頭附載の〈乞修三礼劄子〉（《晦庵集》巻十四）に記されている。

(29) 「読書甚善、所論亦有条理、但不必如此先立凡例。但熟読平看、従容諷詠、積久当自見得好処也」（《晦庵集》巻五十二〈答呉伯豊〉）との発言に徴するに、朱熹は凡例の構築をさほど重視していない。

(30) 商瑈は《礼経釈例・通例》に掲げられているいくつかの凡例とそれぞれに対して凌廷堪が列挙する論拠について解説している。同氏《一代礼宗：凌廷堪之礼学研究》第二章〈凌廷堪《礼経釈例》之礼学成就〉（万巻楼図書、二〇〇四年）。

(31) 焦循の易解釈の原則とそれを獲得するに至る経緯については、朱伯崑《易学哲学史》第四巻第四編第三節第三項〈焦循《易学三書》〉や坂出祥伸《改訂増補 中国近代の思想と科学》第一章第二節〈焦循の学問〉（朋友書店、二〇〇一年）などを参照。

(32) 本田済《東洋思想研究》第二部第四篇第四章〈恵棟と焦循〉（創文社、一九八七年）、一八―一九頁。

(33) 〈論語論仁論〉の中に、一条だけであるが「臧庸案」から始まる注が見えること（「憲問始」云々下）は、「仁」を含む章を抽出する作業が阮元の幕友である臧庸（一七六七～一八一一）によってなされたことを暗示しているかも知れない。

(34) 〈論語論仁論〉の中では《大戴礼・曽子制言篇》「人之相与也、譬如舟車、然相済達也。人非人不済、馬非馬不走、水非水不流」も引かれているが、その後の議論は「相人偶」の定義をもとに進められる。

(35) 《論語・雍也篇》の「夫仁者、己欲立而立人、己欲達而達人。能近取譬、可謂仁之方也已」を踏まえた表現。

(36) 〈論語一貫説〉（《揅経室》巻二）において、《論語》の「一以貫之」の「貫」に対して「行也、事也」の訓詁を与えているように、阮元は現実社会における実践を重視する。

(37) 葛兆光は、閻若璩の言葉を引いた後、「在文献考拠学中確立這種『根柢』的方法、就是尋找古書的『通例』」と解説している。同氏《中国思想史》第二巻〈七世紀至十九世紀中国的知識・思想与信仰〉第三編第四節〈重建知識世界的嘗試――十八・十九世紀之際考拠学的転向〉（復旦大学出版社、二〇〇一年）、三五頁。

(38) 同前、三五―三六頁。

(39) 梁啓超《清代学術概論》第十五章。

(40) 凌廷堪と黄宗羲から焦循に至る五名の伝記は、阮元《疇人伝》巻三十六・巻四十・巻四十二・巻四十九・巻五十一（巻四十九以下は羅士琳補続部分）に見える。阮元の伝記は諸可宝《疇人伝三編》巻三に見える。

(41) この点については、安大玉〈西学即理学――《幾何原本》とクラビウスの数理的認識論の東伝について〉（川原秀城《西学東漸と東アジア》第二章、岩波書店、二〇一五年）を参照。

(42) 川原秀城〈戴震と西洋暦算学〉・〈清朝中期の学と暦算の学〉（《西学東漸と東アジア》第五章・第六章）。戴震が西学を最初に考証学に応用したことに関する言及は、同書、一一頁においてなされている。

乾隆・嘉慶期における叢書の編纂と出版についての考察

陳　捷

清朝乾嘉期に編纂された叢書は以前とは異なる傾向を有し、考証学の成果を反映しており、学術研究に豊富な文献資源を提供した。本稿は、当時の学者たちの叢書編纂と出版に対する言説を分析し、その目的・特徴・出版過程の考察を行い、この時期に出版された叢書の特質および当時の学風との関係を明らかにしたものである。

古代中国における叢書の編纂と出版とは宋代から始まり、明代中期以降は商業出版の発展に伴い、その数量と品種とが増加していき、清代にはさらに盛んとなっていった。叢書の編纂と刊刻、流布の状況に関する考察は、中国古代書籍出版史研究における重要な課題であり、各時代の文化的、学術的な特徴を理解するうえにおいても大きな意義を有するものと思われる。

文献資料に関する実証的研究を重視する考証学が盛んであった清朝の乾隆・嘉慶期においては、叢書の編纂と出版に関して、宋元明時代ないし清代初期に編纂された叢書とは明らかに異なる傾向を有していた。これらの叢書の編纂は乾嘉期の考証学の成果を反映している一方で、良質な多数の叢書の出版と流布とは、当時およびその後の学術研究に豊富な文献資源を提供し、多分野にわたる基礎的教養に根差した、堅実な文献考証を可能にしたのである。

本稿においては、清朝の乾隆・嘉慶期における叢書編纂と出版とに対する言説に焦点を当てて、当時の学者たちの叢書編纂に対する考え方を分析し、いくつかの叢書を具体例とし

ちん・しょう――東京大学大学院人文社会系研究科教授。専門は中国古典文献学・書物交流史。主な著書に『明治前期日中学術交流の研究――清国駐日公使館の文化活動』（汲古書院、二〇〇三年）、『人物往来与書籍流転』（北京・中華書局、二〇一二年）、『日韓の書誌学と古典籍』（共編、アジア遊学184、勉誠出版、二〇一五年）などがある。

て、その編纂の目的・内容の特徴・出版の過程などについて考察を行い、この時期に編纂・出版された叢書の特質を浮き彫りにしながら、叢書の出版とその時代の学風との関係を明らかにしていきたい。

一、叢書編纂と出版の歴史——乾隆・嘉慶期の叢書出版の位置づけ

「叢書」という語彙が書名として使われた古い用例としては、唐・陸亀蒙の『笠澤叢書』を挙げることができるが、本書は陸氏の詩文集であり、後世の叢書の意味ではなかった。現代の出版事業においてもよく見られる、複数の書籍を一つのセット、あるいはシリーズとして編纂した書物の形態は宋代において出現したものであり、現在知られている最古の例は兪鼎孫・兪経によって編纂された『儒学警悟』である。[1] 本書は当時出版された記録はなく、近代になってから、一九二二年に武進の陶氏により刊行されたものである。なお、現存する宋代に刊行された叢書としては、左圭『百川学海』を挙げることができる。[2]

明清時代において、叢書の数量は大幅に増加し、とくに明代後期になると、整版印刷作業のコストダウンによって、大部の叢書も以前より出版しやすくなり、明末以降においては多くの叢書が編纂、出版されるようになった。乾隆時代には、国家的な文化事業として、『四庫全書』、『摛藻堂四庫全書薈要』などの大型叢書が編纂され、また、『武英殿聚珍版書』などの叢書も出版され、民間の学術および書籍出版に対して大きな影響を与えた。このような背景のもと、乾隆・嘉慶期においては、考証学の隆盛にともない、叢書の価値はより一層重視されるようになり、数多くの叢書が編纂、出版されるようになった。上海図書館初代館長の顧廷龍が主編した叢書総目録である『中国叢書綜録』には二七九七種の叢書が収録されているが、筆者の統計によるならば、そのうちの三一五種が乾隆・嘉慶期に編纂されたものである。[3]（**文後附表**を参照）。該書の分類によって統計してみると、上欄に示したような分布となっている。

乾隆・嘉慶期に編纂・出版された叢書の分類分布表

彙編：雑纂類39　輯佚類1　郡邑類3　氏族類4　独撰類102
類編：経類34（正文註疏6　経義23　緯書2　小学3）
史類23（正史1　諸史攷訂4　雑史1　伝記2　輿地7　政書2　金石5　史鈔1）
子類41（諸子2　儒家4　法家2　医家14　天文2　数学3　術数2　芸術3　雑家2　小説5　道家2）
集類71（総集22　郡邑7　氏族19　詩文評5　詞集6　戯曲12）

これらの叢書のうち、例えば、盧見曽輯『雅雨堂叢書』（清乾隆二十一年徳州盧氏刊本）、鮑廷博輯『知不足斎叢書』（清乾隆道光間長塘鮑氏刊本）、呉騫輯『拝経楼叢書』（一名『愚谷叢書』、清乾隆嘉慶間海昌呉氏刊本）、畢沅輯『経訓堂叢書』（清乾隆中鎮洋畢氏刊本）、盧文弨輯『抱経堂叢書』（清乾隆中餘姚盧氏刊本）、張海鵬輯『学津討原』（清嘉慶十年虞山張氏曠照閣刊本）『借月山房彙鈔』（清嘉慶中虞山張氏刊本）および『墨海金壺』（清嘉慶中海虞張氏刊本）、阮元輯『重刊宋本十三経注疏附校勘記』（『校勘記』阮元撰、盧宣旬摘録、清嘉慶二十年南昌府学刊本）などは、或いは稀見の文献を収録し、或いは良いテキストを底本・校本として精密な校勘を加えたものであり、いずれも乾隆・嘉慶時期に出版された重要な文献資料であると認められている。また、これらの叢書のうちのかなりのものは乾嘉時期以降においても重印・翻刻がなされており、後世の学術研究に対して豊富な文献資料を提供してきた。

二、乾隆・嘉慶期における叢書の編纂と出版

乾隆・嘉慶期の学者たちは叢書の編纂と出版とについてどのように考えていたのであろうか。本章においては、叢書の編纂・刊行についての彼らの言説を分析し、彼らが叢書を出版した動機および叢書に対する認識を考察してみたい。

（一）叢書刊行の動機・目的についての言説

1 書物を刊行することはなぜ難しいのか

印刷技術が発明されてより、整版印刷という手段によって、書物の複製は以前のように一部ずつ抄写することに比して随分効率よくできるようになったものと思われる。しかしながら書物を刊行することは、実際にそれを行おうとするならば、やはり簡単なことではなかった。印刷技術をもつ職人、刊刻・印刷の設備と材料、印刷資金などの準備のほか、良いテキストを作成するためには、校勘する人材も必要である。南宋の人である呉芾（明可）は書物を印刷することの難しさについて次のように述べている。

「此事当官極易辦。但僕既簿書期会、賓客応接、無暇自校。子弟又方令為程文、不欲以此散其功。委之它人、孰肯尽心。漫盈箱篋、以誤後人、不若已也。」

すなわち、このようなことは官員にとっては極めて簡単なことではあるが、私は行政の仕事や賓客の応接などで、自ら校勘する暇はまったくない。子弟たちは科挙試験の準備をしており、このことで彼らの勉強の時間を取らせたくない。他人に任せるなら、誰が全身全霊でやってくれるのか。書籍が本箱から溢れるほど印刷して、後世の人を誤るなら、むしろ

やめたほうがよいと彼は思っていたのである。以上のような原因のため、書籍が不足した状態は長らく続き、基本的な書籍・良いテキストを入手できないことを嘆く話や、発奮して人の書物を借りて抄写したという勉学の物語など、書籍を入手するための苦労話が多く伝わっている。明代中期以降になると、印刷効率の向上によりコストが大幅に安くなり、上記のような状況もある程度解消され、庶民レベルの読者もある程度書物を購入できるようになったが、学問研究を目指す人にとっては、良質な書籍はやはり不足していた。

2　良いテキストの流通方法と「成就古人、与之続命」という考え方

以上のような状況を改善しようとして、明末清初の学者である曹溶は、『流通古書約』で下記の方法を考案したのである。

「今酌一簡便法、彼此蔵書家各就観目録、標出所缺者。先経注、次史逸、次文集、次雑説、視所著門類同、時代先後同、巻帙多寡同、約定有無相易、則主人自命門下之役、精工繕写、較対無誤、一両月間、各齎所鈔互換。此法有数善、好書不出戸庭也、有功于古人也、己所蔵日以富也、楚南燕北皆可行也。敬告同志、鑒而聴許。或曰、此貧者事也、有力者不然。但節宴遊玩好諸費、可以成就古人、与之続命。出未経刊佈者、寿之棗梨。始小本、迄巨編、漸次恢拡、四方必有聞風接響、以表章散帙為身任者。山潜塚秘、羨衍人間、甚或出十餘種目録外。嗜奇之子、因之覃精力学、充拓見聞。右文之代、宜有此禎祥。予矯首跂足俟之矣。」[4]

（波線は筆者による）

曹溶は読書人たちが互いに良質な書物を増やすために、以下のような方法を提案した。まず蔵書家たちは相手の蔵書目録を閲覧して、自分が持ってないものに印をつけ、経注、史逸、文集、雑説の順番で、同じ分類・時代・巻数のものを見て、互いに持っていないものと交換するように約束する。そしてそれぞれ自分の門下の写字生に丁寧に鈔写させ、間違いのないように校勘させ、一・二カ月後に相手が書写したものと交換する。このような方法の利点は、善本は家から出さないで済むこと、古代の著者のためになること、自分の蔵書を日々増やすことができること、東西南北すべてと交流できることである。しかしながら、この提案は普通の書物の愛好者のためのものであり、もし財力のあるものなら、宴会や遊びの費用を節約して、書物を刊行出版するという方法があるのである。それは、古代の作者の志を実現させることで、彼らの生命を延ばすのと同じことである。そのやり方としては、未だに刊行されたことのない書物を刊行することが挙げられ

る。短いものから始まり、大型のものまで、徐々に拡大していくなら、各地から必ずそれに応じて、散逸の文献を表彰することを自分たちの責任とする方があらわれるだろう。山に潜んだものや墓に葬られたものなどが再び人間界に現れ、あるいは十数種類の目録に記されているもの以外の書籍も見つかる可能性がある。珍しいことを好む方々は精力を集中して学問に力を注ぎ、さらに見聞を広めることになるであろう。文化を大切にする時代には、このようなめでたいことがあっても宜しいであろう。私は首をあげ、足を延ばしてそれを期待しているのである。

ここに引用した文章の前半においては、書籍の流通と共有を図るために、読書人たちが各自の蔵書を書写して交換することを薦めており、後半においては、有力者たちには、資金を捻出して書籍を刊行すべきことを述べている。書籍の刊行の意義としては、一つは「成就古人、与之続命」、すなわち古代の作者の志を成就させ、彼らの生命を延長させることであるとしている。また、逸書秘籍の出版流通は学問を研究する人に見聞を開く資料を与え、時代にとってたいへん有益なことであると述べている。「叢書」のみに限ってのことではないが、ここにおける、「始小本、迄巨編、漸次恢拡」といった、刊行の規模を次第に拡大していくという構想は、やはり叢書の出版を連想させるものがある。曹溶の提案は明末清初の知識人の考えを反映しており、当時および後世においてかなりの共感を得ていた。とくに「成就古人、与之続命」という考え方は古典籍の出版を企画する際の原動力として影響が強かったものと思われるのである。(5)

乾隆中期から『知不足斎叢書』の編纂・刊行を企画し、嘉慶十九年(一八一四)に亡くなるまで数十年間にわたってその出版に勤め続けた鮑廷博は「知不足斎叢書序」において、叢書刊行の動機について次のように述べている。

「若夫書、則為人精神之所寄、而其人即天地霊気之所鍾。(中略)漢唐以降数千百年論著、為一家言者奚啻充棟。史志所載、与夫蔵弆家所著録、名存而実亡者、又何可縷指数。惟薈萃一編、俾有統摂、則諸子百家之撰述常聚也。宋左氏之『百川学海』、元陶氏之『説郛』、明陳氏之『秘籍』、前人頗以刪節訛脱少之。然左氏十集聚百餘種、陶氏正続多至二千種、陳氏五集亦二百餘種、至今裒然倶存、要非尽同一臠之嘗、較之漢唐亡書僅見於宋人類事及諸子注釈所引用、得其一鱗片甲為快者、其所資益不已多乎。廷博所以汲汲為『叢書』之刻、意蓋有感於斯也。」

すなわち、人間は天と地の霊気を集めたものであり、書物は人間の精神が託されているものである。（中略）漢唐以降数千百年の論著のうち、一家の言をなしたものはたくさんある。しかしながら、歴史書の芸文志や蔵書家の目録に書名が記載されているにもかかわらず、実際に現存するものは限られている。ただ一編に薈萃してまとめてこそ、諸子百家の著作は常に一カ所で見ることができるようになるのだ、と指摘している。また彼は『百川学海』、『説郛』、『宝顔堂秘笈』などの叢書について、確かに前人の批判があるものの、多くの書物の内容がこれらの叢書によって今日まで保存されているのであり、そのような意味において、叢書の刊行はやはり大きな意義を有することであると述べ、自分が『知不足斎叢書』を刊行しようとする目的はまさにそこにあるのだとしている。この引用からも分かるように、彼が『知不足斎叢書』を出版した動機は、古代の作者の精神を伝えることにあり、多くの書籍を保存するためには叢書を刊行することがもっともよい方法だと彼は考えていたのである。この考えは曹溶が『流通古書約』において提唱していた書籍の刊行の趣旨と一致しているのであり、事実、『知不足斎叢書』第五集には明・祁承㸁『澹生堂蔵書約』の附録として『流通古書約』が収録されており、鮑廷博自身も『流通古書約』の影響を受けていたことが窺える。

3　王朝の文治を助けること――「裨益右文之治」

上にも触れたが、『流通古書約』において、曹溶は書物を刊行することのもう一つ意義は「右文之代、宜有此禎祥」と考えていたのである。古代の典籍を刊行することは文治を重じる時代においてはめでたいことであると彼が考えていた。言い換えれば、古典籍を刊行することは文化事業として、文治を重じる君主にとっては統治の助けになり、地方官にとっても、その行政能力と並ぶ重要な評価基準であると思われていた。とくに前述の『四庫全書』などの、国家プロジェクトとして長年にわたり継続された大型叢書の編纂事業は、当時およびその後の社会に大きな影響を与え、地方政府・地方官、学校・書院などの教育、文化機構も、叢書の編纂出版に関係することが多かったのである。たとえば、乾隆時代の進士である王謨は江西建昌の学校の責任者となったとき、明程栄編『漢魏叢書』をもとにして多くの内容を加え『増訂漢魏叢書』を編纂・刊行したが、その知人である陳蘭森は序文において本書の編纂経緯、目的について下記のように述べている。

「方今聖天子憲章稽古、闡明旧学。館閣四庫、捜羅遺佚。誠治極中天、千載一時之盛会也。金渓進士王君、躬際文明、博極群書、司建昌校官之任、期以鼓舞多士、楽育英才。復取『漢魏叢書』、加輯為八十六種、重付剞劂。商量旧問、培養新知。将即以上助聖朝表章経史之意、下啓多士謏聞好古之心。其有功学校、夫其浅尠哉。」

（乾隆壬子孟秋上浣桂林陳蘭森「増訂漢魏叢書序」）

陳蘭森は『四庫全書』の編纂事業を千年一度の盛会であると褒めたたえ、そのような背景のもと、王謨が建昌の校官という立場から英才の養成を心掛け、そして旧来の学問を研究して新しい知識を育てるために『漢魏叢書』を増訂、刊行したと述べている。王謨の叢書刊行の意義について彼は、中央政府の経史を表彰する政策の助けとなり、学生たちを古代の聖賢の理解へと導くことができると述べている。

書物を刊行することは文化を大切にする王朝の政治に有益であるとの考えをもつ人間は官僚だけではなかった。例えば、乾隆時代の学者である盧文弨は侍読学士、湖南学政を歴任した後に官を辞して郷里にもどり、地方の書院で講学しながら学問研究に専念し、多くの典籍の校勘出版に携わっていた。彼は「抱経堂叢書序」において下記のように述べている。

「自以家居無補於国、而以刊定之書恵学者、亦足以裨益右文之治。」

（盧文弨「抱経堂叢書序」）

すなわち、自分のような、家にいて国の役に立たないものでも、書物を校勘・出版して学者たちに与えることで、文化を大切にする王朝の政治に稗益することができると言っているのである。

4　書物を刊行するという善行──「刻書益人」

書物を出版する目的は、国のためになるという大きな意義をもつと同時に、一般人や社会にとっても利益をもたらすことであると思われていた。前出の盧文弨は「徴刻古今名人著作疏」において、下記のように述べている。

「吾儕生太平之時、享太平之福、亦当思有所利益于世。而利益之最久且遠者、莫如伝書。」

（「徴刻古今名人著作疏」、『知不足斎叢書』第二十一集巻首）

われわれは太平の時代に生まれ、太平の福を享受しているものとして、世の中に利益を与えることを考えるべきである。しかしながら利益のもっとも長期にわたり遠くにまで及ぶものとしては、書物を伝える以上のものはないであろうと彼は言っている。

また、乾隆・嘉慶時代の蔵書家である張海鵬も書物を出版することについて、

「蔵書不如読書、読書不如刻書。読書益己、刻書益人。」

と述べている。つまり、蔵書より読書の方が良いし、読書より書物を刊行することのほうが良い。読書は単に自分だけのためのものであるが、書物を刊行することは他人に利益を与えることができるのである、という考え方である。このよう

な考えは当時において共感を得ており、学者・文人の間の共通認識となっていた。

（2）悪い叢書と良い叢書

1『四庫総目提要』の明代の叢書に対する批評

叢書の編纂と刊行はこのように立派なことであったが、それではどのような叢書を編纂・出版すべきだったのだろうか。言い換えれば、叢書の価値はどのように判断すべきだったのだろうか。それについて、まず『四庫総目提要』における明代の叢書に関するいくつかの提要を挙げて、その批評をみてみることとしよう。

1、『合刻五家言』無巻数〈安徽巡撫採進本〉明鍾惺編。惺有『詩経図史合考』、已著録。是書一曰『道言』、凡十二巻、即『文子』也。二曰『徳言』、分上下二巻、即劉昼『新論』也。三曰『術言』、即『鬼谷子』也。四曰『辨言』、即『公孫龍子』也。五曰『文心雕龍』、凡十巻。各書俱有専行之本、不可強合。而別立標題、務為詭異、可謂杜撰無稽矣。

2、『夷門広牘』一百二十六巻〈通行本〉明周履靖編。履靖字逸之、嘉興人。是編広集歴代以来小種之書、並及其所自著、蓋亦陳継儒『秘笈』之類。夷門者、自寓隠居之意也。書凡八十六種、分門有十、曰藝苑、曰博雅、曰食品、曰娯志、曰雑古、曰禽獣、曰草木、曰招隠、曰間適、曰觴詠。観其自序、藝苑・博雅之下有尊生、書法、画藪三牘、而皆未刊入。所收各書、真偽雑出、漫無区別。如郭橐駞『種樹書』之類、殆於戯劇。其中間有一二古書、又刪削不完。如『釈名』惟存書契一篇、而乃題曰『釈名全帙』、尤為乖舛。其所自著、亦皆明季山人之窠臼。巻帙雖富、実無可採録也。

3、『塩邑志林』六十二巻〈浙江巡撫採進本〉明樊維城編。維城黄岡人、萬暦丙辰進士、崇禎中以福建按察司副使家居。張献忠陥黄州、抗節死。事蹟附見『明史・樊玉衡伝』。是編乃維城官海塩県知県時輯海塩歴朝著作、共為一集、凡三国三種、晋二種、陳一種、唐一種、五代一種、宋三種、元一種、明二十九種。其中如陸績『易解』之類、多出抄合。明人所著、又頗刪節。大抵近『説郛』之例。其最舛誤者、莫如顧野王之『玉篇広韻直音』。『玉篇』自唐上元中経孫強増加、宋人又有大広益会之本、久非原帙。挙今本帰諸野王、已為失考。又『玉篇』自『玉篇』、『広韻』自『広韻』、乃並為一書、尤為舛謬。且『玉篇』音用翻切、並無直音之説、忽以直音加之野王、更不知其何説。考首巻訂閲姓名、列姚士粦、鄭端允、劉祖鍾三人。士粦固当時勝流、号為博洽者也、何其誤乃至於是哉。

4、『張氏蔵書』四巻〈浙江鮑士恭家蔵本〉明張応文撰。凡十種、曰『箪瓢楽』、曰『老圃一得』、曰『蘭譜』、曰『菊書』、曰『先天換骨新譜』、曰『焚香略』、曰『清閟蔵』、曰『山房四友譜』、曰『茶経』、曰『瓶花譜』。其『清閟蔵』尚可資賞鑒考訂、別有刊本、附其子丑『清河書画舫』後、已著於録。其餘九種、大抵不出明人小品之習気。其『山房四友譜』中所称以『史記』真本刊今本之訛者、詭誕無稽、不足与辨。『箪瓢楽』中『粥経』一篇、摹仿『論語』、托諸孔子之言、尤可駭怪。一条云、「小子何莫吃夫粥、粥可以補、可以宣、可以腥、可以素、暑之代茶、寒之代酒、通行於富貴貧賤之人。」一条云、「子謂伯魚曰、汝吃朝粥夜粥矣乎。人而不吃朝粥夜粥、其猶抱空腹而立也与。」如斯之類、殆於侮聖言矣。明之末年、国政壊而士風亦壊、掉弄聡明、決裂防検、遂至於如此。屠隆、陳継儒諸人不得不任其咎也。

5、『格致叢書』無巻数〈江蘇巡撫採進本〉明胡文煥編。文煥有『文会堂琴譜』、已著録。是編為万暦天啓間坊賈射利之本、雑採諸書、更易名目。古書一経其點竄、並庸悪陋劣、使人厭観。且所列諸書、亦無定数。随印数十種、即随刻一目録。意在変幻、以新耳目、冀其多售。故世間所行之本、部部各殊、究不知其全書凡幾種。此本所列、凡経翼十五種、史外二十一種、居官十二種、法家十二種、訓誡十四種、子餘八種、尊生十八種、時令農事八種、藝術十種、清賞十七種、説類十一種、藝苑三十五種、較他本稍備、或其全帙歟。如経翼中壓巻三種、摭王応麟『困学紀聞』論詩之語、即名曰『困学紀詩』。又摭其『玉海』中詩類一門、即名曰『玉海紀詩』。又摭馬端臨『経籍考』論詩数段、即名曰『文献詩考』、已極可鄙。末三種一曰張華『博物志』、一曰李石『続博物志』、一曰『釈常談』、皆以小説家言謂之経翼、不亦傎乎。史外列『禽経』『獣経』、又列戴埴『鼠璞』、龔頤正『芥隠筆記』、是於史居何等也。居官列『儀注便覧』、『新官軌範』、『官級由陞』、法家列『行移体式』、『告示活套』、訓誡列『梓潼帝君救劫宝章』。如斯之類、不可枚挙、是尤不足与議矣。

以上の提要をすべて訳するとかなりの長文になるため、批評の部分を要約してまとめると、以下のような内容が述べられている。1の明・鍾惺編『合刻五家言』に収録されている書籍はいずれも単行本があるにもかかわらず、それぞれ別の題目をつけて無理やり一書としてまとめており、その編纂方法は「詭異」であり、「杜撰無稽」であると批判している。2の明・周履靖編『夷門広牘』は収録されている各書の真偽を区別せず、古書の内容の一部を削除したり、あるいはその一部のみを収録して全書として収録したりしているが、これはもっともおかしなことであり、その内容は豊富とはいっても、実際は採録すべきものはないのである。3の『塩邑志林』に収録された陸續『易解』の類は写し合わせたものが多く、明代の著作についても刪節されている。『玉篇広韻直音』と称しているものの、本来別々であった『玉篇』、『広韻』を合わせて顧野王の著作にしたそのやり方はひどい誤りである。4の『張氏藏書』に収録されている十種の書籍のなかにおいては、『清閟蔵』が参照する価値を有するものである外は、みな明人の小品文の悪習があり、『山房四友譜』が『史記』の真本をもって今本の訛を訂正したと称したり、『簞瓢楽』のうちの『粥経』において『論語』を題材としたパロディーを収めたりなどしているのは、明末における国政と士風の崩壊を示しているものであり、屠隆・陳継儒などの、書物の編集者として知られている人たちはその責任を負うべきである、としている。5の明胡文煥編『格致叢書』は、万暦天啓年間の書肆の営利出版による書物であり、諸書から抄録して書名を変更しており、そのような修正を加えられてしまった古書はみな凡庸俗悪、見るのも嫌な気持ちにさせられる。そして収められている書物の数も定まっておらず、数十種類を印刷するると、それに合わせて目録を刊行している。その目的は、変更によって人々に新しい印象を与え、それによって多く売ることである。それ故、世間に行われているものはそれぞれ異なっており、全書に何種類が収録されているのか、結局よくわからないのである。

以上の提要の内容からも窺えるように、四庫館臣の明代の叢書に対する評価はかなり辛辣なものであり、その要点をまとめると、①叢書の編纂の際に、収録される書物の本来の様子を改変すること、②収録される書物の真偽について区別しないこと、③内容の考証は疏かで精密ではないこと、④内容が趣味的で経書に対して十分な敬意を表していないこと、⑤営利のために競って新奇と変化を求め、書籍の内容の正確さを重視しないこと、などである。そのうちの④を除いて、すべては文献の信憑性にかかわる批判であり、四庫館臣の判断基準がいかに文献考証を重視しているかが窺える。

2　良い叢書の基準——「精」・「雅」・「首尾完善」と校讎の精密さ

実は、四庫館臣が指摘している明代の叢書の問題点は、清朝初期に出版された叢書においてもある程度共通するものがあるが、乾隆時代以降においては、文献考証の重要性が強調される風潮のなか、叢書に対する評価基準も次第に文献の重要性と希少性、底本・校本の選択、校勘の精密さなどを重視するようになり、叢書の評価基準に関する学者たちの言説は、上記の『四庫総目提要』のそれと共通するところがあるように思われる。たとえば、盧文弨は鮑廷博の『知不足斎叢書』のために書いた序文において次のように述べている。

「昔人叢書之刻、為嘉恵于学者、至也。雖然、亦有反以為病者。真偽不分、雅俗不辨、或刪削而非完善、或脱誤而鮮校讎。就数者之中、不完与不校之為弊更甚。（中略）至若校讎不精之弊、更不可以枚数。吾常以謂、必得深于書旨而有餘力者、始足以任此事。択之必其精、如『三墳』『端木詩伝』『魯詩説』『素書』『忠経』『天禄外史』之類勿録也。取之必其雅、如『百川学海』『百家名書』所輯之繁蕪猥雑者勿録也。而且勿惜工費、一書必使其首尾完善、勿加刪節。至于校讎之功、如去疾焉、期于尽而後止。如此、古人之精神始有所寄、而後人之聡明亦有所入、則叢書之刻始為有益而無弊。」

昔の人が叢書を刊行した目的は学者に利便を提供するためであり、それはとても良いことである。しかしながら、かえってそれに問題があると思うものもある。真偽を区別せず、雅俗をわからず、或いは刪削して完全ではなく、或いは脱誤があってあまり校讎が施されていない。その数点のうち、完全でないことと校勘しないことの弊害はもっとも甚しい。（中略）さらに校讎が精密ではないことの弊害はますます数えきれない。私が常に言っていることは、必ず書物の趣旨を深く理解し、また力の余裕がある人こそはじめてこのことを担うことができる。刊行する書籍について必ず厳しく選択する必要があり、『三墳』『端木詩伝』『魯詩説』『素書』『忠経』『天禄外史』の類は収録してはならない。収録の基準については雅でなければならず、『百川学海』『百家名書』のような繁蕪猥雑のものは収録してはならない。そしてコストを惜しんではならず、書物の内容は必ず首尾が揃わなければならず、節略してはならない。校勘の仕事については、病を治すことのように、完全に治さないとやむことはできない。このようにしてこそ、古人の精神ははじめて寄るところがあり、後の人の聡明も生かすことができ、そして叢書の刊行ははじめて有益無弊のことになる、というのである。ここにおいて盧文弨は叢書を刊行する際の基準として強調しているのは、内容の真、雅および首尾完善、校勘の精密さであり、そのうち、刪削せずテキストの完備を保つことと校勘することがもっとも重要だとされている。このような考え方は『四庫総目提要』の評価基準とほぼ同じである。

一方、盧文弨とほぼ同時代で、やはり叢書の編纂と刊行に熱心であった学者張海鵬も彼が編纂した叢書『借月山房彙鈔』の序文に自分の教訓と経験について次のように述べている。

「嘗謂集古之難也。予之増訂毛氏書、亦既刪繁而汰穢已、世猶以『易伝』『忠経』系後人附托、頗為詬病。思有以易之、而未得其書。故茲刻悉取諸近代、論必雅而不俚、事必信而可考、言必実而可施諸用。雖卮言雑説不無参錯其間、然藉以研究経史、汎濫百家、亦足以濬学者之神智、而拡閑居者之見聞。譬猶登山者取途於下麓、渉海者問津於支河、未嘗非学問之一助也。」

すなわち、わたしはかつて古典籍を集めることの難しさについて論じたことがある。毛晋の書物を増訂した時、すでに繁雑な部分を削除し、猥雑なものを除いていたのにもかかわらず、後世の偽作とされる『易伝』『忠経』を収録したことで、いまだに世のなかの人に批判されている。ほかの書籍をもってそれに入れ替えることを考えているが、代替する書物を未だに得てはいない。それ故、今回の叢書はすべて近代の著作から選んでいるが、その基準としては、議論は必ず雅で卑俗ではないもの、記事は必ず真実で考証可能なこと、言説は必ず着実で実施可能なことである。そのなかには首尾一貫しないいい加減な説もないわけではないが、経史百家を研究する際の参考になるものであり、学者の精神と知識を豊かにして、閑居の人の見聞を広くすることもできるであろう。そのことは山に登る人が麓の道を歩いたり、海に出る人が川の支流を渡ったりすることのように、必ずしも学問の助けにならないものではなかろう、というのである。ここでは張海鵬は叢書を編纂する際の書物の選択に関して、議論は必ず雅であること、記事は必ず真実で考証可能であること、言説は必ず着実であることという基準を打ち出しており、前述の盧文弨の考えとはほぼ一致していると思われる。

(3) 乾隆・嘉慶期における叢書の編纂と出版の学術環境

乾隆・嘉慶期において叢書の評価基準として文献的な価値をもっとも重視していたことは上記の通りであるが、その基準にかなうような良質の叢書を多く出版することができるためには、①豊富な文献資料、②編纂・校勘作業に従事する学力のある学者、③出版印刷業の発達、④十分な資金などの条件が必要だったものと思われる。以下、この時期において出版された叢書の編纂過程を例として考察してみたい。

1 文献の利用と編纂・校勘作業のネットワーク

まずは前文においても言及した『知不足斎叢書』の編纂過程を見てみることとしたい。『知不足斎叢書』の編纂・出版者である鮑廷博（一七二八〜一八一四）は安徽省の歙県長塘の人で、商人の家に生まれ、少年時代に父親とともに杭州に移り住み、その後、桐郷に移住し、収書と読書とを好んでいた。乾隆三十八年（一七七三）、彼は浙江巡撫である三宝などの呼びかけに応じて、息子鮑士恭の名義によって、設置されたばかりの四庫全書館に蔵書七二四種を献上した。四庫全書館はそれらの一部を底本として採録したあと蔵書を返還したが、乾隆帝は返還の際に褒美として『唐闕史』『武経総要』の二書の巻首に御題詩を記し、さらに、『古今図書集成』などの図書を下賜している。前文に引用した盧文弨の「知不足斎叢書序」によれば、鮑廷博は乾隆三十七年（一七七二）にすでに叢書の刊行を企画していたが、乾隆帝より褒美をもらってからより体系的に計画を立て、実行に踏み切った。嘉慶十九年（一八一四）に亡くなるまで数十年間にわたって二十六集まで出版し、残りは息子の鮑士恭（第二十七、二十八集）と孫の鮑正言（第二十九、三十集）によって引き継がれ、道光三年（一八二三）に三十集、二〇八種（含附録十二種）のすべてが完成した。鮑廷博と『知不足斎叢書』の出版に関してはすでに研究がなされているが、[6] ここで注目したいのは出版過程における文献の収集方法と校正作業の進め方とである。

鮑廷博の祖父・父親の二代にわたってすでに蔵書の伝統があり、彼は若い時から書物の収集に熱心であったため、宋元版や稀見のテキストが多く所蔵されていた。しかしながら、『知不足斎叢書』のような大型な叢書の編纂事業のためには自己の蔵書だけでは文献が足りず、編纂過程においては資料を集めるために大いに苦心していたようである。『知不足斎叢書』の「凡例」において、彼は次のように述べている。

「編中諸書或敝篋旧蔵、或書肆新得、或友人持贈、或同志借抄。其間流移授受之原与夫反復訂証之苦心、皆為表微、綴之巻末。多藉光于良友、間譜附以鄙言。」

（鮑廷博『知不足斎叢書』「凡例」）

すなわち、叢書のなかに収められている書物は、あるものは自分の蔵書であり、あるものは新たに書肆から入手したものである。あるものは友人が持って来てくれたものであり、あるものは同じ志を持つ知人から借りて写したものである。その間の移動・授受や繰り返された考証訂正の苦心に関する詳細な説明は、巻末に記したと述べられている。この説明によれば、『知不足斎叢書』に収められている書籍の底本の由来は自分の蔵書と新たに購入したもののほかに、友人が持ってきたものと知人から借抄したものとがあることが窺える。また、同じ「凡例」のなかに、「是編毎刻一書、必広借諸蔵書家善本、参互校讎。」との言葉もあり、一点一点の書籍を刊行する際には、必ず広く蔵書家から良いテキストを借りて互いに校勘していると述べている。実際に『知不足斎叢書』に収録されている書籍の巻末の跋文を見ると、鮑廷博は居住していた桐郷に近い杭州をはじめ、周辺地域の多くの蔵書家と密接な交友関係があり、盛んに蔵書の貸し借りや校勘などの交流を行っていたことが窺える。例えば、鮑廷博は友人の杭州の蔵書家である郁礼との関係について次のように述べている。

「君恂恂儒雅、尤与予昵、無三日不相過。過必挾書以来、借書以去。雖寒暑風雨、不為少間。」

（『知不足斎叢書』第二十三集『庶斎老学叢談』跋）

すなわち、（郁礼）はまじめで儒雅なひとで、私のもっとも親しい友人であり、三日も経たずに必ず訪ねてくる。来る時には必ず本をもってきて、本を借りて去っていく。寒暑風雨の際にも、休むことがない、というのである。

また鮑廷博の親友である朱文藻（一七三五〜一八〇六）も、『知不足斎叢書』第一集巻首に附されている序文において、次のように述べられている。

「趙氏小山堂、盧氏抱経堂、汪氏振綺堂、呉氏瓶花斎、孫氏寿松堂、郁氏東嘯軒、呉氏拝経楼、鄭氏二老閣、金氏桐華館、参合有無、互為借抄、至先哲後人家蔵手沢、亦多借録。」

ここに出ている「郁氏東嘯軒」とは郁礼の書斎名であり、ほかに挙げられているものも、いずれも杭州およびその周辺地域の蔵書楼である。例えば、趙氏小山堂は、杭州の趙昱（一六八九〜一七四七）・趙信（一七〇一〜？）兄弟の蔵書楼であり、『知不足斎叢書』第九集の『農書』、第二十一集の『黄氏日鈔』、第二十二集の『呉礼部詩話』の底本はいずれも小山堂より借りて写したものであり、また第一集に収録されている『寓簡』、第十六集に収録されている『皇宋書録』三巻『外編』一巻の底本も同所より購入したものである。振綺堂は杭州の汪憲（一七二一〜一七七一）より汪汝瑮、汪誠、汪遠孫まで四代続いた蔵書楼であり、鮑廷博とは汪憲の代から互いに書物の貸し借り、校勘を行う間柄であった。朱文藻は三十年間あまりにわたり振綺堂で図書管理を手伝ったことがあり、その関係で鮑廷博と親密な関係を築き、鮑氏の文献収集と『知不足斎叢書』の校勘にも協力した人物であるため、上記の「有るか無いかを比較参訂して、互いに借りて筆写し、先哲の子孫の家に所蔵されている自筆本もよく借りて写していた」との言葉は、鮑廷博と当時の蔵書家たちとの間の、文献利用のネットワークが存在していたことを示す、良い証言なのである。

書物を刊行する際には、財力と底本・校本になる良いテキストとが必要であるのみならず、前文において引用した呉芾の言にあるように、編纂および校勘作業に従事する人材も欠かせない。このことに関しても、考証学の盛んであった乾嘉時代においては、文献の校勘や考証を得意とする人材が多く、出版者の友人、家塾の教師、幕僚などが、様々な形で叢書刊行の過程における編纂・校勘の作業に携わっていたのである。例えば、上記の朱文藻により収集された複数の文献は『知不足斎叢書』に収録されているが、その一方で彼は、鮑廷博に依頼されて『知不足斎叢書』の校正も行っている。前文において触れた盧文弨も『知不足斎叢書』の序文を記しているし、『知不足斎叢書』の宣伝文ともいえる「徴刻古今名人著作疏」も執筆し、自己の蔵書を提供し、さらに自ら校勘作業にも携わっているのである。この時期に刊行された良質な叢書の多くは、出版者自身が学力、見識を有するのみならず、数多くの優秀な学者たちが協力していたことも、出版作業の成功の原因の一つだったと思われるのである。

2　印刷業の発達

叢書は一定の主旨に沿った複数の書籍をセットあるいはシリーズとして刊行するもので、一般的にいえば単行本よりも規模が大きいため、その編纂および刊行の際には、単行本に比してより多くの人力と資金とが必要とされるものと思われる。しかしながら、乾嘉時代に出版された叢書の刊行期間を見るならば、『知不足斎叢書』のような大規模なもの以外の大部分の叢書は比較的短期間において完成していることがわかる。このように比較的短期間において刊行することができたのは、出版者の居住地において、印刷業が高度に発展していたためなのである。乾隆六十年（一七九五）に成立した李斗『揚州画舫録』には、次のように記されている。

「揚州詩文之会、以馬氏小玲瓏山館、程氏篠園及鄭氏休園為最盛。至会期、于園中各設一案、上置筆二、墨一、端研一、水注一、箋紙四、詩韻一、茶壺一、碗一、菓盒茶食盒各一。詩成即発刻、三日内尚可改易重刻、出日偏送城中矣。」（李斗『揚州画舫録』巻八「城西録」）

すなわち、揚州の詩文の会は、馬氏小玲瓏山館、程氏篠園および鄭氏の休園で開催されるものがもっとも盛んである。会期になると、園内にそれぞれ机を設け、その上に筆二つ、墨一つ、端研一つ、水注一つ、箋紙四枚、詩韻一つ、茶壺一つ、碗一つ、菓盒茶食盒それぞれ一つずつを置く。詩は完成するとすぐに刊行し、三日以内においてはなお修正して彫り直すことができるが、それを過ぎるとただちに城中のあちこちに届けられていった、というのである。この記事は当時の印刷の速さをよく伝えており、印刷業の発達ぶりを窺うことができるのである。

結び――乾隆・嘉慶期に出版された叢書の価値とその影響

以上、清朝の乾嘉時期における叢書の出版を取り上げ、叢書刊行の動機・目的に関する言説を考察し、当時の学者たちの叢書編纂に対する考え方を分析した。また、『知不足斎叢書』などを具体例として、当時の叢書編纂と出版とに関する学術的環境についても考察を行ってみた。乾嘉時期に出版された叢書を概観してみるならば、宋元以来の貴重書・稀覯本を底本とした文献が計画的に出版され、以前より利用しやすくなっている。また、多くの稿本、未刊本が出版され、後世に伝えることができるようになった。さらに、編纂・校訂作業を通じて、当時の古典籍の所在状況と内容情報とを把握し、学者のネットワークのなかで共有することが、それ以前よりはるかに容易になったのである。

梁啓超は『中国近三百年学術史』において、乾嘉時期の学術の成果として、経書の箋釈、史料の収集鑑別、偽書の辨別考証、輯佚書、校勘、文字訓詁、音韻、算学、地理、金石、地方誌の編纂、類書の編纂と叢書の編纂・出版を挙げている。叢書の編纂・出版について考察を行うことは、文献学的な意義のみならず、清代の出版史と学術史を理解する上においても重要な意義を有することなのである。特に乾隆・嘉慶期において出版された叢書は、書籍の内容とテキストの信頼性とを重視し、編纂出版の過程において厳密な校勘作業が行われているため、各叢書の内容とその成立過程について、より詳細な考察を行う必要があるものと思われる。また、このようにして出版された叢書は大量の良質なテキストを学術界に対して提供すると同時に、叢書出版の手本として、編纂・出版の規範と基準ともなり、その後における叢書の編纂・出版に大きな影響を与えたため、中国の叢書出版史の全体像を考察する上においても、乾嘉時期に編纂・刊行された叢書については、より多くの研究がなされなければならないと感じる次第である。ただし、叢書は分量が多く、その版本は比較的複雑で、編纂・出版過程に関する記録は必ずしも詳細なものではないため、それらについて系統的に調査することは、時間と精力とを必要とする。本稿はその全体像を把握するための初歩的な試みに過ぎず、今後はより具体的な調査を通して、研究を深化させていきたいと考える次第である。

附表　乾隆・嘉慶期に編纂・出版された叢書（計315種）

	分類	書名	輯撰者	刊寫
1	彙編雜纂類	增訂漢魏叢書	(清)王謨輯	清乾隆五十六年金谿王氏刊本
2	彙編雜纂類	硯北偶鈔	(清)姚培謙 張景星輯	清乾隆二十七年姚氏草草巢刊本
3	彙編雜纂類	古香齋袖珍十種	(清)康熙乾隆間勅輯	清康熙乾隆間內府刊本
4	彙編雜纂類	四庫全書	(清)乾隆三十二年勅輯	清文淵閣鈔本 清文溯閣鈔本 清文津閣鈔本 清文瀾閣鈔本
5	彙編雜纂類	摛藻堂四庫全書薈要	(清)于敏中等輯	清乾隆三十八年鈔本
6	彙編雜纂類	武英殿聚珍版書	乾隆中輯	清乾隆中武英殿本活字排印本 清乾隆中浙江重刊本
7	彙編雜纂類	鏡煙堂十種	(清)紀昀撰	清乾隆中嵩山書院刊本
8	彙編雜纂類	雅雨堂藏書	(清)盧見曾輯	清乾隆二十一年德州盧氏刊本
9	彙編雜纂類	奇晉齋叢書	(清)陸烜輯	清乾隆中平湖陸氏刊本
10	彙編雜纂類	述記（一名三代兩漢遺書）	(清)任兆麟輯	清乾隆五十三年映雪草堂刊本 清嘉慶十五年遂古堂刊本
11	彙編雜纂類	微波榭叢書	(清)孔繼涵輯	清乾隆中曲阜孔氏刊本
12	彙編雜纂類	二餘堂叢書	(清)師範輯	清嘉慶九年小停雲館刊本
13	彙編雜纂類	知不足齋叢書	(清)鮑廷博輯	清乾隆道光間長塘鮑氏刊本
14	彙編雜纂類	拜經樓叢書（一名愚谷叢書）	(清)吳騫輯	清乾隆嘉慶間海昌吳氏刊本
15	彙編雜纂類	硯雲	(清)金忠淳輯	清乾隆中金氏硯雲書屋刊本
16	彙編雜纂類	函海	(清)李調元輯	清乾隆中綿州李氏萬卷樓刊 嘉慶十四年李鼎元重校印本
17	彙編雜纂類	經訓堂叢書	(清)畢沅輯	清乾隆中鎮洋畢氏刊本
18	彙編雜纂類	抱經堂叢書	(清)盧文弨輯	清乾隆中餘姚盧氏刊本
19	彙編雜纂類	貸園叢書初集	(清)周永年輯	清乾隆五十四年歷城周氏竹西書屋據益都李文藻刊版重編印本
20	彙編雜纂類	紫藤書屋叢刻	(清)陳□輯	清乾隆五十七年秀水陳氏刊本
21	彙編雜纂類	龍威祕書	(清)馬俊良輯	清乾隆五十九年石門馬氏大酉山房刊本
22	彙編雜纂類	養和堂叢書	(清)陳維申輯	清乾隆中刊本
23	彙編雜纂類	石研齋四種	(清)秦恩復輯	清乾隆至道光間江都秦氏享帚精舍刊本
24	彙編雜纂類	岱南閣叢書	(清)孫星衍輯	清乾隆嘉慶間蘭陵孫氏刊本
25	彙編雜纂類	岱南閣叢書	(清)孫星衍輯	清嘉慶三年蘭陵孫氏沇州刊本
26	彙編雜纂類	平津館叢書	(清)孫星衍輯	清嘉慶中蘭陵孫氏刊本
27	彙編雜纂類	問經堂叢書	(清)孫馮翼輯	清嘉慶中承德孫氏刊本
28	彙編雜纂類	汗筠齋叢書第一集（一名蘭芬齋叢書初集）	(清)秦鑑輯	清嘉慶三年至四年嘉定秦氏刊本
29	彙編雜纂類	讀畫齋叢書	(清)顧修輯	清嘉慶四年桐川顧氏刊本
30	彙編雜纂類	士禮居黃氏叢書	(清)黃丕烈輯	清嘉慶道光間吳縣黃氏刊本
31	彙編雜纂類	學津討原	(清)張海鵬輯	清嘉慶十年虞山張氏曠照閣刊本
32	彙編雜纂類	借月山房彙鈔	(清)張海鵬輯	清嘉慶中虞山張氏刊本
33	彙編雜纂類	墨海金壺	(清)張海鵬輯	清嘉慶中海虞張氏刊本
34	彙編雜纂類	藝海珠塵	(清)吳省蘭輯壬癸集錢熙輔增輯	清嘉慶中南匯吳氏聽彝堂刊 壬癸集道光三十年金山錢氏漱石軒據吳氏原版重印增刊本
35	彙編雜纂類	湖海樓叢書	(清)陳春輯	清嘉慶中蕭山陳氏刊本

	分類	書名	輯撰者	刊寫
36	彙編雜纂類	真意堂三種	(清)吳志忠輯	清嘉慶十六年璜川吳氏木活字排印本
37	彙編雜纂類	詒經堂藏書	(清)金長春輯	清嘉慶十八年當塗金氏刊本
38	彙編雜纂類	書三味樓叢書	(清)張應時輯	清嘉慶二十四年華亭張氏書三位樓刊本
39	彙編雜纂類	文選樓叢書	(清)阮亨輯	清嘉慶道光間儀徵阮氏刊本
40	彙編輯佚類	漢魏遺書鈔	(清)王謨輯	清嘉慶三年金溪王氏刊本
41	彙編郡邑類	乍川文獻	(清)宋景關輯	清乾隆二十二年刊本
42	彙編郡邑類	台州叢書（一名名山堂叢書）	(清)宋世犖輯	清嘉慶道光間臨海宋氏刊本
43	彙編郡邑類	浦城遺書（一名浦城宋元明儒遺書）	(清)祝昌泰等輯	清嘉慶中浦城祝氏留香室刊本
44	彙編氏族類	江都陳氏叢書	(清)陳本禮 陳逢衡撰	清嘉慶道光間遞刊本
45	彙編氏族類	陳氏叢書	(清)陳濬撰併輯	清嘉慶同治間刊本
46	彙編氏族類	左海全集	(清)陳壽祺撰	清嘉慶道光間刊陳紹墉補刊本
47	彙編氏族類	劉氏傳家集	(清)劉青芝輯	清乾隆二十年序刊本
48	彙編獨撰類	秋水集	(清)馮金如撰	清乾隆五年清暉堂刊本
49	彙編獨撰類	李文貞公全集	(清)李光地撰	清乾隆元年李清植刊嘉慶六年補刊印本
50	彙編獨撰類	楊氏全書	(清)楊名時撰	清乾隆五十九年江陰葉廷甲水心草堂刊本
51	彙編獨撰類	文道十書	(清)陳景雲撰	清乾隆十九年陳黃中樸茂齋刊本
52	彙編獨撰類	沈歸愚詩文全集	(清)沈德潛撰	清乾隆中教忠堂刊本
53	彙編獨撰類	澄懷園全集	(清)張廷玉撰	清乾隆十三年刊本
54	彙編獨撰類	金太史全集	(清)金門詔撰	清乾隆中刊本
55	彙編獨撰類	童氏雜著	(清)童華撰	清乾隆中刊本
56	彙編獨撰類	陳司業集	(清)陳祖范撰	清乾隆二十九年日華堂刊本
57	彙編獨撰類	春雨堂集	(清)朱元英撰	清乾隆中刊本
58	彙編獨撰類	陳一齋全集（一名客星山人所著書）	(清)陳梓撰	清嘉慶二十年胡敬義堂刊本
59	彙編獨撰類	果堂全集	(清)沈彤撰	清乾隆中吳江沈氏刊本
60	彙編獨撰類	喬劍溪遺集	(清)喬億撰	清乾隆嘉慶間刊本
61	彙編獨撰類	楚蒙山房集	(清)晏斯盛撰	清乾隆七年新喻晏氏刊本
62	彙編獨撰類	屏山草堂稿	(清)應麟撰	清乾隆十六年宜黃應氏刊本
63	彙編獨撰類	板橋集	(清)鄭燮撰	清乾隆中刊本
64	彙編獨撰類	杭大宗七種叢書	(清)杭世駿撰	清乾隆中杭賓仁羊城刊本
65	彙編獨撰類	補史亭賸稿	(清)杭世駿撰	清乾隆中杭福烺道古堂鈔本
66	彙編獨撰類	道古堂外集	(清)杭世駿撰	清乾隆五十三年補史亭刊本
67	彙編獨撰類	黃靜山所著書	(清)黃永年撰	清乾隆十八年序集思堂刊本
68	彙編獨撰類	空山堂全集	(清)牛運震撰	清嘉慶二十三年空山堂刊本
69	彙編獨撰類	上湖遺集	(清)汪師韓撰	清乾隆中刊本
70	彙編獨撰類	岣嶁叢書	(清)曠敏本撰	清乾隆中曠氏刊本
71	彙編獨撰類	劉靜菴祕書三種	(清)劉一峯撰	清乾隆六年積秀堂刊本
72	彙編獨撰類	惺齋先生雜著	(清)王元啓撰	清乾隆中刊本
73	彙編獨撰類	屠氏三種	(清)屠元淳撰	清乾隆十一年刊本
74	彙編獨撰類	隨園三十種	(清)袁枚撰	清乾隆嘉慶間刊本
75	彙編獨撰類	古愚老人消夏錄	(清)汪汲撰	清乾隆嘉慶間古愚山房刊本

	分類	書名	輯撰者	刊寫
76	彙編獨撰類	瑣言	(清)張在辛撰	清乾隆十三年刊本
77	彙編獨撰類	潘龍菴全書	(清)潘士權撰	清乾隆十年刊同治十三年補刊本
78	彙編獨撰類	頻羅庵遺集	(清)梁同書撰	清嘉慶二十二年仁和陸貞一刊本
79	彙編獨撰類	清白士集	(清)梁玉繩撰	清嘉慶道光間刊本
80	彙編獨撰類	西澗草堂全集	(清)閻循觀撰	清乾隆三十八年樹滋堂刊本
81	彙編獨撰類	春融堂集	(清)王昶撰	清嘉慶中青浦王氏塾南書舍刊本
82	彙編獨撰類	清獻堂全編	(清)趙佑撰	清乾隆五十二年刊本
83	彙編獨撰類	甌北全集	(清)趙翼撰	清乾隆嘉慶間湛貽堂刊本
84	彙編獨撰類	汪龍莊遺書	(清)汪輝祖撰	清乾隆中雙節堂刊本
85	彙編獨撰類	松靄初刻	(清)周春撰	清乾隆嘉慶間刊本
86	彙編獨撰類	周松靄先生遺書		清乾隆嘉慶間刊本
87	彙編獨撰類	青雲洞遺書	(清)謝丕振撰	清乾隆二十一年李養亨刊本
88	彙編獨撰類	澹寧齋集	(清)楊際昌撰	清乾隆二十四年似園刊本
89	彙編獨撰類	北田集	(清)江浩然撰	清乾隆二十七年刊本
90	彙編獨撰類	埜柏先生類稿	(清)宋在詩撰	清乾隆三十年刊本
91	彙編獨撰類	樸廬遺稿	(清)王愫撰	清乾隆三十二年愛日堂刊本
92	彙編獨撰類	綠溪全集	(清)靳榮藩撰	清乾隆四十二年刊本
93	彙編獨撰類	潛研堂全書	(清)錢大昕撰	清乾隆嘉慶間刊道光二十年錢師光重修印本
94	彙編獨撰類	亦園亭全集	(清)孟超然撰	清嘉慶二十年刊本
95	彙編獨撰類	蘇齋叢書	(清)翁方綱撰	清乾隆嘉慶間刊本
96	彙編獨撰類	李厚岡集	(清)李榮陛撰	清嘉慶二十年亘古齋刊本
97	彙編獨撰類	經韻樓叢書	(清)段玉裁撰	清乾隆道光間金壇段氏刊本
98	彙編獨撰類	樹經堂集	(清)謝啟昆撰	清乾隆嘉慶間刊本
99	彙編獨撰類	燕禧堂五種	(清)任大椿撰	清乾隆中刊本
100	彙編獨撰類	高梅亭讀書叢鈔	(清)高嵣集評	清乾隆五十三年廣郡永邑培元堂楊氏刊本
101	彙編獨撰類	梅谷十種書	(清)陸烜撰	清乾隆中平湖陸氏刊本
102	彙編獨撰類	心齋十種	(清)任兆麟撰	清乾隆中震澤任氏忠敏家塾刊本
103	彙編獨撰類	有竹居集	(清)任兆麟撰	清嘉慶二十四年兩廣節署刊本
104	彙編獨撰類	鶴關全集	(清)吳邦治撰	清乾隆中刊本
105	彙編獨撰類	古香室叢書	(清)王初桐撰	清乾隆嘉慶間刊本
106	彙編獨撰類	南野堂全集	(清)吳文溥撰	清乾隆嘉慶間刊本
107	彙編獨撰類	永報堂集	(清)李斗撰	清乾隆嘉慶間刊本
108	彙編獨撰類	天香全集	(清)舒夢蘭撰	清嘉慶十八年蓮根詩社刊本
109	彙編獨撰類	午風堂全集	(清)鄒炳泰撰	清嘉慶四年刊本
110	彙編獨撰類	戚鶴泉所著書	(清)戚學標撰	清嘉慶中涉縣署刊本
111	彙編獨撰類	授堂遺書	(清)武億撰	清乾隆嘉慶間武穆淳刊本
112	彙編獨撰類	紀慎齋先生全集	(清)紀大奎撰	清嘉慶十三年刊本
113	彙編獨撰類	北江全集	(清)洪亮吉撰	清乾隆嘉慶間刊本
114	彙編獨撰類	珍執宧遺書	(清)莊述祖撰	清嘉慶道光間武進莊氏脊令舫刊本
115	彙編獨撰類	笙雅堂全集	(清)張九鐔撰	清嘉慶十六年張世浣等刊本
116	彙編獨撰類	五研齋全集	(清)沈赤然撰	清嘉慶中刊本
117	彙編獨撰類	劉端臨先生遺書	(清)劉台拱撰	清嘉慶十一年揚州阮常生刊十三年續刊本
118	彙編獨撰類	顨軒孔氏所著書	(清)孔廣森撰	清嘉慶廿二年曲阜孔氏儀鄭堂刊本
119	彙編獨撰類	校禮堂全集	(清)淩廷堪撰	清嘉慶道光間刊本

	分類	書名	輯撰者	刊寫
120	彙編獨撰類	敬堂遺書	(清)辛紹業撰	清嘉慶二十一年經笥齋刊本
121	彙編獨撰類	獨學廬全稿	(清)石韞玉撰	清乾隆嘉慶間刊本
122	彙編獨撰類	朱近漪所著書	(清)朱楓撰	清乾隆中刊本
123	彙編獨撰類	柚堂全集	(清)盛百二撰	清乾隆中刊本
124	彙編獨撰類	郝氏遺書	(清)郝懿行撰	清嘉慶至光緒間刊本
125	彙編獨撰類	四錄堂類集	(清)嚴可均撰	清嘉慶中刊本
126	彙編獨撰類	邃雅堂全書	(清)姚文田撰	清嘉慶至光緒間歸安姚氏刊本
127	彙編獨撰類	深省堂集	(清)景安撰	清嘉慶中刊本
128	彙編獨撰類	焦氏叢書	(清)焦循撰	清嘉慶道光間江都焦氏雕菰樓刊本
129	彙編獨撰類	小瑯嬛僊館敘錄書	(清)阮元輯	清嘉慶三年儀徵阮氏刊本
130	彙編獨撰類	傳經堂叢書	(清)洪頤煊撰	清嘉慶道光間臨海洪氏刊本
131	彙編獨撰類	雲巖叢書	(清)李炤祿撰	清嘉慶中刊本
132	彙編獨撰類	陳景辰遺書	(清)陳經撰	清嘉慶中刊本
133	彙編獨撰類	一齋溫溪叢刻	(清)郝坪撰	清嘉慶二年時習堂刊本
134	彙編獨撰類	西齋三種	(清)博明撰	清嘉慶六年刊本
135	彙編獨撰類	釣渭間雜膾	(清)潘炤撰	清嘉慶十一年小百尺樓刊本
136	彙編獨撰類	笠閣叢書	(清)吳震生撰	清嘉慶中刊本
137	彙編獨撰類	古三疾齋三種	(清)何綸錦撰	清嘉慶中刊本
138	彙編獨撰類	薌嶼裘書	(清)曾廷枚撰	清嘉慶中刊本
139	彙編獨撰類	補餘堂集	(清)戴大昌撰	清嘉慶道光間婺源戴氏刊本
140	彙編獨撰類	太虛齋存稿	(清)蔡廷弼撰	清嘉慶道光間刊本
141	彙編獨撰類	讀易樓合刻	(清)倪元坦撰	清嘉慶道光間刊本
142	彙編獨撰類	小窗遺稿	(清)張漪撰	清嘉慶十九年惜陰書屋刊本
143	彙編獨撰類	靈芬館集	(清)郭麐撰	清嘉慶道光間刊本
144	彙編獨撰類	竹岡齋九種	(清)趙敬襄撰	清嘉慶道光間刊本
145	彙編獨撰類	瘦羊錄	(清)熊士鵬撰	清嘉慶道光間刊本
146	彙編獨撰類	竹柏山房十五種附刻四種	(清)林春溥撰	清嘉慶咸豐間刊本
147	彙編獨撰類	求己堂八種	(清)施彥士撰	清嘉慶道光間崇明施氏求己堂刊本
148	彙編獨撰類	浮谿精舍叢書	(清)宋翔鳳撰	清嘉慶二十五年書業刊本
149	彙編獨撰類	古墨齋集	(清)趙紹祖撰	清嘉慶元年至道光十四年涇縣趙氏古墨齋刊本
150	類編經類	仿宋相臺五經附考證		清乾隆四十八年武英殿刊本
151	類編經類	十三經注疏附考證		清乾隆四年武英殿刊本
152	類編經類	重刊宋本十三經注疏附校勘記	校勘記 (清) 阮元撰 (清) 盧宣旬摘錄	清嘉慶二十年南昌府學刊本
153	類編經類	御案五經	清聖祖案	清嘉慶十六年揚州十笏堂刊本
154	類編經類	五經四子書		清乾隆七年怡府明善堂刊本
155	類編經類	五經四書讀本		清嘉慶十年揚州鮑氏樗園刊本
156	類編經類	萬充宗先生經學五書	(清)萬斯大撰	清乾隆中萬福刊本
157	類編經類	讀書隨筆	(清)江永撰	清乾隆五十七年江起泰等刊本
158	類編經類	絳跗閣經說三種	(清)諸錦撰	清乾隆二十一年春暉堂刊本
159	類編經類	文藻四種	(清)黃暹輯	清乾隆中仁和黃氏刊本
160	類編經類	李氏經學四種	(清)李灝撰	清乾隆中刊本

	分類	書名	輯撰者	刊寫
161	類編經類	方望溪先生經說四種	(清)方苞撰	清乾隆中方觀承刊本
162	類編經類	楊符蒼七種	(清)楊方達撰	清雍正乾隆間武進楊氏復初堂刊本
163	類編經類	茹氏經學十二種	(清)茹敦和撰	清乾隆中刊本
164	類編經類	經學五種		清乾隆中藤花榭刊本
165	類編經類	通藝錄	(清)程瑤田撰	清嘉慶中刊本
166	類編經類	拜經堂叢書	(清)臧琳	清乾隆嘉慶間武進臧氏同述觀刊本
167	類編經類	王氏遺書	(清)王朝渠撰	清嘉慶五年寫定稿本
168	類編經類	錢氏四種	(清)錢坫撰	清嘉慶七年擁萬堂刊本
169	類編經類	七經精義	(清)黃淦撰	清嘉慶十三年刊本
170	類編經類	蜚雲閣凌氏叢書	(清)凌曙撰	清嘉慶道光間江都凌氏蜚雲閣刊本
171	類編經類	五經旁訓	(清)徐立綱撰	清乾隆四十七年吳郡張氏刊本
172	類編經類	面城樓叢刊	(清)曾釗撰	清嘉慶道光間南海曾氏面城樓刊本
173	類編經類	漢魏二十一家易注	(清)孫堂輯	清嘉慶四年平湖孫氏映雪草堂刊本
174	類編經類	春水船易學	(清)方本恭撰	清嘉慶三年刊本
175	類編經類	張皐文箋易詮全集	(清)張惠言撰	清嘉慶道光間刊本
176	類編經類	毛詩質疑	(清)牟應震撰	清嘉慶中棲霞牟氏刊道光二十九年歷城朱氏修補印本
177	類編經類	春秋識小錄	(清)程廷祚撰	清乾隆八年三近堂刊本
178	類編經類	孟子四考	(清)周廣業撰	清乾隆六十年省吾盧刊本
179	類編經類	璜川吳氏四書學	(清)吳志忠輯	清嘉慶十六年序刊本
180	類編經類	古微書	(明)孫瑴輯	清嘉慶十七年禹航陳世望對山問月樓刊本
181	類編經類	七緯	(清)趙在翰輯	清嘉慶十四年侯官趙氏小積石山房刊本
182	類編經類	小學鉤沈	(清)任大椿輯 (清)王念孫校	清嘉慶二十二年山陽汪廷珍據高郵王氏刊本續刊
183	類編經類	同文考證	(清)管受之輯	清嘉慶十九年刊本
184	類編經類	江氏音學十書（原缺三種）	(清)江有誥撰	清嘉慶道光間刊本
185	類編史類	二十四史		清乾隆四年武英殿刊本
186	類編史類	四史勦說	(清)史珥撰	清乾隆二十五年清風堂刊本
187	類編史類	桐華館史翼	(清)金德輿輯	清嘉慶中刊本
188	類編史類	二十四史三表	(清)段長基撰	清嘉慶二十二年小酉山房刊本
189	類編史類	四史疑年錄	(清)阮劉文如撰	清嘉慶二十三年刊本
190	類編史類	宋遼金元別史（一名四朝別史）	(清)席世臣輯	清乾隆嘉慶間南沙席氏掃葉山房刊本
191	類編史類	延平四先生年譜	(清)毛念恃撰	清乾隆十年刊本
192	類編史類	孱守齋所編年譜五種	(清)錢大昕撰	清嘉慶中嘉興郡齋刊本
193	類編史類	重訂漢唐地理書鈔	(清)王謨輯	清嘉慶中金谿王氏刊本
194	類編史類	五涼考治六德集全誌	(清)張之浚、張昭美等修	清乾隆十四年刊本
195	類編史類	西域聞見錄	(清)七十一撰	清乾隆四十二年序刊本 清嘉慶十九年盧氏未經堂刊本
196	類編史類	伊犁三種	(清)松筠撰	清嘉慶十四年序程振甲也園刊本
197	類編史類	西招五種	(清)松筠撰	清嘉慶道光間刊本
198	類編史類	黃山導	(清)汪璂輯	清乾隆二十七年一鷗草堂刊本
199	類編史類	灌江四種	(清)□□輯	清乾隆至光緒間刊本

	分類	書名	輯撰者	刊寫
200	類編史類	三通		清乾隆十二年武英殿刊本
201	類編史類	滿洲四禮集	(清)索寧安輯	清嘉慶六年省非堂刊本
202	類編史類	三古圖	(清)黄晟輯	清乾隆十七年天都黄氏亦政堂刊本
203	類編史類	王篛林先生題跋	(清)王澍撰	清乾隆三十六年冰壺閣刊本
204	類編史類	石鼓讀	(清)吴東發撰	清乾隆中刊本
205	類編史類	金石三例	(清)盧見曾輯	清乾隆二十年盧氏雅雨堂刊本 清嘉慶十六年饒向榮重刊本
206	類編史類	啟禎宮詞合刻	(清)瞿紹基輯	清嘉慶十六年海虞瞿氏鐵琴銅劍樓刊本
207	類編子類	韓晏合編	(清)吳鼒編	清嘉慶中全椒吳氏刻本
208	類編子類	十子全書	(清)王子興輯	清嘉慶九年姑蘇王氏聚文堂刊本
209	類編子類	性理三解	(明)韓邦奇撰	清乾隆中刊本
210	類編子類	積書巖六種	(清)王澍輯	清乾隆二年刊本
211	類編子類	五種遺規	(清)陳宏謀撰	清乾隆八年南昌李安民刊本
212	類編子類	五廬遺書	(清)陶成撰	清乾隆二十二年觀我堂刊本
213	類編子類	不礙軒讀律六種	(清)王有孚輯	清嘉慶十二年刊本
214	類編子類	宋元檢驗三錄	(清)吴鼒輯	清嘉慶十七年中全椒吴氏刊本
215	類編子類	醫學粹精	(清)陳嘉璴	清乾隆十四年道南堂刊本
216	類編子類	醫林指月	(清)王琦輯	清乾隆三十二年實笏樓刊本
217	類編子類	六醴齋醫書	(清)程永培輯	清乾隆五十九年修敬堂刊本
218	類編子類	壽世編	(清)□□輯	清嘉慶二年何氏刊本
219	類編子類	毓芝堂醫書四種	(清)汪和鼎輯	清嘉慶十七年桂林賀廣文堂刊本
220	類編子類	喻氏醫書三種	(清)喻昌撰	清乾隆中黎川陳守誠刊本
221	類編子類	張氏醫書七種	(清)張登撰	清乾隆嘉慶間金閶書業堂刊本
222	類編子類	馮氏錦囊秘錄	(清)馮兆張撰	清嘉慶十八年會成堂刊本
223	類編子類	御纂醫宗金鑑	(清)吳謙等撰	清乾隆七年武英殿刊本
224	類編子類	徐氏醫書六種	(清)徐大椿撰	清乾隆中半松齋刊本
225	類編子類	傳症彙編	(清)熊立品撰	清乾隆四十二年刊本
226	類編子類	沈氏尊生書	(清)沈金鰲撰	清乾隆四十九年無錫沈氏刊本
227	類編子類	友漁齋醫話六種	(清)黃凱鈞撰	清嘉慶十七年嘉善黃氏刊本
228	類編子類	曾氏醫書四種	(清)曾鼎撰	清嘉慶十九年南城曾氏忠恕堂刊本
229	類編子類	高厚蒙求	(清)徐朝俊撰	清嘉慶十二年雲間徐氏刊本
230	類編子類	中西星要	(清)倪榮桂輯	清嘉慶八年樹滋堂刊本
231	類編子類	梅氏叢書輯要	(清)梅文鼎撰	清乾隆二十六年梅瑴成承學堂刊本
232	類編子類	數學五書	(清)安清翹撰	清嘉慶中樹人堂刊本
233	類編子類	翠微山房數學	(清)張作楠撰	清嘉慶道光間金華張氏翠微山房刊本
234	類編子類	四秘全書	(清)尹有本輯	清嘉慶中善成堂刊本
235	類編子類	蔣氏游藝秘錄	(清)蔣和輯	清乾隆五十九年刊本
236	類編子類	詩畫書三品	(清)楊景曾輯	清嘉慶九年西淠別墅刊本
237	類編子類	胡氏書畫攷三種	(清)胡敬撰	清嘉慶二十一年序刊本
238	類編子類	鄭氏叢刻	(清)鄭之僑輯	清乾隆二十五年潮陽鄭氏刊本
239	類編子類	三益集	(清)李天錫輯	清嘉慶道光間繼志堂刊本
240	類編子類	唐人說薈	(清)蓮堂居士	清乾隆五十七年挹秀軒刊本
241	類編子類	唐代叢書	(清)王文誥輯	清嘉慶十一年序刊本
242	類編子類	天花藏合刻七才子書	(清)天花藏主人輯	清乾隆三十二年觀文會館刊本
243	類編子類	閱微草堂筆記	(清)觀弈道人	清嘉慶五年北平盛氏刊本

	分類	書名	輯撰者	刊寫
244	類編子類	道貫真源	(清)董元真輯	清乾隆嘉慶間古越集陽樓刊本
245	類編子類	道書十二種（一名指南針）	(清)劉一明撰	清嘉慶二十四年常郡護國庵刊本
246	類編集類	四婦人集	(清)沈綺雲輯	清嘉慶中雲間沈氏古倪園刊本
247	類編集類	元明八大家古文選	(清)劉肇虞選評	清乾隆二十九年步月樓刊本
248	類編集類	陶謝詩集	(清)姚培謙輯	清乾隆二十九年姚氏刊本
249	類編集類	初唐四傑集	(清)項家達輯	清乾隆四十六年星渚項氏刊本
250	類編集類	王氏彙刻唐人集	(清)王遐春輯	清嘉慶十五年福鼎王氏麟後山房刊本
251	類編集類	宋百家詩存	(清)曹庭棟輯	清乾隆五年至六年嘉善曹氏二六書堂刊本
252	類編集類	丘海二公文集合編	(清)焦映漢輯	清乾隆十八年邱氏可繼堂刊 嘉慶二十年桂林朱啟修補印本
253	類編集類	國朝六家詩鈔	(清)劉執玉輯	清乾隆三十二年詒燕樓刊本
254	類編集類	國朝四大家詩鈔	(清)邵玘 (清)屠德修輯	清乾隆三十一年序刊本
255	類編集類	七子詩選	(清)沈德潛選	清乾隆十八年序刊本
256	類編集類	三家絕句選	(清)江昱輯	清乾隆中刊本
257	類編集類	郭素園七子詩鈔	(清)吳授甓輯	清乾隆三十四年刊本
258	類編集類	名集叢鈔	(清)程川 (清)潘死齋輯	清乾隆中刊本
259	類編集類	二餘詩集	(清)李心耕輯	清乾隆五十六年上海李氏刊本
260	類編集類	長白英額三先生詩集	(清)□□輯	清嘉慶十六年刊本
261	類編集類	和聲唱和詩	(清)馮元正輯	清乾隆十七年刊本
262	類編集類	同聲集	(清)丁芸輯	清乾隆五十七年刊本
263	類編集類	辟疆園遺集	(清)陽芳燦輯	清乾隆六十年刊本
264	類編集類	谷湖聯吟	(清)□□輯	清乾隆中刊本
265	類編集類	怡園初刊三種續刊三種	(清)吳祖德輯	清嘉慶二十四年刊續道光二年刊本
266	類編集類	國朝二十四家文鈔	(清)徐斐然輯	清乾隆六十年刊本
267	類編集類	琴臺正續合刻	(清)汪守正輯	清嘉慶中刊本
268	類編集類	歷城三子詩	(清)桑調元 (清)沈廷芳輯	清乾隆二十六年柏香堂刊本
269	類編集類	吳中女士詩鈔（一名吳中十子詩鈔）	(清)任兆麟輯	清乾隆五十四年刊本
270	類編集類	京江三上人詩選（一名京口三上人詩選	(清)王豫輯	清嘉慶六年丹徒王氏刊本
271	類編集類	嘉禾八子詩選	(清)沈德潛 (清)錢陳群選	清乾隆二十四年刊本
272	類編集類	濮川詩鈔	(清)沈堯咨輯	清乾隆五年刊本
273	類編集類	澉川二布衣詩	(清)吳寧輯	清乾隆四十九年刊本
274	類編集類	越中三子詩	(清)郭毓選	清乾隆二十一年刊本
275	類編集類	述本堂詩集	(清)方觀承輯	清乾隆二十年桐城方氏刊本 清嘉慶十四年刊本
276	類編集類	東武王氏家集	(民國)王維樸輯	清嘉慶道光間刊本
277	類編集類	毗陵伍氏合集	(清)伍宇昭輯	清嘉慶六年楊湖伍氏餐英書屋刊本
278	類編集類	新安二江先生集	(清)江振鴻輯	清嘉慶九年揚州康山草堂刊本
279	類編集類	錢塘吳氏合集	(清)吳春壽輯	清嘉慶道光間刊本
280	類編集類	奉新宋氏詩鈔	(清)宋鳴珂輯	清嘉慶中世恩堂刊本

	分類	書名	輯撰者	刊寫
281	類編集類	務滋堂集（一名金氏四傑集）		清嘉慶二十二年同川金氏刊本
282	類編集類	大梁侯氏詩集	(清)侯資燦輯	清嘉慶二十四年刊本
283	類編集類	奕世傳芳集	(清)胡承琛輯	清乾隆四十年種義園刊本
284	類編集類	小峨眉山館五種	(清)馬國偉 (清)馬用俊輯	清嘉慶十八年棣園刊本
285	類編集類	南張三集	(清)張廷桂輯	清嘉慶十九年虞山張氏卷葹草廬刊本
286	類編集類	石倉世纂	(清)曹錫黼輯	清乾隆十四年曹氏五畝園刊本
287	類編集類	江都許氏家集		清乾隆中刊本
288	類編集類	許氏巾箱集	(清)許兆熊輯	清嘉慶二十二年許氏石契齋刊本
289	類編集類	陳氏聯珠集	(清)王肇奎輯	清嘉慶七年序旌邑湯氏刊本
290	類編集類	黃氏攟殘集	(清)黃宗羲輯	清嘉慶八年黃斌刊本
291	類編集類	即墨黃氏詩鈔	(清)黃簪世輯	清乾隆三十一年鹽官官署刊本
292	類編集類	賜墨堂家集合編	(清)熊寶泰輯	清嘉慶中性餘堂刊本
293	類編集類	新喻三劉文集	(清)暨用其輯	清乾隆十五年水西劉氏刊本
294	類編集類	歷代詩話	(清)何文煥輯	清乾隆三十五年序刊本
295	類編集類	詩學指南	(清)顧龍振輯	清乾隆二十四年敦本堂刊本
296	類編集類	詩觸	(清)朱琰輯	清乾隆嘉慶間刊本
297	類編集類	花薰閣詩述	(清)雪北山樵輯	清嘉慶二十二年序刊本
298	類編集類	家學堂遺書	(清)張謙宜輯	清乾隆二十三年膠西法氏大敬堂刊本
299	類編集類	練川五家詞	(清)王昶選	清嘉慶中刊本
300	類編集類	棣華樂府	(清)盛熙祚輯	清乾隆二年檇李盛氏刊本
301	類編集類	琴書樓詞鈔	(清)王昶選	清乾隆四十三年刊本
302	類編集類	布衣詞合稾	(清)周暟輯	清乾隆五十六年刊本
303	類編集類	詞學叢書	(清)秦恩復輯	清嘉慶道光間江都秦氏享帚精舍刊本
304	類編集類	詞學全書	(清)查培繼輯	清乾隆十一年序世德堂刊本
305	類編集類	六合同春	(明)陳繼儒評	清乾隆十二年修文堂刊本
306	類編集類	一笠庵四種曲	(清) 蘇門嘯侶(李玉)撰	清乾隆五十九年寶研齋刊本
307	類編集類	玉燕堂四種曲	(清)張堅撰	清乾隆中刊本
308	類編集類	紅雪樓九種曲（一名清容外集）	(清)蔣士銓撰	清乾隆中紅雪樓刊本
309	類編集類	西江祝蝦四種	(清)蔣士銓撰	清乾隆中刊本
310	類編集類	古柏堂傳奇雜劇	(清)唐英撰	清乾隆中刊本
311	類編集類	漪園四種	(清)永恩撰	清乾隆中禮府刊本
312	類編集類	惺齋五種續編一種(一名新曲六種)	(清)夏綸撰	清乾隆十六年世光堂刊本
313	類編集類	吟風閣雜劇	(清)楊潮觀撰	清乾隆三十九年刊本 清嘉慶二十五年屋外山房刊本
314	類編集類	花間九奏（一名花間樂府）	(清)石韞玉撰	清嘉慶中石氏花韻庵刊本
315	類編集類	韞山六種曲	(清)朱鳳森撰	清嘉慶二十三年序刊本

注

（1）『儒学警悟』は宋寧宗景泰二年（一二〇二）に兪鼎孫、兪経により編纂された叢書で、六種四十一巻の書籍が収録され、一九二二年武進陶氏により刊行された。

（2）『百川学海』は一二七三年に整版で刊行され、一〇〇種一七七巻を収録し、現存書は中国国家図書館に所蔵されている。

（3）『中国叢書綜録』は中国の古典籍の叢書に関する総目録であり、一九五九～一九六二年に中華書局より出版されたもので、一九八二年に上海古籍出版社の増補版がある。

（4）清・曹溶『流通古書約』、『知不足斎叢書』第五集所収。

（5）『流通古書約』は単行本のほか、清・鮑廷博輯『知不足斎叢書』第五集（乾隆道光間長塘鮑氏刊本）、清・楊復吉編『昭代叢書』辛集別編四十四巻（道光十三年刊）、清・許増編『楡園叢刻』附『娯園叢刻』（清同治光緒間）、清・繆荃孫輯『藕香零拾』（清光緒二十一至宣統二年、江陰繆荃孫刊本）など、多くの叢書にも収録されている。

（6）鮑廷博の年譜と伝記については、清・王立中『鮑以文先生年譜』（安徽省図書館蔵写本、『清代徽人年譜合刊』所収、黄山書社、二〇〇六年）、蔡文晋「鮑廷博年譜初稿」（『国立中央図書館館刊』一九九四年第二期、一九九五年第一期）、周生傑・楊瑞『鮑廷博評伝』（鳳凰出版社、二〇一四年）、劉尚恒『鮑廷博年譜長編』（国家図書館出版社、二〇一七年七月）などがある。『知不足斎叢書』の刊行については、周生傑『鮑廷博蔵書与刻書研究』（黄山書社、二〇一一年）を挙げることができる。

謝辞　本稿は二〇一九年五月十八日に東京教育会館で開催された第六十四回国際東方学者会議における研究発表の原稿に加筆・修正を加えたものである。当日、コーディネーターおよび司会を担当された川原秀城先生およびパネルディスカッションに参加された諸先生に厚く御礼を申し上げる次第である。

嘉慶期の西学研究——徐朝俊による通俗化と実用化

新居洋子

清代の漢学を形成し、拡げた大きな要素のひとつが西学である。乾嘉の時代、西学は宮廷や一部の学者のあいだで研究されるのみならず、梅文鼎による暦算学普及の提唱とあいまって、社会一般への接続の試みも盛んになされた。この潮流を代表する徐朝俊（徐光啓の子孫）による西学の通俗化と実用化の試みは、やがて清末の地方志編纂における分野説から経緯度による位置表示への転換へと結びついていく。

にい・ようこ——日本学術振興会特別研究員、および立教大学ほか非常勤講師。専門は東洋史、東西思想交渉史。主な著書・論文に『イエズス会士と普遍の帝国——在華宣教師による文明の翻訳』（名古屋大学出版会、二〇一七年）、「「中国古代についてのエセー」（一七七六）読解——第一部を中心に」（『東洋史研究』七十七（一）、二〇一八年）、「学知と宣教——在華イエズス会士による適応の変容」（齋藤晃編『宣教と適応——グローバル・ミッションの近世』名古屋大学出版会、二〇二〇年）などがある。

はじめに

清代漢学を特徴づける側面のひとつとして、しばしば挙げられるのが西学（本稿では、明清時代に伝わった西欧科学を「西学」と称する）への関心である。こうした西学が、たとえば江永や戴震ら、漢学史に欠かせない士大夫の学問形成に強く作用したことは、これまで先行研究でもたびたび論じられてきた。(1)

このような、いわば西学派士大夫(2)の系譜は明代後期まで遡ることができる。よく知られているように、マテオ・リッチ（一五五二～一六一〇）ら最初期の宣教師と親しく交際した徐光啓（一五六二～一六三三）や李之藻（一五七一～一六三〇）、王徴（一五七一～一六四四）、熊明遇（一五七九～一六四九）ら明代士大夫は、宣教師と協力しながら多くの西学の翻訳書を刊行しつつ、自らも西学を比較的自由に探求し、翻訳書を集めて『天学初函』といった叢書として刊行し、あるいは探求の成果を自著として出版した。こうした士大夫は、知識として西学に深い関心を寄せただけでなく、それらの実践にも積極的に取り組んだ。とくに徐光啓や李之藻は、改暦という王朝事業への西学の組み込みをはかっている。

中国では、暦の制作は王朝の独占事業であり、数学や天文学もおもにこの王朝事業との関わりのなかで発展した。明朝は、元の授時暦を改訂した大統暦を用いたが、徐々に天象とのずれが深刻化しつつあった。そのため抜本的な改正が必要とされるなかで、崇禎帝のもと礼部尚書の任にあった徐光啓らが提案したのが、西学の導入であった。そしてこの訴えは採用され、暦局の設立の運びとなり、士大夫と宣教師が協同で改暦事業を進めていくことになる。そのなかで編纂された『崇禎暦書』（一六三四）は、結局施行にはいたらず明朝滅亡を迎えるが、アダム・シャール（湯若望、一五九二～一六六六）が順治帝へ、『崇禎暦書』を再編した『西洋新法暦書』（一六四五）を献上し採用されるにいたって、宣教師と西欧科学はますます宮廷への浸透を深めていく。康熙帝の即位直後には、王朝の暦の制作をあずかる欽天監で宣教師が台頭することに危機感をもった徽州の儒者楊光先、および欽天監回回科（イスラーム天文学を扱う部署）の官僚呉明炫（のち避諱のため「呉明烜」と記される）が連携し、アダム・シャールらを弾劾する暦獄が起こったが、御前実験により宣教師らの西欧科学の正確さが証明されたことにより、帝の信頼を勝ち得ることに成功する。[3] 以降、二〇〇年近くにわたり、欽天監の要職には、つねに宣教師が補充される状態が続く。

こうしたなかで、西学に関する著作も少なからず編纂されるが、それらは明代における比較的自由なあり方とは異なり、基本的には清朝の欽定書として、王朝の管理下に入る形でなされるようになる。その代表が『暦象考成』『数理精蘊』『律呂正義』という、それぞれ天文暦法、数学、音律を主題とした三部作からなる『御製律暦淵源』（一七二三）である。この三部作は、宮廷に仕える宣教師を大いに利用しながら西欧科学を吸収し、しかもそれらをあくまで清朝の学問の一部として組み込んでいる。そのためになされた理論武装こそ、有名な西学中源説である。これは康熙帝と暦算学者梅文鼎のコンビを中心に構築された言説であり、明清時代に宣教師がもたらした三角関数や地円（球）説は、もともと上古中国で生まれたもので、これらの知識をつかさどっていた疇人が周代の混乱のなかで四散したため西欧へも伝わり、その後中国で途絶えてしまったところに、いま西欧から逆輸入されてきたに過ぎない、というものだ。[4]

こうした西学中源説による正当化をはかりつつ、清朝欽定書、あるいは宮廷に緊密に結びついた梅文鼎らに吸い上げられた西学こそ、江永や戴震が吸収した西欧科学であった。[5] つまり明清時代における西学は、つねに士大夫の関心と探求によって深められつつ、しばしば宮廷へと吸い上げられていく展開をたどったといえる。

それゆえにこの時代の西学に関しては、その広がりを一部の士大夫と宮廷に限られたものとする言説も多い。しかしそれは西学の伝播の全体をとらえたものではない。嘉慶期に入ると、西学は士大夫の世界や宮廷の外へと展開を広げていく兆しをみせる。嘉慶期の士大夫のなかには、西学に強い好奇心をもち、その探求によって自らの学問世界を深めるにとどまらず、社会へ向けて再生産し、西欧科学を民間で役立てていくための道筋をつけようと試みる者が現れたのである。

その一人が、本稿で取り上げる徐朝俊（一七五二～一八二三）である。松江府（現在は上海市に属する）の人である徐朝俊は、おそらく家学として受け継いだ西学への関心のもと、明代から比較的新しい時代にいたるまでの各時期に宣教師が伝えた内容を吸収した。そしてその知識や技術を、歌や図表など通俗的な形式をもって再生産し、広く普及しようと試みた。本稿では、このような徐朝俊による西学研究の内容、およびその歴史的意義を論じる。

なお徐朝俊については、とくにその自鳴鐘の仕組みや用法、修理法などを扱った著作は、十九世紀以前で唯一の自鳴鐘をめぐる専著といわれ、さまざまな研究者が言及している。[6] また天文学や地理学など、多岐にわたる彼の著述を比較的網羅したものとしては、王爾敏の論文があり、貴重な先行研究ではあるが、全体的に中国の伝統学術とのつながりに比重が置かれ、徐朝俊が大いに取り入れた西欧科学の内容、およびその思想史上の位置づけは明らかでない。[7] 本稿ではとくにこれらの問題に重点を置いて議論を進めていく。

一、徐朝俊の経歴と家学としての西学

(1) 経歴

まず、徐朝俊とはそもそも何者か。彼の経歴は、各地方志によってある程度再構成することが可能である。まず光緒四年（一八七八）に編纂された『重修華亭県志』巻十六・人物（一八七八）によれば、以下のごとくである。

徐朝俊、字は冠千、号は恕堂。東亭橋（宋代に建てられ平橋、東震橋とも称した）付近の出身で、嘉慶二十一年に婁（松江府に属する県）籍の歳貢生となった。数学に詳しく、かつて龍尾車を製作して田の灌漑に役立てた。知府唐仲冕は、かつてその図を刊行し、各県に頒布した。その子、

炳枢、号は雲岱。道光年間に婁籍の恩貢生。績学にして能文、侯官（福建省に属する県）の林文忠公が江蘇巡撫の任にあった際、炳枢は上書し、華亭の海塘（防潮堤）の修復を請願した。林公はこれを容れ、すぐに工事のため公庫支出を願い出た。次子、良鈺、号は式如。道光二十四年の挙人で、経史に潜心しつつ、術数にも通じ、ときに詩酒を嗜み、陶然と楽しんだ。(8)

嘉慶二十一年（一八一六）はすでに徐朝俊の晩年に近いので、この年にようやく歳貢生に選ばれたということは、実際に仕官することはなく、郷紳として一生を過ごした可能性が高い。興味深いのは彼が「数学」に詳しく、「竜尾車」つまりアルキメデスの螺旋、アルキメデスポンプと呼ばれる揚水装置を製作し、漑田に益したと称賛されている点である。ここに現れる唐仲冕（一七五三～一八二七）は、嘉慶十五～十八年（一八一〇～一三）に蘇州府の知府だったので、この期間に、近隣の徐朝俊による竜尾車製作について聞き及び、その図を刊行して蘇州府下の各県に配ったものと思われる。この話はほかにも『松江府続志』巻二十一（一八八三）所収の唐仲冕の伝記などに現れる。なお竜尾車については、後述する。

また朝俊の長子、炳枢が上書した林文忠公とは、福建侯官出身の林則徐のことであり、彼の江蘇巡撫（道光十二～十七年（一七八五～一八五〇））在任中に、炳枢は防潮堤の修復を願って容れられたのであろう。

(2) 著述

光緒五年（一八七九）刊の『婁県続志』巻十七・人物志には「天文術数の学に詳しく、『窺天管見』や『高厚蒙求』などの書を著した」(9)とある。ほかの著作としては、『禹貢地輿考』や『中星表』があることが『重修華亭県志』巻二十、藝文・経部・書類および天文算法類に述べられる。また嘉慶二十三年（一八一八）刊の『松江府志』纂修銜名には「協修に携わった一人として「郡人　徐朝俊」の名が挙げられている。これらの著作のうち『窺天管見』は、そのままの題名としては見当たらないが、後述する『高厚蒙求』初集所収の「天学入門」自序に「ここにその説のうち浅近なもので、管見に基づくものや、既存の書からの抜粋に基づく説を若干条選び、記録して刊行に付し、天を窺う者の入門書とした」(10)とあることからして、「天学入門」を指すものと思われる。また『禹貢地輿考』という題名の著作も、管見の限り現存しないが、題名から類推するにやはり『高厚蒙求』初集所収の「海域大観」を指すのかもしれない。

すでに言及したが『高厚蒙求』は徐朝俊のもっとも大部な著作である。あるいは論集というほうが正しいかもしれない。

その名の通り、天の高さと地の厚さを測ること、つまり天文学や測地学に該当する内容の入門書で、初集から四集まで、以下の各論稿を収める。

① 初集　嘉慶丁卯（一八〇七）鐫、「天学入門」を収める。
② 二集　嘉慶丁卯（一八〇七）鐫、「海域大観」を収める。
③ 三集　嘉慶已巳（一八〇九）鐫、「日晷測時図法」「星月測時図法」「自鳴鐘表図法」を収める。
④ 四集　嘉慶乙亥（一八一五）鐫、「天地図儀」「揆日正方図表」を収める。

なお本稿では、国立公文書館内閣文庫の所蔵本二種（子056-0002、305-0229）、および台湾の中央研究院歴史語言研究所傅斯年図書館の所蔵本一種（520.8 404）をおもに用いた。

ところで国立公文書館所蔵の『高厚蒙求』には、二種とも『黄道中西合図』（以下『合図』）と題する縦九一センチメートル、横七三センチメートルの図が二種、附属している（**図1・2**）。すなわち天球を黄道（天球上における太陽の見かけ上の通り道）で二つに分けた図（黄道分界図）であり、北黄極を頂点とする北極図と南黄極を頂点とする南極図の二種となっている。北黄極と南黄極を両端として、放射状に十二の線が引かれ、天球が三十度ずつ等分割されており、黄道十二宮に

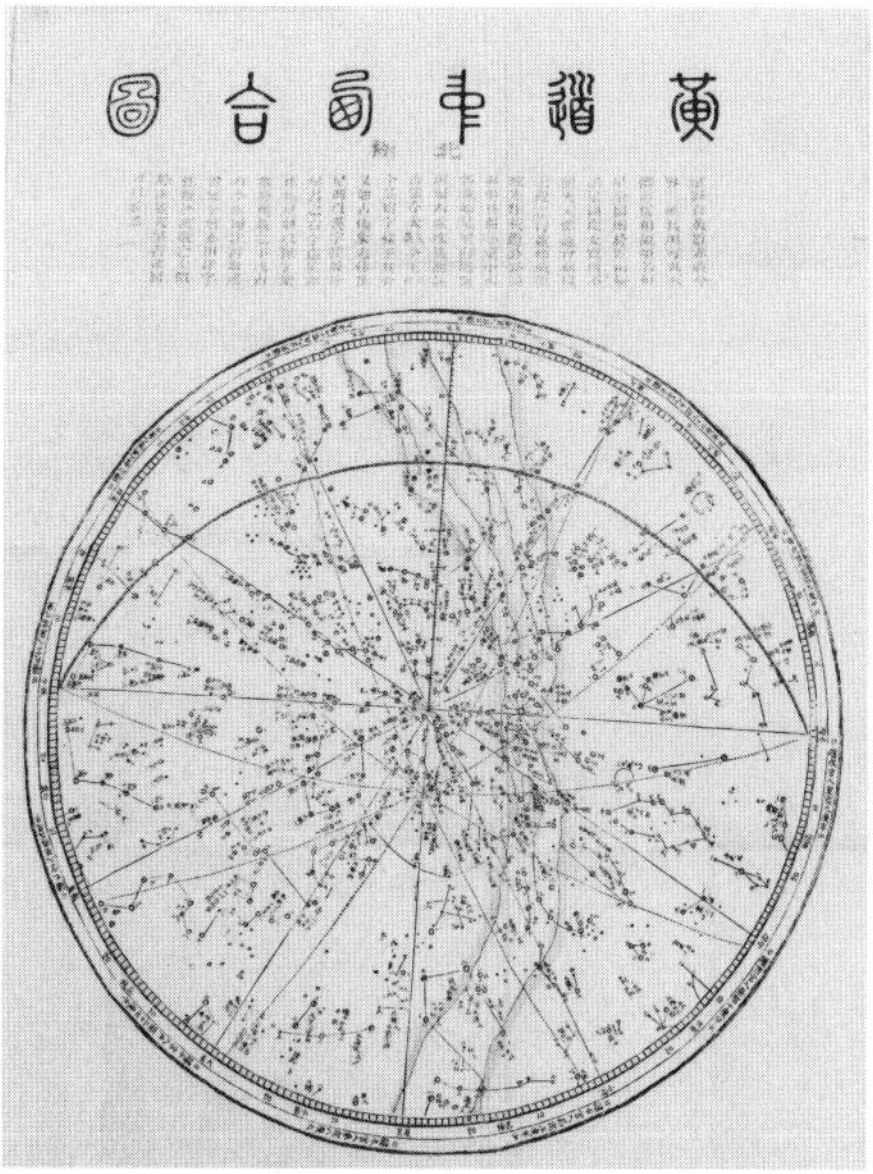

図1　『合図』北極図

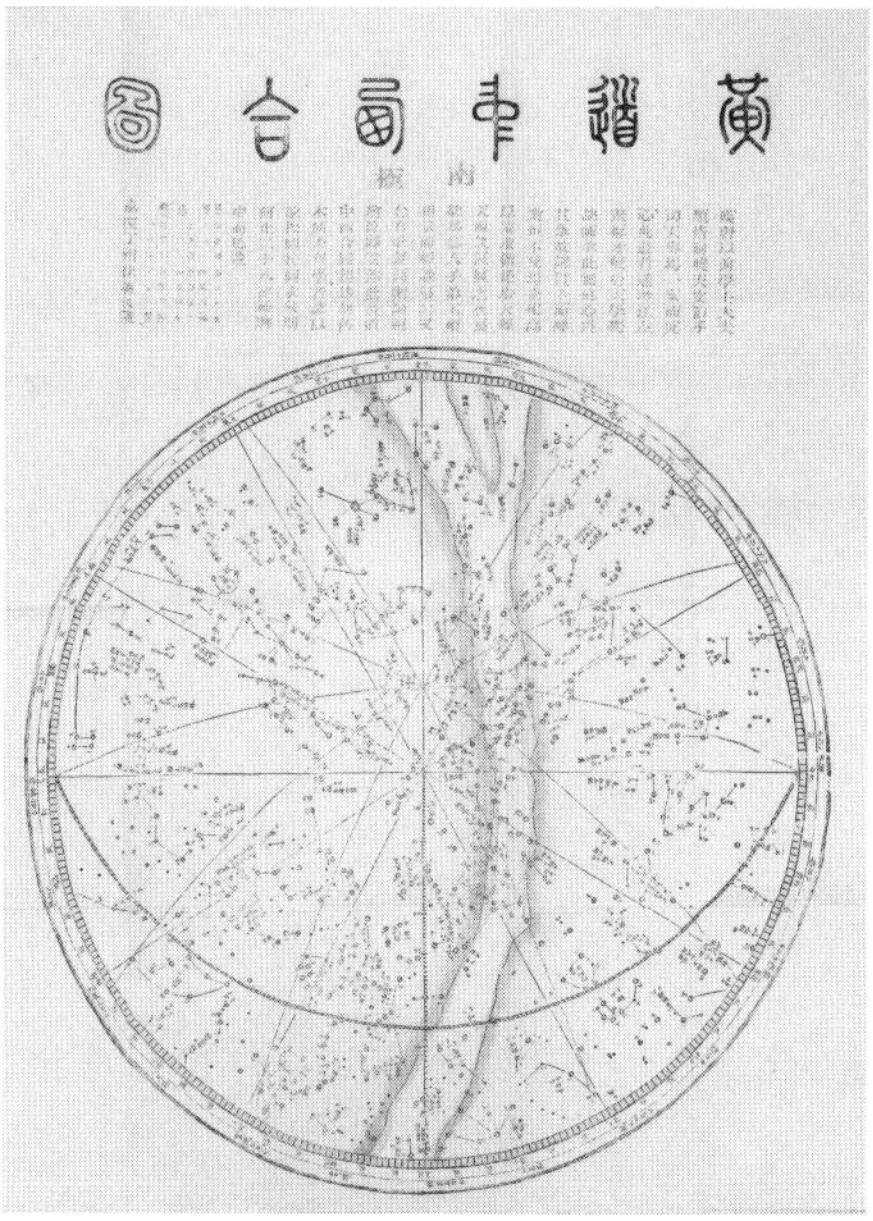

図2　『合図』南極図

区分されている。さらに球の周囲には二十四節気の帯もある。ただしその主要な内容である恒星および星座に関しては、「中西合図」の名の通り、中国古来の知見と、明清時代に宣教師を通じてもたらされた西欧の知識を併存させたところに特徴がある。

じつは『高厚蒙求』の初集と二集の見返しには「ほかに天文中西合図を刊す（另刊天文中西合図）」の文字が見られる上、『合図』の南極図には初集と二集と同じ「嘉慶丁卯」刊である旨が記されている。そのため『合図』が『高厚蒙求』初集と二集の附録として刊行されたことは間違いない。なお四集所収「天地図儀」・製天地球十二長円形法では、天球と地球を平面から起こすために「西洋人の簡便な方法（西人簡捷之法）」として、各球を経度三十度ごとに十二の舟底型に分割し、球体（完全な球ではないが）に貼り合わせる方法を紹介し、これらの展開図も掲載されている。ただし『高厚蒙求』に関する中国語で書かれた先行研究では、『合図』への言及が無いか、初集で「『合図』を刊す」と記されたものの「刊行された書のなかにはこの種の天文図は見られない」などと述べられており、おそらく中国語圏ではこの図の存在が長らく知られていなかったものと思われる。[11] [12]

また『高厚蒙求』以外に現存する徐朝俊の著作としては、『中星表』が挙げられる。これは嘉慶元年（一七九六）の自序があることからして、『高厚蒙求』より前の著作と思われる。「中星」とは各時節各時刻に南中する恒星を指すが、徐朝俊は四十五の星が二十四節気に南中する時刻を表に整理し（「中星表」）、あわせて「中星儀」や「弥綸儀」など星を観測するための儀器や、明代の宣教師ディアス（陽瑪諾、一五七四〜一六五九）およびウルシス（熊三跋、一五七五〜一六二〇）による『天問略』、『簡平儀説』に基づく「太陽出入時刻盤」を作成するための図法を載せている。

なお『中星表』は、呉省蘭が嘉慶年間に刊行した叢書『藝海珠塵』匏集に収められた。これは金集から木集の全八集にわたり、全一六三種の文献を収録した、比較的大規模な叢書である。編者の呉省蘭は松江府南匯県出身の人で、『松江府志』所載の伝記によれば乾隆四十三年（一七七八）の進士にして、工部左侍郎や侍読学士を歴任した。[13]『藝海珠塵』は『中星表』を含むのみならず、石集にディアス『天問略』、木集にアダム・シャール『遠鏡説』、そして革集には「利瑪竇〔リッチ〕纂」との表記のある『経天該』など、明清時代に宣教師によって翻訳された西欧科学の書を多く収めており、呉省蘭の西欧科学への関心の高さが窺える。

また『遠鏡説』は、西欧で開発された望遠鏡の光学的構造や用法の解説書だが、『藝海珠塵』所収のものには「華亭徐朝俊冠千校」との記載があり、徐朝俊が校訂を加えたことが分かる。じつは『高厚蒙求』初集所収「天学入門」自序では「嘉慶丁卯、同郷の呉稷堂先生〔呉省蘭〕は官職を辞して隠居されたあと、余の撰した中星表および儀器図説を、藝海珠塵に収録して刊行された。これによって余の論稿を知った人が、しばしば余を何度も招請した」[14]との事情も明かされている。この『儀器図説』は、実際には彼が校訂をほどこした『遠鏡説』を指すのではないかと思われる。

(3) 家学としての西学

さて上記の各著作にて、徐朝俊がもっぱら主題としたのは西欧科学だが、その背景にはなにがあったのか。まず彼が「天学入門」に寄せた自序をみてみよう。

先世が数理の研究を愛し、手ずから泰西の儀器を造っていたのから数えて、五代目が私である。[15]

この「先世」がかの徐光啓を指すことは、先行研究で明らかにされている。[16] 徐光啓といえば、明代後期に礼部尚書などを歴任した士大夫で、マテオ・リッチら初期の在華宣教師と親しく交際して自ら天主教信者となった人物である。また前述のごとく明朝の大統暦の改訂に際して、西欧の天文学を取り入れる必要性を訴え、士大夫と宣教師が協同で改暦事業にあたるための暦局の設置に漕ぎつけたなどの業績でも広く知られている。こうした徐光啓の西学の探求が、おそらくは家学として後代に受け継がれたものと思われる。

さらに「天学入門」自序の続きをみてみよう。

俊は科挙の受験の合間に、先君子のそばに付き従い、そのさまざまな議論を聞いたが、はっきりとは理解できないのを面目なく思っていた。やや長じて、互いに居遊するようになると、自鳴鐘にとりわけ驚異を覚えるようになった。そもそも鐘表〔時計〕はまことに巧力を兼ね、しかも数理において精微さも孕んでいる。[17]

この文章によれば、徐朝俊が先君子つまり父あるいは祖父から受け継いだのは、自鳴鐘をめぐる知識や関心だったとのことである。ルネサンス以来、西欧で開発の進んだ自鳴鐘〔機械式時計〕は、十六世紀末に宣教師らが士大夫や皇帝の歓心をかうための贈り物として持ち込んで以来、中国支配層のあいだでもてはやされた。[18]

さらに『高厚蒙求』三集所収の「日晷測時図法」自序には、次のように述べられている。

以前、先君子が在世のとき、かつて徽人の製作した日晷〔日時計〕を入手し、その藻績なる極工を愛で、もっぱらそれをめぐる師伝で基づくべきものが無いのを惜しんでいた。そこで余にさまざまな日晷の製作法を口授した。一つは平晷といい、〔中略〕一つは竪晷といい、〔中略〕一つは百遊公晷といい、〔中略〕ほかにも百遊空晷、百遊柱晷、百遊十字晷、四正晷、四偏晷、輪晷、盤晷、柱晷、東西晷、偏東偏西晷、偏上偏下晷、圜中晷がある。[19]

「徽人の製作した」が何を指すのかは不明だが、徐朝俊が先代から口授されたこれらの日晷の数々が、もともと宣教師の伝えた西欧式のものであることは明らかである。なぜなら「日晷測時図法」の後の部分では「平晷」や「竪晷」、「公晷」などに属する日晷の数々の作図法が解説されるが、そこで挙げられた「面南地平晷」「羅経平晷」「面南天頂晷」、「東西晷」「葵心晷」などの日晷、および日晷に二十四節気の目盛りを加えるための「加節気平晷線法」といった図法は、いずれもリッチの作と伝えらえる天文学の書『理法器撮要』で紹介されたものだからである。

また以上の日晷や図法は、明末に陸仲玉なる人物が抄録したという『日月星晷式』[20]でも取り上げられたほか、徐朝俊の自序で挙げられた「百遊空晷」「百遊十字晷」「四正晷」「四偏晷」「輪晷」「盤晷」「偏東偏西晷」「偏上偏下晷」も現れる（『日月星晷式』ではそれぞれ「百遊空晷」「百遊十字晷」「四正向晷」「百遊四偏向晷」「百遊輪晷」「盤晷」「面南北偏東偏西晷」「東西向上向下晷」）[21]。先行研究によれば、『日月星晷式』はもともとリッチやウルシスら宣教師がおそらくクラヴィウス（一五三八〜一六一二）の著作を漢訳したものを、陸仲玉が抄録したものだろうとのことである。[22]徐朝俊の先代も、おそらくこの宣教師による漢訳書か、それを採録した『日月星晷式』のような著作に触れていたものと思われる。

上述の自鳴鐘や日晷のほか、前に『松江府続志』から引用した徐朝俊の経歴のなかで、竜尾車を製作したとの内容があったことも、彼が家学として西学を受け継いだ可能性を示している。なぜなら竜尾車つまりアルキメデスポンプとは、まさに徐光啓がウルシスとの協同で『泰西水法』にて初めて漢訳し、紹介した技術だったからである。[23]そして石雲里によれば、竜尾車は徐光啓の当時からさまざまな士大夫の関心の的となり、戴震などはこの機器の専著さえ撰したにもかかわらず、実用に付されることはほとんど無かったのだが、嘉慶期に入って徐朝俊ら竜尾車を製作する者が多く現れたことが記録されている、という。[24]もし地方志にいうように、徐朝俊がこれを実際に製作したとすれば、中国史上かなり早い例であり、それだけにこの技術に対する彼の思い入れ、およびそれを実践にうつすことができた環境や知識的背景を窺わせる。なお『泰西水法』を収録した徐光啓『農政水法』（一六三九）

は、中国を代表する農学の集大成であり、民生に裨益せんとする彼の意志が強く現れているが、竜尾車をめぐる知識はこうした理念とともに継承されたものと思われる。

二、徐朝俊の著述に組み込まれた西欧科学の内容

(1) 水晶天球説

さて徐朝俊の著作に盛り込まれた西欧科学とは、具体的にどのような内容のものか。彼の依拠した書物として明示されたものを挙げると、李之藻『渾蓋通憲図説』(一六〇七)、ウルシス『表度説』(一六一四)、ディアス『天問略』、アダム・シャール『遠鏡説』などである。全体として必ずしもつねに典拠が示されているわけではないが、明らかに分かる特徴がいくつかある。一つ目は、アリストテレスとプトレマイオスに集大成される古代ギリシャの宇宙モデルに依拠していることである。

天体は渾円で、地の外側を包み、周旋して端が無い。その形は渾渾〔入り混じってまるく一つになっている〕としているがゆえに、渾天という。元気が充塞し、周りから地の中心に向かって注ぎ、地は空にぶら下がって墜ちることがない。西人が航海しているとき、かつて望遠鏡で天の有様を観察したところ、稜層凸凹として、堅くかつ軽く、またタマネギの皮のごとく、明るく無色で、層をなし透き通って、琉璃のように輝いている。日月五星はみな各層にくっついて動く。その最上の一層は宗動天で、東から西へ動き、その下は八重の層になっており、西から東へ動く。[25]

ここに述べられているのは、「自然は真空のような無意味な空間は持たない」という思想を背景に、エウドクソスやアリストテレス、プトレマイオスら古代ギリシャの学者が打ち立てた宇宙モデルであり、各天体を埋め込んだ透明な水晶状の球殻が同心的な層をなし、各層が動くことによって天体が動いているようにみえるという説である。[26] この同心球殻の層の中心は地球であり、つまり天動説をとる。

この古典的な水晶天球説は、リッチの師クラヴィウスの『サクロボスコ天球論註解』をおもな底本とするリッチと徐光啓の『乾坤体義』[27](一六〇八頃)以来、天動説に部分的に地動説を折衷したティコ・ブラーエ(一五四六~一六〇一)の理論を採用する『崇禎暦書』が現れるまで、[28] 西学書における支配的な宇宙モデルであった。とくに『乾坤体義』巻上・「地球比九重天之星遠且大幾何」にある次の一節などは、徐朝俊の表現と非常に近い。

この九層は、まるでタマネギの皮のごとく、互いに包まれている。〔各層は〕みな硬堅で、日月星辰は、まるで木の節の板におけるがごとく、その体内に固定されており、〔各天体を固定している層の〕天が動くことによって動く。ただ天体は明るく無色で、よく光を通すこと、瑠璃水晶の類のごとくで、さえぎるものが無い。[29]

また球殻の層の数は数え方などにもより様々だが、最上層を「宗動天」とする九重天の構造も、『乾坤体義』などを通して宣教初期から翻訳されていた。[30] そのほか「天学入門」・天体では「また日躔〔太陽の運行〕の通る赤道は、内外二十三度半強で、また赤道に南北に斜交するのを黄道という」[31] といい、これは太陽の通り道＝黄道が、冬至と夏至でそれぞれ天の赤道から北側と南側に二三・五度傾くことを述べたものであろう。また地体の節では、地球の緯度一度の長さが二五〇里、円周が二五〇里×三六〇度＝九万里、そして直径が二八六三八・三六里だと述べられている。[32] 以上の内容もやはり『乾坤体義』の内容と一致する。[33]

(2) 地球説と「重性」

なお徐朝俊は地をもっぱら「地球」とよび、「南極にいる人は、南極付近の諸星を見ることができるが、北極の星は見えない。北極にいる人は、これと逆である。地体がまるいのは、疑いえない」、「形を論ずるなら、沙土、山海が合成して一個の円球をなしている」[34]（「天学入門」・地体）と述べるなど、完全に地球説をとっている。西欧では古代ギリシャの時代には哲学的、および実際の観測による結果の両方に基づき、地＝球体説が発達していた。アリストテレスは、四元素のうちもっとも重い土は宇宙の中心に向かって落下するので、土と水でできた地は水晶天球説における宇宙の中心＝地の中心に向かって四方から凝集し、球体をなすとする一方で、月蝕のとき地球の影がまるく見え、また南北の各方向へ移動するとそれぞれ見える星空が異なるという体験からも、地が球体であることが証明できるとした。[35]

地球説は、リッチら最初期の段階から宣教師たちが中国に持ち込んだが、大きな反響を呼び、ときに大きな反発を招いた。[36] その根底には、地が球体であれば対蹠点が存在し、地の表側と裏側の人の足先が相対するはずだが、これが日常的な直観として受け入れがたいという事情があった。先行研究によれば、この説は結局、地円説は古代中国にすでに存在したという西学中源的な構えにより、抵抗感を無くすことによって徐々に受容された。[37] あるいは、士大夫らは「天地の間には運旋する気が絶え間なく昇降して、地球の四面をすき間なく塞ぎ、そのためころがることはできないとする」伝統的な気の思想により、つねに「中国化しつつ理解・把握していた」とする研究もある。[38]

しかし徐朝俊は、地球説を妥当とする根拠として、前掲のものとは一線を画す内容を挙げている。次に引くのは「天学入門」・対足底行説からの抜粋である。

もし人の対足底行〔対蹠〕の理を明らかにしようとするなら、まず東西上下とは、みな各人が現在いる場所を基準とした呼び名であり、実のところ定まってなどいないことを知らなくてはならない。また、地が大気のちょうど中央に懸かり、天の上下四方のいずれかに偏ることが無いことも知らねばならない。ゆえに地球の中心は天からもっとも遠く、つまり周囲の重性が趨向するところである。従って山海人物は、みな転倒する恐れなど無い。東や西も、どうして固定した呼称であろうか、人が極東にいれば、此方は午で、彼方は酉であり、極西にいれば、此方は午で、彼方は卯であり、地下にいれば、此方は午で、彼方は子である。東西に固定した場所など無いのが分かるだろう。また上や下も、どうして固定した呼称であろうか、火性炎上とは、人がみな知るところである。試しに、もし此方で炭を熾し、物を炭の上に少し離して置けば焦げ、物を炭の下に少し離して置けば微かに熱し、遠く離すと、熱せられたかどうか分からないくらいである。炎上するがゆえである。太陽の火にいたれば、日輪天から地平まで、隔たること一千六百五万五千余里もあるのに、その熱はなお物を熱してとかすほどである。必ず炎上の説をとるなら、日輪以上の諸星天は、なぜ焼き尽くされないのだろうか。日が地の下にあれば上炎し、地に上にあれば下射するからで、それは日性が地心へ向かうものだからである。もし火が下射するのであれば、人の足底が相対して〔対蹠して〕行くことができないわけがあろうか。[39]

ここでの地観は、伝統的な天円地方説や地の中心を中国、あるいは天子の居城とする見方とはまったく異なる。またいわゆる気の思想に基づくものとも言えない。まず注目すべきは、地は球であるゆえに上下、左右、東西の観念はみな相対的なものでしかなく、どこにも中心など存在しない、と明言されている点である。

その上で、地球の中心＝天の中心というのは、水晶天球説では同心球殻の層の中心が地球であることから当然として、その地球の中心とは「重性」の趨向するところだという議論は興味深い。さらにその論理として、太陽の火（熱）もまた地の中心へ向かうのであり、ゆえにただ「炎上」するのみならず、地の上にあれば下射するのだから、人もまた地球のどこにいようとその中心に足底を向けて行動することが可能だ、というのである。

こうした見解は、何に依拠したものなのか。明らかなことは、まず「火性炎上とは、人がみな知るところ」とは、『書経』周書・洪範の、五行の各性質を説く部分に現れる「火曰炎上」など、伝統的な見方を指しており、しかもその見方にとどまらぬ火の性質＝「下射」へと視点を広げている点である。ではその、伝統的な見方を超えるものへの視線が何に方向づけられているかというと、やはり『乾坤体義』などを通じて理解されたアリストテレス的宇宙観であろう。その意味で興味深いのは「重性」の議論で、これは前述したアリストテレスの宇宙観、つまり重い物体（土など）は宇宙の中心に向かって落下するので、宇宙の中心で球として凝集したのが地球だとする説に依拠したと思われる。そしてアリストテレスは「地球と宇宙は、たまたま同じ中心を持っているのである。というのは、重い物体は地球の中心に向かっても動くが、それは地球が宇宙の中心にその中心を有するので、たまたまそうなるにすぎないからである」[40]ともいう。つまり宇宙の中心＝地球の中心＝「地心」である。

ただし、このような重い物体の「地心」へ向かう性質を、太陽の熱や、人や自然物へも延伸する考え方は、徐朝俊独自のもののようだ。彼は「天学入門」・日輪与地大小遠近考にて、地球からみた太陽の遠近（大小）が方角によって異なるように見える原因として、地表付近にある「湿気」を挙げ、「太陽の出没時には、この湿気を帯びるので、水中でものを見るときのように、形がつねに実物より大きくみえる」という。そして太陽が地より上にある場合も、その光は地の中心に向かって射すので、この地表の湿気の影響を受けるというわけだが、ここで彼は「西人は、太陽の火がつねに地の中心に射すことを知らない」と付け加えている。[41]このことからすれば、徐朝俊は宇宙の中心をめぐるアリストテレスの議論を独自に応用し、地球説を補強するための議論を補ったものと思われる。逆説的ではあるが、彼の西学への傾倒ぶりが窺える。

なお徐朝俊の議論にも、西学中源にやや似た思想が見られないわけではない。右にも取り上げた「天学入門」・日輪与地大小遠近考の節では、『列子』湯問から「上下八方」が無極無尽であることをめぐる殷湯と夏革との問答を引き、後世の人々がこれを疑ったのは「地が空際に懸かり、中央にあって四方に偏らず、天からの遠近が等しいことを知らなかった」[42]ゆえだと解する。このように徐朝俊が、中国古代にも地球説に通じる思想が存在したことを述べる場面もわずかにあるが、そこから西学が中源であるという議論が導き出されるわけではないので、やはり西学中源説とは一線を画すものとみるべきである。

（3）儀器

徐朝俊は儀器の紹介にも力を入れた。前述のごとく、彼は『藝海珠塵』所収版の『遠鏡説』の校訂を手掛けたが、『高厚蒙求』でも望遠鏡を通してみた天体の様子などがふんだんに描かれている。たとえば、十七世紀に望遠鏡を駆使したガリレオによる、いわゆる土星の「耳」の発見は有名だが、これに該当する内容も「天学入門」・七曜経星大小形体（附経星数）に見られる。

> 土星の大きさは、地の九十と八分の一倍ある。その形体は両旁に二つの小星があり、しばらく経つうち徐々に土星に接近し、後に合体して一つになり、卵の両頭あるがごとく、鼓に両耳あるがごとくである。(43)

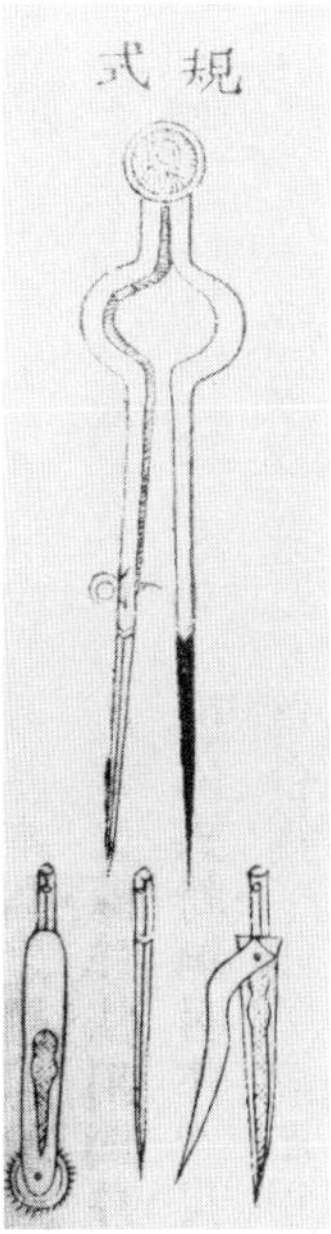

図3　利器の一つ「円規（コンパス）」

当時の望遠鏡の性能的限界から、ガリレオは当初土星の両側に見える輪を二つの衛星とみなし、まるで土星の耳のようだと表現した。このことについて、最初に漢訳して紹介したのはディアス『天問略』といわれ、ディアスの名は『高厚蒙求』にも散見されるが、この土星の耳に関する徐朝俊の文章は、むしろ『遠鏡説』の土星観測に関する文章に酷似する。(44)

さらに前に触れた『高厚蒙求』所収「日晷測時図法」の本文の冒頭では、日晷を製作するための器具九種が「利器九則」として、図解入りで解説されている（図3）。先行研究によれば、この九種はリッチの作とされる『理法器撮要』に挙げられたものと完全に一致する。(45)

（4）最新情報の追加——①地動説

これまでみてきた限り、徐朝俊の著述に含まれる西欧科学は、基本的に『乾坤体儀』や『理法器撮要』など、リッチら最初期の宣教師が徐光啓らとの協同で漢訳した内容に即している。しかし徐朝俊は、後の世代の宣教師たちが随時追加した情報に無頓着だったわけではない。その証左のひとつが、前節で取り上げた望遠鏡をめぐる著述である。そのほか、当時としては最新の部類に入る知見として、地動説への言及も見られる。徐朝俊が一貫して依拠した水晶天球説は地静天動を前提とするため、彼の宇宙観の基調が天動説だったことは間違いない。

ただし彼は、地動説を知らないわけではなかった。このことを明示するのは、管見の限り次の一か所のみである。すなわち『高厚蒙求』四集所収「天地図儀」・図儀総説では、「天は動、地は静であり、地の東西上下は定まっている」[46]という本文に加えられた注で、小字で「西人は地動天静の説もいい、論拠はあるが、結局のところ論じることはできても信頼はできない」[47]と記されている。本文の「地の東西上下は定まっている」というのは、前に取り上げた地球に固定的な左右、上下、東西は無いという議論と矛盾するようでなかなか悩ましいが、もっぱら「地動」との対比で述べられていることからすれば、地球上の人や物からみた位置や方角というよりも、天球のなかでの地球のあり方が不動であると表現するために、この言い方をとったものと思われる。

徐朝俊は地動説に対し、議論は可能だが信頼はできないと述べた。地動説は、稿本の形ではフーケ（傅聖沢、一六六五～一七四一）の『暦法問答』（一七一五）において、ケプラーの法則を解説するなかで言及され[48]、刊行物としては一七六〇年以降、清朝宮廷に仕えたブノワ（蔣友仁、一七一五～一七七四）の翻訳を通して徐々に伝わったが、乾嘉の学を代表する一人で、数学や天文学にも長けた阮元から痛烈な批判を受けるな[49]ど、円滑に広まったわけではない。そもそも西欧でも、十七～十八世紀にケプラーの法則およびニュートンの万有引力が現れて、はじめて地動説が確定したのであり、明清時代の宣教師は長らく西欧で支配的だった天動説、のちにティコ・ブラーエの折衷説を伝えたのだから、中国の人々にとってみれば唐突に提起された地動説を「信頼できない」と考えたとしても、無理からぬことであった。むしろ、たとえ一文でも、地動説を無視せず「議論は可能」とした徐朝俊の柔軟性が注目に値するように思われる。

(5) 最新情報の追加――②南極付近の諸星

もうひとつ、注目すべき内容として、「天学入門」・経星歌に「歩天歌」とともに引用された「経天該」がある。徐朝俊は「歩天歌」に「古歌」、「経天該」に「西歌」と付記しており、それぞれ恒星および星座に関する中国旧来の知識と、西欧から新たに伝わった知識を紹介するために引かれている。

なお中国では古くから星表、星図が発達し、戦国時代の甘徳、石申、巫咸の三氏の作成した星表をもとに、三国呉の陳卓や南朝宋の銭楽之が星の分布を整理して星図を作成した。そして隋にいたって丹元子なる人物が、陳卓らの整理した星の体系を歌訣に編んだのが「歩天歌」である。これは星空を三垣二十八宿に区分し、星官は三〇〇、星は一四六五個を収録した歌で、鄭樵『通志』の「天文略」などに転載され、後世長きにわたり星をめぐる知識を広める役割を果たした。[50] 清代にいたって、欽天監監正を務めた宣教師ケグラー（戴進賢、一六八〇～一七四六）らが編纂に関わり、西欧での観測結果を取り入れた星表などを収める『欽定儀象考成』（一七五六）も、旧来の「歩天歌」を引用している。[51]

「経天該」は、作者がはっきりしておらず、清代からリッチや李之藻など、さまざまな説が入り乱れた。最近になって、石雲里が日本所蔵史料などの調査をもとに、明代に徐光啓の差配で改暦事業に携わった王応遴が作者である可能性が高いことを明らかにしたが、[52] 徐朝俊は「明に泰西の利瑪竇あり、『経天該』を作り、別名を『経天訣』と称した」[53] と記し、明確にリッチの作として扱っている。後に述べるごとく、徐朝俊は「歩天歌」「経天該」を引用する際、梅文鼎の著作、とくに『中西星経異同考』を大いに参照した可能性が高いが、その『中西星経異同考』では「その歌〔「経天該」〕は利瑪竇が撰したと伝えられている（其歌相伝為利瑪竇所譔）」と述べられており、徐朝俊もこの説に従ったものと思われる。

徐朝俊はこの「歩天歌」と「経天該」を続けて引用しているのだが、そこにはいくつかの注目すべき点がある。第一に、「歩天歌」では、西欧で数え入れられていない星座には「西志無」、星座を構成する星の数が西欧では異なる場合は「西〇星」と注記されている。たとえば「中元北極紫微宮」（紫微垣）に属する「御女」「天柱」「大理」「五帝内座」「井杠」「天牀」「内厨」「四勢」には「西志無」の注記が、また「六甲」には「西一星」、「華蓋」には「西四星」、「伝舎」には「西八星」、「天牢」には「西一星」の注記が付せられている。これらはいずれも梅文鼎の『中西星経異同考』と一致する。

第二に、「経天該」は西欧式の星座を「歩天歌」と同じく三垣二十八宿に区分し盛り込んでおり、「馬腹」「馬尾」「平衡」「火鳥」「水委」の五星座には「古無」すなわち中国伝統式星座では数え入れられていなかったとの注記がある。そして徐朝俊はさらに、歌の末尾に「補南極星歌」として、「鳥喙」「鶴」「孔雀」「異鵲（雀の誤字か）」「波斯」「三角形」「蜜蜂」「十字架」「小斗」「南船」「海石」「海山」「夾白」「附白」「金魚」「飛魚」「蛇首」「蛇腹」「蛇尾」の十九星座の盛り込まれた歌を付している。これはもとの「経天該」には無かった部分で、ここに盛り込まれたのはヨハン・バイエル（一五七二～一六二五）の『星図（*Uranometria*）』（一六〇三）など所載の、大航海時期以降に命名された新しい星座であり、中国へは明末の『崇禎暦書』を通して初めて伝わった。[54] じつはこの「補南極星歌」も『中西星経異同考』と一致しており、おそらくは梅文鼎の著作に依拠したものと思われる。

三、西学の通俗化・実用化へ

(1)「民をして知らしむべし」

以上のごとく徐朝俊の著作は、水晶天球説など最初期の宣教師が翻訳した知識から、明末以降に伝わり梅文鼎の著作に収録された南極付近の星座などの新しい内容まで、明清時代の西学を比較的幅広く視野に収めている。それではこうした網羅的な知の収集によって、彼は結局なにを目指したのか。次にこの点について論じたい。

彼の意図は、たとえば「天学入門」自序の次のような文章に、明確に表れている。

ただ惜しむらくは、我らが同志には好古嗜奇の士も乏しくないが、多くが諸例の禁に触れることを恐れ、避けて言及せず、国憲〔国法〕は巫師が妄りに災祥を語ることをとくに厳禁しているのであって、二曜五星の運動や定差置閏の精微は、聖天子の声教により広められており、民はこれに従わせればよいので、知らせる必要は無い、などと定められたことは無い、ということを知らない。中土では陶唐〔尭〕より後、微妙で奥深いものを探求する人物が代わる代わる現れ、とくに前朝に利氏〔リッチ〕が来訪してからは、暦算の精密さが極まった。伏して『数理精蘊』を読めば、その全巻の宗旨はみな中土に遺された推歩〔天体の運行を推算し、暦法を定める法〕を受け継ぎ、泰西の法を参用し、それゆえますます精密である。後の聖明も、これを凌駕することはできないだろう。(55)

ここからは、徐朝俊の西学研究が、士大夫のあいだに「諸例の禁」に触れることを恐れて暦算に手を伸ばすことを躊躇する傾向があり、朝廷は民がこれらを「知る」ことまで禁じたわけではないことを知らない、という問題意識を出発点としていたことが窺える。なお梅文鼎『学暦説』にも同じ論旨がみられ、徐朝俊が参照した可能性は高い。

また、ここでの「諸例」は、『清律集解附例』第四部・礼律の次のような条例を指すだろう。

凡そ自宅に勝手に天象に関する器物、たとえば璇璣、玉衡、渾天儀〔いずれも天文観測儀器〕の類や、天文および推歩測験の書〔中略〕を収蔵した者は、杖一百に処す。天文生でないのに勝手に天文を学んだ者も、同じ罰に処し、ならびに犯人の名のもとに銀十両を追徴し、告発者に報賞として与え、器物などはみな官有とする。(56)

占星術は清代に限らず、古くから「天文」と称され私習が禁じられた。

また「民はこれに従わせればよいので、知らせる必要は無い」とは、『論語』泰伯の一節である。[57]その否定は、同時に「民をして知らしむべし」の宣言を意味した。

前述したごとく、徐朝俊は『中星表』が呉省蘭編の叢書『藝海珠塵』に収められたのをきっかけに、その説が関心を呼び、もっと聞きたいと希望する人が多かったので、『高厚蒙求』を編むにいたったと自ら述べていた。そしてその際に彼が心がけたのは、「その説のうち浅近なもの」を選び、「天を窺う者の入門書」とすることであった。これらのことを踏まえると、彼が「災祥を語ること」つまりは占いなどに関わらない限りでの暦算を、広く「民をして知らしむべき」ことと位置づけ、その門戸を広く開くのに寄与するような書物を世に出すことを意識したのは明らかである。

(2) 歌訣・図表の駆使

それでは「民をして知らしむ」るために、徐朝俊は具体的にどのような方策をとったのか。この点に関しては、『中星表』・附太陽出入時刻盤圏法の次の文章に明らかである。

かつて天学諸書を閲覧したとき、熊三抜の『簡平儀説』を得たが、説があって図が無かった。図が無ければ、説にもとづいて儀器を制作するのは難しいので、この儀器が流伝することは絶えて少なかったのである。また陽瑪諾の「太陽十五省出入図表」も得たが、表の作成の源を載せておらず、十五省以外も北極出地が各々異なるのだから、本当の時刻を知るのが難しい。[58]

ここでの徐朝俊の不満は、ウルシス『簡平儀説』の「挿し絵が一枚も付けられておらず、その構造を理解するのにやや不便」[59]という側面を突いたものとなっている。また陽瑪諾の「太陽十五省出入図表」とは、ディアス『天問略』に載せられた、北京以下十五省の北極出地(緯度)、日出、日入、昼夜の長短、朦朧影(地平気差と思われる)の表を指すだろう。徐朝俊の不満は、十五省といっても各省は広く、一省のなかでも北極出地が多様なので、表をもっと発展させ詳細にする必要があるが、作表の法が示されていないので難しい、という問題を捉えたものとなっている。

そこで徐朝俊は、『簡平儀説』を補うため「定節気線法」「定時刻線法」「簡平儀天盤」の三図を載せる。これらは極線、二十四節気線、十二時刻線を引いた、簡平儀を構成する盤面を表す。これは同時に『天問略』の太陽出入表を補うことにもなる。なぜなら徐朝俊は、この表は簡平儀を用いて作成されたと述べているからである。[60]

こうした図表へのこだわりは、ほかの部分にも見られる。第一章第二節で取り上げた『合図』はまさにこうしたこだわりによる産物である。徐朝俊は『合図』南極図に次のような文章を付している。

漢唐以前、学士大夫の類は、みな天文に洞暁したものだが、天をつかさどることが一家の専属となるや、この道に究心する者はついに少なくなった。江左〔江蘇省一帯で長江下流東の地域。徐朝俊の出身地松江府など〕にはもともと才人は多いが、天学だけは師承を欠く。これは、その道の難しさを恐れ、研習する者が少なく、学習がつねに及ばないからに他ならない。余は『高厚蒙求』を編輯し、歩天と経天の両訣を採録したのは、区々たる誠意によるもので、同志の子弟が、人に聞かなくても、たちどころに星の名を知ることができるようにとはかったのだ。また思うに、〔図があれば〕それに従って誦読すればますます〔学が〕淳厚質樸となるだろう、そこで黄道中西合図を作り、坊刻に付したが、これは従来の本には無かったものである。学者はただ歌を図に照らし合わせ、図から〔天〕象を求めれば、どうして二十八宿しか胸中に連ねることができないことがあろうか。[61]

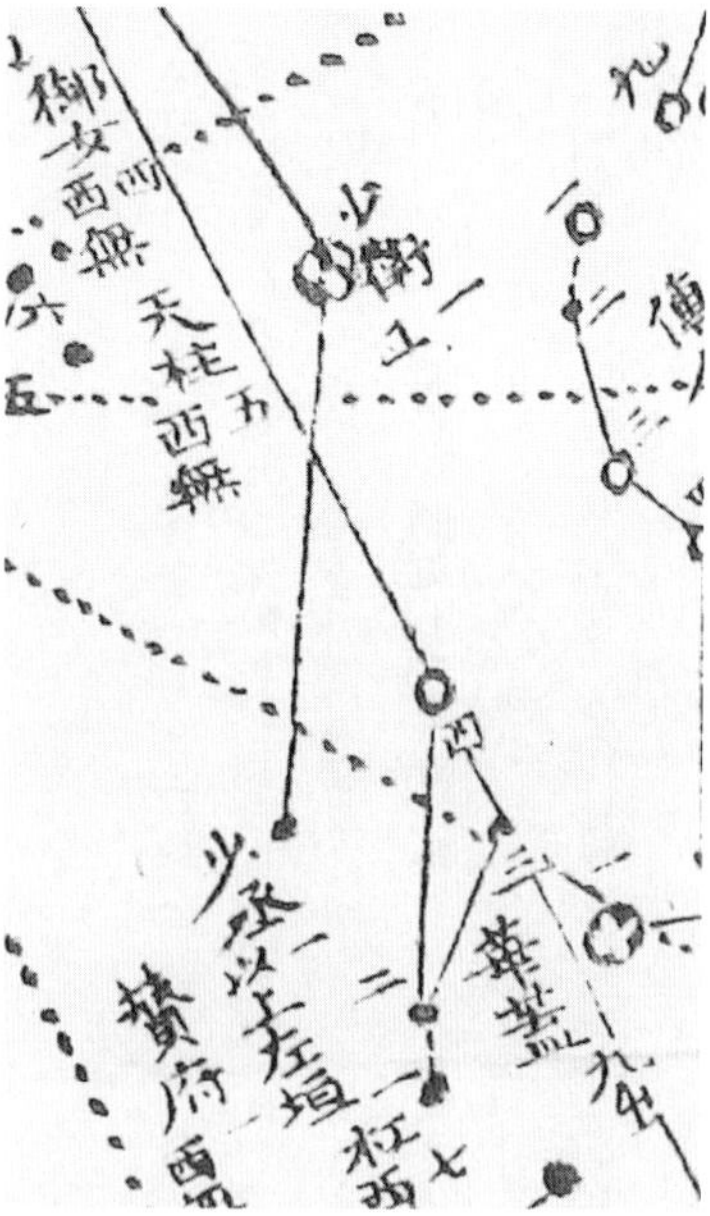

図4　『合図』北極図（部分）

ここに述べられた問題意識は、前述の、士大夫が天文暦算の学を避けている現状を変えたいという考えとも通じるが、そこで徐朝俊が編み出した工夫こそ、〔おそらくは梅文鼎からの引用ではあるが〕歌訣という通俗的な形式を活用し、それのみならず星図という視覚的な補助も加えることで中西双方の星座に親しみやすくするというものであった。

ここで改めて『合図』を見てみると、まさにこの両歌が双方盛り込まれていることが分かる。たとえば北極図にて、前に取り上げた「中元北極紫微宮」〔紫微垣〕の「御女」「天柱」（**図4**左上）を見てみると、「西無」つまり西洋新式の星座には無いことが付記され、また「華蓋」（**図4**右下）には漢数字の「九」とアラビア数字の「4」が組み合わさった「九4」、つまり中国伝統式星座では九星、西洋新式では四星であることが付記されている。さらに南極図を見てみると、「経天該」

の「補南極星歌」などに収録された新しい星座もすべて含まれ、たとえば「孔雀」（**図5**）には「古無」と付記された。なお前述のごとく天の南極付近の星座は『崇禎暦書』で初めて収録されたが、これに付随して作成された『赤道南北両総星図』（一六三四）にもこれらの星座が描かれ、またほかの区域の星座も西洋式のものが星図に盛り込まれた。[62] しかしこの星図では、御女や天柱など西洋式星座に無いものは抹消され、華蓋など星の数が異なるものは西洋式のみに従っている。

　これに対し徐朝俊は、中国伝統式と西洋新式のいずれも捨てることなく、異同を端的に記すことによって、両歌との照合をしやすく、また当時の天文学として網羅的な知識を得やすい形式を用いた。その際、漢数字とアラビア数字を併用する工夫を加えたことも注目に値する。なお徐朝俊は自著の随所でアラビア数字を用いており、彼の西学研究における器具のひとつとなっている。

　なお**図4**や**図5**に見られるように、星の等級もその形（円のなかに二～四個の小円を含むものなど）によって表されている。等級ごとの形の違いについては、南極図に付された表（**図6**）を参照されたい。

（3）分野説から経緯度の採用へ

　さて上記のような、徐朝俊による西学通俗化の試みは、果たして功を奏したのか。この点に関して、再び地方志に立ち

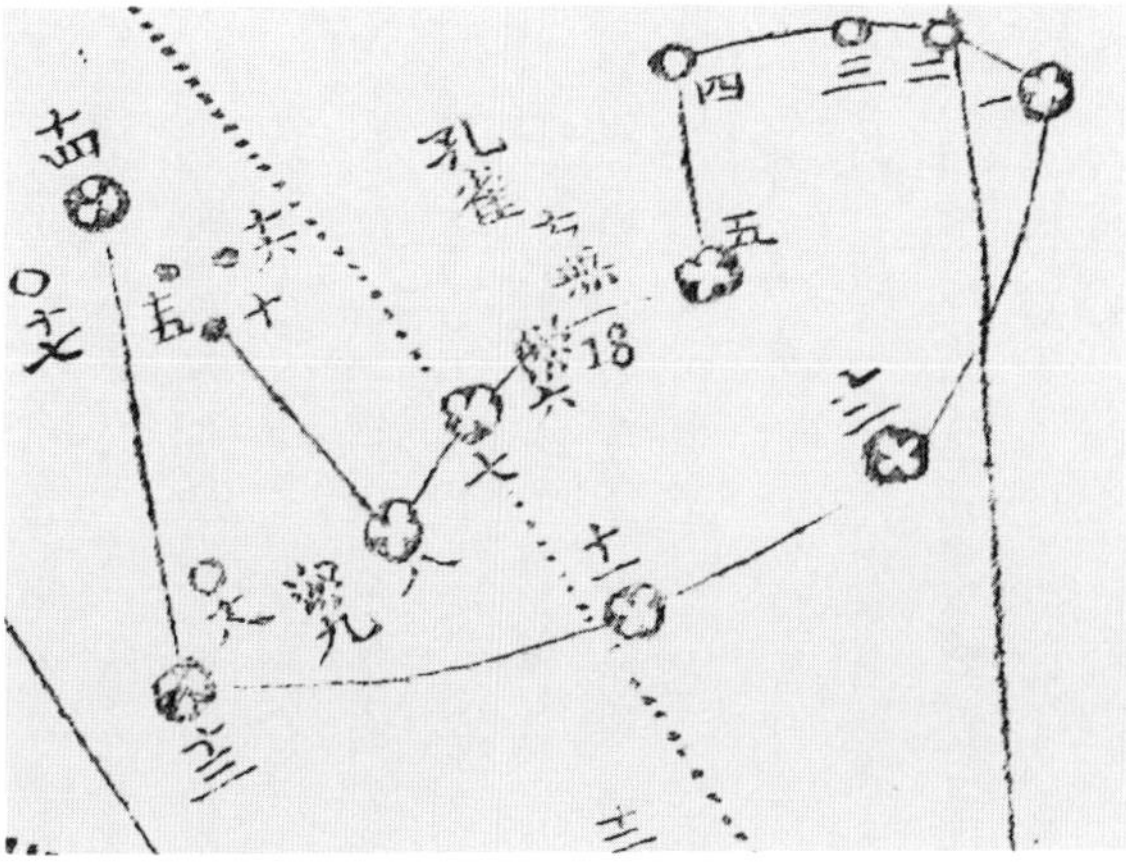

図5　『合図』南極図（部分）

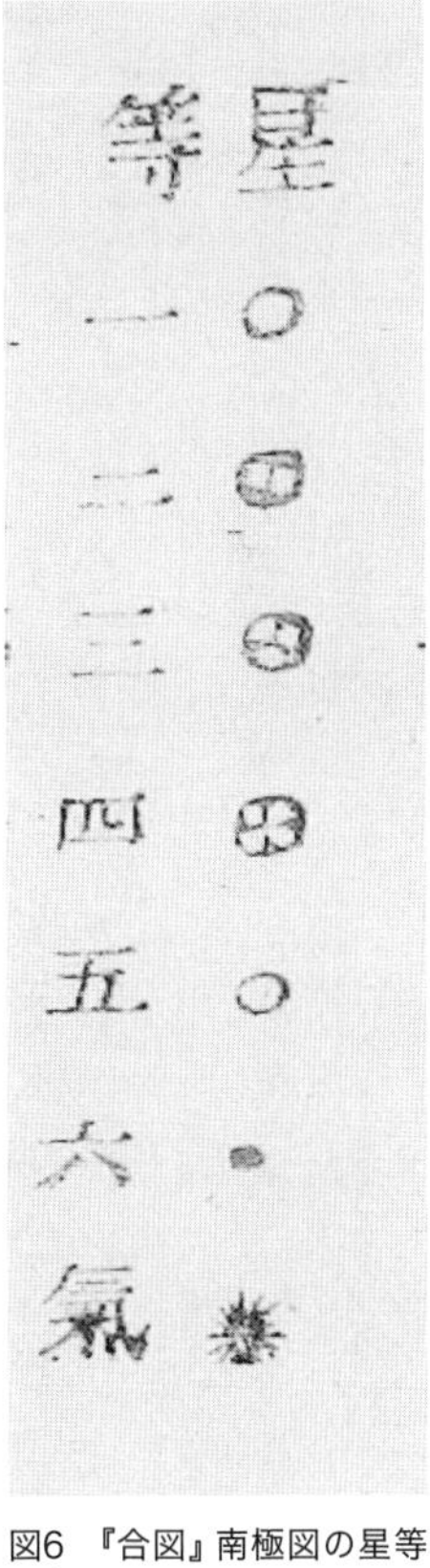

図6　『合図』南極図の星等表

戻ってみたい。清末に公刊された『松江府続志』である。その巻四十・拾遺志には、次のような興味深い記述がみられる。

高宗純皇帝は『御製題毛晃禹貢指南詩注』で、星野の説を詳しく取り上げ「信ずるに足らず」と言われた。嘉慶のとき、我が郡の徐朝俊は中西の学に通じ、経緯度表を載せようとしたが、果たされなかった。ゆえに前志の星野は、ただ府志の旧を踏襲したのだ。[63]

冒頭に出てくる乾隆帝の著述は『御製題毛晃禹貢指南六韻』ともいい、その「星野の説」をめぐる「信ずるに足らず」の言とは、次のものを指す。

分野の類は、二十八宿を十二州（禹貢九州に幽州、并州、営州の三つを加えた地域概念）に分配するのみで、そのほかは何に属するというのだろう。そもそも天の覆わないところは無く、星もまた天に同じく壮麗で照らさないところは無い。いま十二州はみな中国の地だが、中国の外はこの〔天や星の〕昭昭たる内に無いというのか。かつ、そのなかでも地は狭くて星は多いところ、また地は広くて星は少ないところがあり、天度に地輿を合わせようとしても無理がある。〔中略〕思うに分野の説とは、もともと信ずるに足らず、災祥というのも讖緯に近く、みな正道ではない。[64]

ここでは、天の二十八宿を地理区分に当てはめた伝統的な星野説、あるいは分野説が、災祥の占いや讖緯とともに痛烈に批判されている。そしてこのような新しい考え方に連なるものとして、「前志」つまり嘉慶期編纂の『松江府志』における、徐朝俊の「経緯度表」適用の試みが取り上げられているのだ。ただし「果たされなかった」の言葉通り、『松江府志』巻一・疆域志は、松江を南斗や星紀（斗牛）の所属とする伝統的な分野説をとった。[65]

これに対し、上掲の分野説批判を繰り広げた『続志』巻一・疆域志では、『数理精蘊』『暦象考成』『儀象考成』などとともに徐朝俊の「揆日正方図表」（『高厚蒙求』第四集所収）、「日晷測時図法」（同第三集所収）、「中星儀表」（おそらく『中星表』のこと）を参考文献として挙げ、松江府の北極出地を三十一度、京師を正中経度とすると偏東四度二十七分とした。[66]つまり分野説ではなく経緯度による位置表示に転換したのだ。そしてここで示された数字は、「揆日正方図表」での松江府の北極出地三十一度十分とほぼ一致する。

じつは徐朝俊は、前述のごとくディアスによる「太陽十五省出入図表」をより発展させるため、簡平儀の図を補っただけでなく、「揆日正方図表」では「時刻盤」（やはり簡平儀を指すと思われる）や象限儀、各種の日晷の図解や用法、測量に必要な八線表＝三角関数、「以三率求四率法」＝三数法などの計算法を詳しく載せている。そしてこれら西学由来の儀器や計算法を駆使して、十五省よりもはるかに細かく、塞外も含む各地の北極出地度、および各地の日の出入、朦朧影を割り出し、表にしている。この課題に対する彼の熱心さが窺える。

おわりに

徐朝俊は、戴震のごとく西学を通じて「自らの数理体系を構築した」(67)わけではなかったかもしれないが、家学として西学研究を継承し、西学に大いに傾倒した。その方法は明清時代の宣教師による各西学書や、梅文鼎の著作などを少しずつ切り貼りして集めることを中心としており、祝平一のいう「文抄テキスト」(68)に近いものであった。ただし既存の西学著作から得た幅広い知識を入門書の形で開陳するだけでなく、ときには西学由来の「重性」論や儀器、計算法を独自に応用し、中国の人々へ向けて地球説を補強し、各地の北極出地度および日の出入がより細かく把握できるようにしたほか、図表を補うなどの工夫によって通俗化し、西学愛好者の裾野を広げることに意を注いだ。徐朝俊自身はおそらく漢学者とはいえないだろうが、当時漢学者にさまざまな霊感を与えた西学を、強力に支えたひとりであることは間違いない。

そして徐朝俊の西学研究の集大成といえる各地の北極出地および日の出入などの表は、地方志という地域社会に根差した出版物において、分野説から経緯度による位置表示への転換を促した。このことは、西学と民間との接続を兆すひとつの画期点といえるだろう。

注

(1) この点に関する代表的な研究として、石井剛『戴震と中国近代哲学——漢学から哲学へ』（知泉書館、二〇一四年）およびMinghui Hu, *China's Transition to Modernity: The New Classical Vision of Dai Zhen*, University of Washington Press, 2015が挙げられる。また祝平一は、プレマール（馬若瑟、一六六六～一七三六）と親しく交際し、自ら信徒となった士大夫の劉凝（一六二〇～一七一五）なる人物に焦点を当て、その六書などをめぐる文字学と「天学」との関係、および乾嘉の学との共通性を明らかにしている。祝平一「劉凝与劉壎——考証学与天学関係新探」（『新史学』第二三巻第一期、二〇一二年）およびPingyi Chu, "Philological Arguments as Religious Suasion: Liu Ning and His Study of Chinese Characters", Martin Hofmann, Joachim Kurtz & Ari Daniel Levine (eds.), *Powerful Arguments: Standards of Validity in Late Imperial China*, Brill, 2020を参照のこと。

(2) 明清時代の士大夫と宣教師との交際や、士大夫および仏僧と宣教師との論争の概略については、岡本さえ『イエズス会と中国知識人』（山川出版社、二〇〇八年）を参照。

(3) 明清時代の西学、とくに西欧天文学の導入の概略について

は、薮内清「中国の天文暦法」（『薮内清著作集』第一巻、臨川書店、二〇一七年。初出は『中国の天文暦法』平凡社、一九九〇年）、一六一—一八六頁を参照。

（4）祝平一「跨文化知識伝播的個案研究——明末清初関於地円説的争議、一六〇〇～一八〇〇」（『中央研究院歴史語言研究所集刊』第六十九本第三分、一九九八年）および同「伏読聖裁——『暦学疑問補』与「三角形推算法論」（『新史学』第十六巻第一期、二〇〇五年）。

（5）川原秀城「戴震と西洋暦算学」、同編『西学東漸と東アジア』（岩波書店、二〇一五年。初出は『中国思想史研究』第一二号、一九八九年所載）を参照のこと。

（6）断片的なものが多いが、比較的充実した解説として明清時代における自鳴鐘の受容については、張遐齢・吉勤之主編『中国計時儀器通史』近現代巻（安徽教育出版社、二〇一一年）一五三—一五六頁が挙げられる。

（7）王爾敏「近代科技先駆徐朝俊之『高厚蒙求』」（『史林』二〇一二年第二期、二〇一二年）。ほかに『高厚蒙求』のモンゴル語版を分析した論文として、王慶・陸思賢・李迪「『高厚蒙求』的蒙文摘訳本初探」（『科技史文集』第一六輯、一九九二年）がある。

（8）徐朝俊，字冠千，号恕堂。居東亭橋，嘉慶二十一年婁籍歳貢生。精数学，嘗作龍尾車以溉田。知府唐仲冕，嘗刊其図，頒之各県。子炳枢，号雲岱。道光年婁籍恩貢生。績学能文，侯官林文忠公撫江蘇，炳枢上書，請修華亭海塘，林公韙之，迺請帑大修焉。従子良鈺，号式如，道光二十四年挙人，潜心経史，旁通術数，間以詩酒，自娯陶然也。

（9）徐朝俊，字恕堂，歳貢生。性聡慧，精天文術数之学，著有窺天管見、高厚蒙求等書。

（10）爰択其説之浅近者如干条，或本管見，或本鈔摘，録以付刊，為窺天者開従入之門。

（11）前掲論文、王爾敏「近代科技先駆徐朝俊之『高厚蒙求』」。

（12）前掲論文、王慶・陸思賢・李迪「『高厚蒙求』的蒙文摘訳本初探」、七四頁。また後述するように、『高厚蒙求』は隋の丹元子による「歩天歌」と、明代に作られた『経天該』という二つの歌訣を引いており、『合図』はこの両歌の内容の視覚化という面も持つ。この点に関して、石雲里は「徐朝俊は『高厚蒙求』でも自分が『経天該』の星図をほかに刊行したと述べている」が、『経天該』の国内に現存する五つの版本（『経天該』を引用した『高厚蒙求』を含む）には「相当する星図が見当たらない」、とする。石雲里「『経天該』的一個日本抄本」（『中国科技史料』第十八巻、第三期、一九九七年）八六頁。

（13）『松江府志』巻六十。

（14）嘉慶丁卯，吾郷呉稷堂先生致仕家居，将余所撰中星表及儀器図説，刊入藝海珠塵梓，客因知余稿，尚多再三来請。

（15）先世愛研数理，手造泰西儀器，五代于茲矣。

（16）前掲論文、王爾敏「近代科技先駆徐朝俊之『高厚蒙求』」、七七頁など。

（17）俊於制挙業暇，嘗従先君子側，聞緒論，愧不能有所発明。稍長，而所与居遊，第以自鳴鐘表相詫異。夫鐘表誠兼巧力，而数理則別孕精微。

（18）明清時代における自鳴鐘の受容については、前掲書『中国計時儀器通史』近現代巻、三一—一五六頁、および李侑儒『鐘錶、鐘楼与標準時間——西式計時儀器及其与中国社会的互動（一五八二～一九四九）』（国立政治大学歴史学系、二〇一二年）に詳しい。

（19）昔先君子在時，嘗撫徽人所製之晷，愛其藻繢之極工，輒惜其師承之無本。爰口授余作種種晷法。一曰平晷、〔中略〕一曰豎晷、〔中略〕一曰百遊公晷、〔中略〕他如百遊空晷、百遊柱晷、百遊十字晷、四正晷、四偏晷、輪晷、盤晷、柱晷、東西晷、偏東偏西晷、偏上偏下晷、圜中晷。

(20) 陳美東・華同旭主编『中国計時儀器通史』古代巻（安徽教育出版社、二〇一一年、第三篇「日晷」（鄭可卉・李迪執筆））三三一—三五五頁に詳しい。

(21) これらの『日月星晷式』での内容については、前掲書『中国計時儀器通史』古代巻、三三一—三五三頁を参照した。

(22) 前掲書『中国計時儀器通史』古代巻、三三二頁。

(23) 石雲里「竜尾車提水効能研究——兼論明清時期欧洲竜尾車縁何未能取代中国竜骨車」（『中国農史』二〇一七年第二期、二〇一七年）一二五—一三四頁を参照のこと。

(24) 同右。なお石雲里は諸聯『明齋小識』（一八三四）を引いており、本稿で引いた『松江府続志』の竜尾車に関する記事も、年代の近いこの筆記をもとにした可能性がある。

(25) 天体渾円，包乎地外，周旋無端。其形渾渾，故曰渾天。元気充塞，囲注地心，而地乃得懸空而不偏墜。西人航海，嘗以遠鏡察天体，則見稜層凸凹，堅而且軽，又如葱頭之皮，明而無色，層層通透，光似琉璃。日月五星，皆遂層附麗而動。其最上一層為宗動天，則自東而西，其下八重，則自西而東。

(26) 中村士・岡村定矩『宇宙観五〇〇〇年史——人類は宇宙をどうみてきたか』（東京大学出版会、二〇一一年）二九—四二頁。

(27) 安大玉『明末西洋科学東伝史』（知泉書館、二〇〇七年）一六三—一七三頁。

(28) 前掲書、安大玉『明末西洋科学東伝史』、一六三—一八五頁。

(29) 此九層，相包如葱頭皮焉。皆硬堅，而日月星辰定在其体内，如木節在板，而只因本天而動。第天体明而無色，則能通透光，如琉璃水晶之類，無所碍也。

(30) なお『乾坤体図』では文章では九重天をとる一方で、図では十一重天をとり第十一重天は「永静不動」の天つまり最高天（エンピレウム天、神学上の創造物で天国のある場所とされた）、そして第十重天が「宗動天」、第九重天は「水晶天」となっている。こうした混同の生じた原因として、安大玉は宗動天および水晶天がもともと実在の天体を前提とするというよりは、地球の自転に伴う現象や歳差現象の説明のため導入されたに過ぎないからだとする。前掲書、安大玉『明末西洋科学東伝史』、一七二—三頁。

(31) 又就日躔所経赤道，内外二十三度半強，斜交于赤道南北者為黄道。なおここで先に出てくる「赤道」は太陽の通り道＝黄道を指し、後の「赤道」は天の赤道を指すと思われる。

(32) 地体之周，以天度計之，当得九万里。地以二百五十里為一度。又以径一囲三計之，其厚為二万八千六百三十六里零百分里之一。

(33) 前掲書、安大玉『明末西洋科学東伝史』、一六八頁。

(34) 如人在極南，能見近南極諸星，而北極之星不見。人在極北，所見者反是。則地体之円，可無疑矣。〔中略〕若論形撫，則沙土山海，合成一箇円球。

(35) 祝平一「跨文化知識伝播的個案研究——明末清初関於地円説的争議，一六〇〇～一八〇〇」（『中央研究院歴史語言研究所集刊』第六十九本三分、一九九八年）五九六頁。

(36) 前掲論文、祝平一「跨文化知識伝播的個案研究」、および前掲書、安大玉『明末西洋科学東伝史』一九〇—二〇七頁を参照のこと。

(37) 前掲論文、祝平一「跨文化知識伝播的個案研究」六二八―六三四頁、および前掲書、安大玉『明末西洋科学東伝史』二〇一―二〇七頁。

(38) 平岡隆二「『天経或問』の刊本と写本」(『科学史研究』第Ⅲ期第五十八巻、二〇一九年)三頁。

(39) 苟欲明人有対足底行之理、当先知東西上下之称、皆拠人現在所処之地言、而無定所。又須知地懸大気適中、其于天之上下四旁無偏著、亦無偏近。故地球中心為離天最遠之処、即為周囲重性所趨之処。故山海人物、皆無傾倒之虞。曷言乎東西無定称、如人居極東、則此為午、彼為酉、居極西、則此為午、彼為卯、居地下、則此為午、彼為子。此可見東西之無定所也。亦曷言上下無定称、如火性炎上、尽人知之。試設一熾炭於此、置物炭上遠寸許則焦、置物炭下遠寸許則微熱、遠至尺許、則並不覚其熱矣。炎上故也。至太陽之火、自日輪天至地平、相去一千六百零五万五千余里、其熱尚能爍物。必執炎上之説、則日輪以上諸星天、得不為所焦灼乎。可知日在地下則上炎、在地上則下射、則又日性之趨重地心故也。苟以火可下射絜之、則人足底独不能相対行耶。

(40) マックス・ヤンマー(高橋毅・大槻義彦訳)『空間の概念』(講談社、一九八〇年)三二頁。

(41) 一説謂近地恒有湿気、日出入時、帯此湿気、故如水中視物、物形恒見大于物体。〔中略〕陽光直射下土、安得有湿気見障、西人不知陽火祇射地心。上篇具已詳説。太陽在東、祇向地球東面射心、而于東南一隅仍有湿気、障東望之目。

(42) 不知地懸空際、居中無着四際、離天並無遠近。

(43) 土星之大、大於地九十倍又八之一。其形体則両旁有二小星、経久則漸近土、後或合而為一、如卵両頭、又如鼓之有両耳。

(44) 用以観土星、則見両傍有両小星、経久則漸近土、遂合而為一、如卵両頭、有二耳焉。

(45) 前掲書、『中国計時儀器通史』古代巻、三九三―三九四頁。

(46) 天動地静、地之東西上下有定。

(47) 西人謂地動天静之説、雖有拠、究属可論不可信。

(48) 橋本敬造「清朝・康熙帝下のフランス科学――『暦法問答』にみえる地半径差と清蒙気差」(『関西大学東西学術研究所紀要』第三一号、一九九八年)三三―三四頁。

(49) 江暁原「耶穌会士与哥白尼学説在華的伝播」(『二十一世紀』第七三号、二〇〇二年)九五―一〇〇頁。

(50) 以上の「歩天歌」の概略については、陳美東「陳卓星官的歴史嬗変」(『科学史文集』第一六号、一九九二年)を参照した。

(51) 前掲論文、藪内清「中国の天文暦法」、一七七―一七八頁。

(52) 前掲論文、石雲里「『経天該』的一個日本抄本」、および同「王応遴与『経天該』関係的新線索」(『中国科技史雑誌』第二十七巻第三期、二〇〇六年)。

(53) 明有泰西利瑪竇、作経天該、一名経天訣。

(54) 大崎正次『中国の星座の歴史』(雄山閣出版、一九八七年)一一〇―一一二頁。

(55) 独惜吾党不乏好古嗜奇之士類、多諉諸例禁、置不敢言、不知国憲所垂祇為師巫妄語災祥特厳禁例、而于二曜五星之運動、定差置閏之精微、聖天子声教覃敷、原未嘗但使之由、不使之知也。中土以陶唐以後探微抉奥、代有其人、自前朝利氏来賓、而暦算之精、於斯為極。伏読数理精蘊、全函宗旨皆承中土所遺推歩、参用泰西之法、以故精而益精。後有聖明、宜必無駕乎其上者。

(56) 凡私家収蔵天象器物、如璇璣、玉衡、渾天儀之類、天文、推歩測験之書、〔中略〕杖一百。若不係天文生私習天文者、罪亦如之、並於犯人名下追銀一十両、給付告人充賞、器物等項、並追入官。
(57) 子曰，民可使由之，不可使知之。
(58) 嘗閲天学諸書，得熊三抜簡平儀説，有説而無図。無図，則難因説以制器，故是儀絶少流伝。又得陽瑪諾太陽十五省出入図表，而不載作表之源，則十五省外北極出地不同，並難得実在真時刻。
(59) 前掲書、安大玉『明末西洋科学東伝史』二六九頁。
(60) 簡平儀にはさまざまな用途があるが、そのなかに各地の南北極の出地度、昼夜の長短、日の出入を測ることが含まれる。詳しくは前掲書、安大玉『明末西洋科学東伝史』二七一―二七六頁を参照のこと。
(61) 漢唐以前，学士大夫類，皆洞暁天文，洎乎司天専属一家，而究心此道者遂尠。江左素称才藪，於天学独欠師承。此無他，心畏其難，故講貫少，而肄業恒不及焉。余輯高厚蒙求，備採歩天、経天両訣，区区之沈良，欲為儔人子弟，不煩指示，而頓識星名。又念有歌無図，循誦適増淳悶，爰作此黄道中西合図，創坊刻，旧本所未有。学者第以歌按図，按図求象，則何求止二十八宿羅胸中而已哉。
(62)『赤道南北両総星図』については、李亮「皇帝的星図――崇禎改暦与『赤道南北両総星図』的絵制」(『科学文化評論』第一六巻第一期、二〇一九年)に詳しい。
(63) 高宗純皇帝御製題毛晃禹貢指南詩注，詳言星野之説不足信。嘉慶時，我郡徐朝俊通中西之学，欲立経緯度表，未果。故前志星野，但承郭府志之旧。
(64) 分野之類，乃以二十八宿主十二州分配無余，此外更当何属。夫天無不覆，星麗乎天，亦当無不照。今十二州，皆中国之地，豈中国之外，不在此昭昭之内乎。且其間有地少而星多，亦有地多而星少，以天度地輿準之，亦不均。〔中略〕蓋分野之説，本不足信，而災祥則更隣于讖緯，皆非正道。
(65) 古呉地，揚州之域上属南斗。呉郡志，揚州上属星紀。
(66) 嘉慶道光間，郡人徐朝俊著有揆日正方図表，日晷測時図法，中星儀表，顧觀光著有推歩簡法，論算頗具。茲敬遵御製数理精蘊，曁暦象考成，儀象考成諸編，倣徐氏顧氏意，衍之。〔中略〕松江府城，北極出地三十一度，奉京師為正中経度，偏東四度二十七分。
(67) 前掲論文、川原秀城「戴震と西洋暦算学」、二〇五頁。
(68) 祝平一（高津孝訳）「テキストの鏡影――抜粋本と清初の暦算学」（陳捷編『医学・科学・博物――東アジア古典籍の世界』勉誠出版、二〇一七年）を参照のこと。

附記　なお本稿の作成にあたってJSPS科研費JP 17K13327, 18J00160の助成を受けた。

附記2　本稿中に掲載した**図1～6**は、いずれも国立公文書館所蔵『高厚蒙求』および附「黄道中西合図」（子056-0002）を撮影したものである。ここに謝意を表する。

清朝考証学における意味論分析の数学的原理と満洲語文献への応用――データ・サイエンスとしての漢学

渡辺純成

わたなべ・じゅんせい――東京学芸大学教育学部助教。専門は東アジア科学史、満洲語言語学。主な著書・論文に『西学東漸と東アジア』（共著、岩波書店、二〇一五年）、「『大学』「格物」は満洲語にどのように訳されたか（上）」（『満族史研究』一七、二〇一八年）などがある。

統計言語学や自然言語処理と両立する、文脈に密着した意味論分析の原理を、現代数学（測度論）を用いて定式化する。この定式化が、満漢対訳資料の言語学と古典学において有用であることを示す。さらに、言語とテキストに関する清朝考証学の種々の方法論が、数学的側面を濃厚に有することを、指摘する。

はじめに――動機と基本的視点

梁啓超以来、さまざまな論者が、清朝考証学の方法論は科学的である、と評価しているが、この「科学性」の内実は、何だろうか？　たとえば現代自然科学において、理論系の諸科学と実験系の諸科学とフィールドワーク系の諸科学とのあいだには、具体的な研究方法と研究者に要請される資質の双方について、明瞭な違いがある。したがって、清朝考証学の方法論の科学性について語るばあいにも、「実証的だから科学的である」というだけならば、あまりにも粗すぎて、方法論を適切に分析したことにはならない。近世西欧自然科学が清朝考証学に及ぼした影響について検証するばあいにも、後者の「科学性」の内容を特定したうえで前者の「科学性」の内容と照合しなければ、有意義な議論にはならないのである。本稿では、清朝考証学の部門であって、数理科学の側面をもち得るものの方法論を、現代的観点から検討する。現代数理科学は十九世紀までの数理科学よりもはるかに豊富であるので、数理科学の側面をもち得る前近代の東西のさまざまな学術の方法論を比較する場として適している。また、現代的観点から清朝考証学の方法論を見なおすことは、電子人文学のための理論を開発するという点でも、充分に意味がある。

「清朝考証学の方法論における数学的原理は何か」という問題について解答が存在することは、すでに保証されている。二つの例を以下に挙げよう。

写本・版本伝承の系統推定と原テキストの復元は、文献学としての清朝考証学の重要な部門の一つであった。ところで、西洋古典学において前世紀から知られているように、写本・版本伝承の系統推定は、生物学における種や変種の系統推定と方法論が類似している。方法論の数学的側面に着目すれば、いずれの系統推定も、変異の出現がしたがう法則性としての確率過程の分析を含む確率論や、変異の担い手たちのあいだの継承／被継承関係を表示する有限グラフに対するグラフ理論の、応用問題となっている。[1] 系統推定の結果に基づいた原テキストの復元も、テキストの表現形式を支配する自然言語の規則性という、決定論的な側面をもちつつも、復元行為における確率論的あるいは統計学的考察が、重要な役割を果たしている。

また、音韻論も、漢語言語学としての清朝考証学の重要な部門の一つであった。一般に、音韻論では、古代漢語の韻母や声母の共時的構造とそれらの通時的変化の推定にせよ、あるいは、形態論が豊富な他の言語における、音韻体系の共時的構造――ここでは、活用・曲用などの結果についての具体的な音声表現の導出も含め、形態論と音韻論の交わる領域についても考えている[2]――とそれらの通時的変化の推定にせよ、音の基本的単位を要素とする有限集合あるいは有限集合たち[3]と、それらから構成される音の連なりを要素とする高々可算な集合である状態空間上の、変形あるいは遷移に関する有限個の規則を設定することで、観察される現象を例外なく、できるだけ単純に説明することが課題である。過去の言語に関して文献資料を通じて観察される現象については、写本・版本伝承において発生する誤記を除去するために確率論的考察が必要になることもあるが、確率論は音韻論において本質的ではない。現代語の音韻論的分析は、有限集合または可算集合上で定義された記号力学系についての決定論的な角度からの記述と分析[4]として、みることができる。

以上の二つの例については、文献学や言語学・自然言語処理に関する研究文献のなかですでに解説されているので、本稿で繰り返すことはしない。以下で検討し議論したいことは、自然言語の意味論に対する用例に密着したアプローチが、現代数学によって定式化できること、そして、清朝考証学における意味論の扱いかたが、本質的には今日の数理科学や自然言語処理と整合的な方式で行なわれていたことである。このような種類の議論は、通常の学説史の歴史学的な研究の範囲からは大きく逸脱している。しかしながら、さきにも述べたように、

(1) 清朝考証学におけるテキストの読解方法は、東アジアの古典学の方法論として今なお有効であり続けている。したがって、その理論構造を電子人文学と接合しやすい数学的なかたちで定式化することは、現代における古典学研究において充分に意味をもっていること、

(2) 清朝考証学や現代の古典学・言語学的な研究の成果に対する評価について、従来は経験的あるいは伝統的な観点から述べられていたが、われわれの定式化は、それらの評価基準を理論的に説明できるという点で、説明能力を充分にもっていること、

(3) 本稿で採用する手法に基づく先行研究が、言語学でも数学でも存在していなかったこと

の三つの点から、本稿でのわれわれの試みは正当化できるものである、と考える。なお、本稿で現代数学をもちだしたことの理由をやや詳しく述べれば、それが、現在われわれが用いることのできる概念体系のなかでは、最も哲学的に無色であって、研究者の側の思い入れを排除することが容易にできることと、無限なるものを扱う方法が多数開発されているという点で、最も強力で柔軟な道具であるということとの、二つにある。もちろん、現代数理科学は清朝考証学の外部にある概念体系であるので、概念体系は、まず、その内部構造を分析すべきである、という今日広く受け入れられている思想史・哲学史研究の方法論からすれば、われわれの立場に対して異議が起こるかもしれない。この異議に対して、さきに弁明しておくならば、一般に、一つの概念体系は、その内部構造を記述し分析するだけではなく、他の概念体系からどのようにみえるかも記述しなければ、それを充分に理解したことにならない。一つの概念体系において単純な対象が、他の概念体系において複雑な対象にみえるのならば、その複雑さをありのままに記述すれば、理解は達せられる、というのが、われわれの立場である。われわれの立場は、一つの概念体系において単純な対象を、他の概念体系における単純な対象にむりやり同定する、(5) ということではまったくないことを、注意しておく。

一、数学的枠組みの導入

本節では、自然言語の意味論的構造を、古典学にも応用できるレベルで分析するための数学的枠組みを、提示する。こ

こでは、完全な公理系を天下りに与えるのではなく、必要な、あるいはもっともらしい要請を、現実の観察から導きだす、という方針を取る。古典解釈学に応用した際にうまく作動することが最も重要であり、また、前例がない議論なので、要請したことがらの妥当性をいちいち確かめておく必要があるからである。完全な公理系を与えることは今後の課題であって、その際には、ここでの議論とは逆向きに数学的対象を定義してゆくほうが適切であると思われる。

一・一　言語学、文体分析、古典解釈学の分離

未知の要素をもつ言語で書かれ、かつ、成立過程に不明な点が残る、過去の時代に作成された資料に対する古典学的な研究は、言語学に属する分析——特に、自然言語の意味論に関する分析である——と著訳者推定——文体分析に帰着する——と古典解釈学に属する分析とを、ほぼ同時に、かつ、安全に、つまり、循環論証にならないかたちで分離しつつ、適切に行なわなければならない。現代語の談話／文章について、資料で使用されている言語の母語話者が調べる際には、すでに言語が知られているので、著訳者推定と内容の分析のみが課題となる。著訳者推定に際しては、母語話者としての直観に助けられながら、適切な判断基準を定量的なかたちでみつけて、それを適用することに、専念すればよい。非母語話者が調べるばあいにも、現代語では、分析すべき談話／文章以外の言語資料を、独立に、かつ大量に収集できるので、まず、収集した言語資料である生のコーパスに基づいて言語学を確立し、それから、確立された言語学に基づいて、著訳者推定と内容の分析に移ることができる。問題は、死語、あるいは、あまりにも変化したために現代人にとっては未知の部分が多くなった過去の言語と、それによって書かれた文章についてである。このばあいには、研究者が新たに言語資料を収集し追加すること、そして言語学を、研究対象となる資料とは独立に確立することが、原理的にできない。同一の資料群に対して、言語学的、文体論的、古典解釈学的[6]という三種類の分析を、適切なやり方で組み合わせながら行なうことが、必要となる。

これら三種類の分析を、客観的、かつ、安全に分離するための唯一の方法は、資料に対して定量的な分析手法を適用することである。言語学的要因たちと文体論的要因たちと解釈学的要因たちとでは、資料のなかで作用する範囲が異なっている。言語学的要因たちは、同一時代に同一言語で作成された資料群の全体に作用する。文体論的要因たちは、特定期間の同一の著訳者によって作成された部分にのみ作用する。古典解釈学で扱われるべき要因たちは、難読の箇所のみに作用

する。頻繁に起きる種類の言語現象については、これらの要因たちの作用する範囲の違いが、用例の分布状況と用例数の規模の違いとして現れるので、作用している要因たちの種類を分離できる。分離が適切か否かは、定量的な基準によって判断できる。このような状況では、広い範囲でなりたつ構造からさきに確立してゆくのが適切であるので、最初に言語学上の結果を確立する。つぎに、言語の共通構造からのずれとして資料に固有の文体を分析し、必要ならば著訳者や成立年代を推定する。資料の言語的性質をこのように把握したあとで、最後に内容について、古典解釈学に属する分析に着手する。稀にしか起きない種類の言語現象については、要因の作用する範囲の違いを、用例の分布状況や用例数の規模の違いとしてみてとることができないので、著訳者推定などの詳細な分析は断念するのが賢明である。

言語学的要因たちと文体論的要因たちと解釈学的要因たちとをこのように分離するためには、独立な用例を多数集めることが必要である。統計学において、有意水準として通常は五パーセントあるいは三パーセントが設定されることを考慮すれば、広範囲に作用する要因に支配されるであろう言語現象の規模、すなわち用例数は、狭い範囲で作用する要因に支配されるであろう言語現象の規模の二十〜四十倍ぐらいにはなっていることが、望ましい。[9] 狭い範囲で作用する要因に支配される言語現象については、伝承過程で資料に生じる誤記などの影響を除去するためには、用例数がせめて二桁はあることが望ましい。すると、広範囲に作用する要因に支配されるであろう言語現象の用例数は、最低限でも三〜四桁は確保されていなければならないことになる。また、個々の言語学的要因についても、具体的な言語表現の文脈依存性を解明しようとするならば、極めて多数の要因に影響される複雑な現象について、要因一つ一つの影響を分離しなければならないので、疫学におけると同様に、統計学的分析を施すに足るだけの多数の独立な用例を集めておく必要がある。

こうして、過去の言語で書かれた資料の言語的性質について適切に分析するためには、多数の用例を集めることが必要であることが、導かれた。清朝考証学における言語学的分析が、多数の用例を集めることから始まるのは、単なる博学の誇示ではなく、このような意味ももっている。以上の状況を、清朝考証学の当事者たちがどこまで自覚していたかについては、あとで議論する。

先の段落では「独立な用例」ということばを用いたが、これは、用例数が実質的に多数でなければならないことを念頭に置いている。言語学上の結論を導く際には、同一の資料源の特定の箇所からの引用文たちは、いかに多数の文献から収集されようとも、実質的には一つの用例でしかない。このような引用文たちを多数の文献から収集することが意味をもつのは、資料源となったテキストを復元する際に限られる。「独立」であることの内実は、研究目的によって変わる。これは数学的／統計学的には当然のことなので、用例の収集を、判断が不要な単なる機械的な作業であるとみなしていた、ある種の考証学者、あるいは人文学研究者は、数理科学のセンスをもっていなかったことになる。

なお、歴史学は事件の復元から始まるが、[10] 事件は、時間と空間について局所的であればあるほど、容易に復元される。[11] いっぽう、言語学は構造の推定から始まるが、構造は、さきに述べたように、時間と空間について大域的――資料のレベルでは、大量の談話／文章ということになるが――であればあるほど、容易に推定される。つまり、歴史学の方法論と言語学の方法論とは、波の物理現象を解析するフーリエ変換の理論において、時空での局在化と周波数での局在化が互いに相補的であるように、相補的である。このような相補性を意識して使い分けることは、十八世紀やそれ以前の数理科学の水準では極めて困難であった。清朝考証学においても統一的な方法論[12]はなかった、とみるのが適切である。清朝考証学の方法論なるものを、単一の概念だけで括ることができない理由は、この点にもある。

一・二　言語

われわれは、言語システムを、話し手／書き手ひとりひとりの、言語活動（聞く・話す・読む・書くの四種類。内的な独語も含む）の前後で区切られた時間区間のなかで一定な、語彙と文法規則の対として、定義する。語彙は、ある有限集合である。文法規則には、義務として作用するものと、禁止として作用するものが、それぞれ有限個設定され、さらに、それらを適用する際の優先順位も規定されている。「現代英語」「現代日本語」「上古漢語」などのいわゆる「言語」は、話し手／書き手の集団が与えられた際に、そこに属する話し手／書き手の言語システムのすべてがなす集団である、と考える。「現代英語、あるいは現代日本語、あるいは上古漢語などの言語的性質」と呼ばれるものは、個人的な言語システムたちの集団的挙動である。以上の定義は、話し手／書き手のひとりひとりが単一言語話者であるばあいに、適用される。複数の言語システムを一つの言語に括ることが意味をもつのは、音韻論・形態論・統語論が互いにほぼ同型であって――同一であることは要求しない――、かつ、生物学的存在としてのヒトが生活するのに必要な基本語彙が共有されているばあいである。話し手／書き手が多言語話者であるばあいには、ひとりの話し手／書き手の特定の時点における複数の言語システムのなかで、ほかの話し手／書き手のある言語システムと、上述の判断基準によって一括りにできるものを選んでまとめあげることで、話し手／書き手の集団が与えられた際のいわゆる「言語」を考える。有限集合たちのあいだの「ほぼ同型」は厳密に定義された概念ではないので、いわゆる「言語」も、厳密に定義された概念ではない。このことは、「方言」と「言語」の区別があいまいなこととも、密接に関連している。

いわゆる「言語」は、それが死語でないばあいには、世代や生活地や社会階層に応じた共時的変異を、つねに含んでいる。したがって、語彙についても文法規則についても、話し手／書き手のあいだで完全に一致する、あるいは完全に同型であることは、まず、ない。完全に同型であるならば、いわゆる「言語」を同型類として数学的に定義できることになるが、「ほぼ同型である」「よく似ている」としかいえないばあいには、これらの関係は同値関係にはならないので、いわゆる「言語」を同値類として定義することはできない。いわゆる「言語」は、このように、数学的な実体をもっていないので、数学的・統計学的な分析を行なうときには、出発点としないほうが適切である。個人の言語システムから出発することで、われわれは初めて、言語レベルの分析と文体レベルの分析と思想史的な内容レベルの分析を、数学的な矛盾を引き起こすことなく、定量的かつ検証可能なかたちで行なうことができる。この点で、われわれは唯名論的な立場に立つ。

さきに定義した言語システムは、話し手／書き手の人数が、過去と未来を含めてみても高々可算個であり、かつ、ひとりの話し手／書き手が生涯にもつ言語システムは有限個でしかない。したがって、言語システムの総数は、高々可算個である。一つの言語システムは、語彙と文法規則とからなりたつが、その語彙の一つ一つ、文法規則の一つ一つ、そして語彙の集合や文法規則たちの集合がもつさまざまな構造について、他のどのような言語システムにおいても、有限の長さをもつ説明文の高々可算個(13)によって記述できる、と仮定する。いい換えれば、その語彙や文法規則についての完全な記述——たとえば、ある単語を使用するための必要充分条件の記述など——が、有限の長さをもつ説明文を用いていくらでも近似できる、と仮定する。この仮定を置かなければ、非母語話者による言語学の研究は存在できない。なお、生物学的存在としてのヒトが世界を認知するしかたには、生物学的基盤に基づく共通性があるので、ほとんどのばあいには、有限の長さをもつ説明文の可算個を必要とせず、有限であるが充分な長さをもつ説明文一つで済むはずである。さて、言語システムの総数が高々可算個であり、かつ、一つの言語システムにおいて他の一つの言語システムの語彙と文法規則を完全に記述したときに高々可算個の説明文があれば、充分であることから、一つの言語システムを固定したときに、その言語システムにおいて、他のすべての言語システムの語彙と文法規則を完全に記述するためには、高々可算個の説明文があれば充分であることが導かれる。辞書と文法書が、言語に関する事実の記述だけはなく、表現するためのマニュアルでもあることに注意するならば、語彙と文法規則を完全に記述することは、ことばで表現したいことを具体的に談話／文章として表現する際に、単語たちと構文たち、そしてそれらの組み合わせかたを適切に選択するためのチェックポイントを、すべて与えることでもあることが、わかる。すると、われわれの仮定から、ある言語システムでの談話／文章を他の言語システムへ一意的に翻訳するためには、高々可算個のチェックポイントに関する補足情報を、追加説明として与えればよいことも、導かれる。この結論は、次の小節で頻繁に利用されることになる。

一・三 文脈における意味と、注解

われわれは、意味と意味のラベルとを区別することから出発する。具体的な一つ一つの言語表現は、意味のラベルである。意味そのものは、何らかの意味のラベルを用いなければ表現できないが、意味のラベルとは区別しなければならない。(14) 意味のラベル、つまり、具体的な言語表現が長いほど、意味は限定される。現代数学のなかの圏論のことばを用いてたとえるならば、ことばで表現することは、言語システムを一つ固定したときには、意味たちのなすカテゴリから言語表現たちのなすカテゴリへの反変関手である、といえるだろう。このように考えると、形態素の一つ一つは、意味のラベルの原子的要素であって、意味の原子的要素——分割不可能な要素——ではないことがわかる。意味の原子的要素とは、言語システム——前小節での仮定により、以下の性質は、ある一つの言語システムに対してなりたてば、任意の言語システムに対してなりたつ——によって識別可能な意味の、分割不可能な要素、すなわち、それ以上のどのような限定も不可能なものであるべきである。それ以上のどのような限定も不可能であるということは、文脈やニュアンスについてさらに限定されることはない、ということであるから、いわば、「究極的なパロール」である、と形容できる。中国古典学を用いてたとえるならば、意味の原子的要素は注疏の極限である。このとき、具体的な言語表現の一つ一つは、意味の原子的要素複

数個に対応している。この小節では、このような観点を分析的に述べて、さらに、文脈を推定する過程について確率論的な道具を導入する。

議論を簡単にするために、以下ではセンテンスを単位として議論し、センテンスの内部の単語や句や節については触れない。この方針は、論理学でいえば、議論を命題論理に限定することに相当している。

言語システムを一つ取って、固定する。本稿でのセンテンスとは、単語たちの、文法規則に適った連なりであって、かつ、統語論的に完結した最小のものである。通常の意味でのセンテンスをもちろん含むが、本稿ではさらに広く、実際の会話で許容されるような、省略や倒置を含むことも許容する。そうしなければ、具体的な談話／文章を分析できない。

つぎに、センテンスの有限列に対する注解を定義する。Pが、センテンスの有限列——典型的には段落である——であるとする。さらに、文脈を与えるセンテンスの有限列P_{-1}とP_1があって、Pはセンテンスの有限列$P_{-1}PP_1$の部分である、とする。P_{-1}やPは、空な列であることも許容する。このとき、Pに含まれる語句、あるいはセンテンス、あるいはセンテンス列を主題として言語学的性質、または事実関係、[15]または話し手／書き手の評価を述べた一つの談話／文章であって、言語表現$P_{-1}PP_1$があらわす情報と矛盾しないようなもの（つまり、両立するもの）を、$P_{-1}PP_1$のなかでのPの（一つの）注解——文脈（P_{-1}, P_1）のなかでのPの（一つの）注解と呼ぶこともある——と呼ぶことにする。[16] P_{-1}とP_1が空な列であるときには、単に、Pの（一つの）注解と呼ぶことにする。言語学的性質としては、Pのなかの任意のセンテンスを、他の任意の言語システムで表現されたセンテンスあるいはセンテンスたちに翻訳する際に問題となるチェックポイントについてすべて決定できるような情報が、注解たちのなかで与えられていることを、要求する。このような情報のすべてが、単独の注解だけで与えられることは不可能であるけれども、前小節で行なった仮定によって、可算個の注解たちによって与えられることは、可能である。$P_{-1}PP_1$のなかでのPの注解たちがなす集合が一つあったときに、その集合が、たがいに両立する注解たちからなりたっている、とは、任意の有限個の要素——いずれも、$P_{-1}PP_1$のなかでのPの注解である——を比較したときに、話し手／書き手の言語直観によって両立すると判断されていることを、いう。

二つのセンテンスの有限列PとP'があるとする。両者を並べたPP'もまた、センテンスの有限列であるので、PP'の注解を考えることができる。PP'の注解は、定義によって、PP'に含まれる語句、あるいはセンテンス、あるいはセンテンス列を主題とする言語学的性質、または事実関係、または話し手／書き手の評価を述べた一つの談話／文章であった。主題がPP'に含まれる語句、あるいはセンテンスであるときは、それら主題は、Pに含まれる語句、あるいはセンテンスであるか、それとも、P'に含まれる語句、あるいはセンテンスであるか、のいずれかなので、Pの注解とP'の注解とを合成したものとして、あらわせる。主題がPP'に含まれるセンテンス列であるときにも、それらセンテンス列が、Pに完全に含まれるか、またはP'に完全に含まれるならば、やはり、Pの注解とP'の注解とを組み合わせたものとして、あらわせる。問題は、PとP'との双方に跨がるようなセンテンス列が、主題であるときである。このばあいには、このようなセンテンス列を主題とする注解を、「PP'のなかのP」を主題とする注解と「PP'のなかのP'」を主題とする注解とに形式的に分解する。あとの二つの実際の内容は同じものとすれば、初めに与えられた注解は、やはり、Pの注解とP'の注解とを組み合わせたものとしてあらわせることになる。ここで行なっている操作は、たとえば、熟語の語釈を、熟語を構成する単語のおのおのの語釈に重複して書き込んで、熟語を構成するような単語の連なりに遭遇したばあいにはそれらを参照するように指定することと同じ操作であるので、異常なことを行なっているわけではない。このようにして、PP'の注解は、つねに、Pの注解とP'の注解とを組み合わせたものとして、あらわせる。PP'の注解のすべてがなす集合は、Pの注解のすべてがなす集合とP'の注解のすべてがなす集合との、直積集合の部分集合として書けることになる。

つぎに、注解たちに対する論理演算について考える。注解は論理的でなければならない。しかし、その論理は、古典論理には限定されない。量子力学の解説書における量子力学的な観測可能量についての記述は、連言と選言の分配法則を満たさない量子論理が、背後にある。また、数学基礎論の解説書における直観主義論理についての記述や、いくつかの仏典では、排中律を満たさない論理が、背後にある。また、キリスト教の否定神学では、「神の本質ουσια」について、被造物に対して有効ないかなる論理も適用されないことが、宣言されている。そこで、注解が論理的であることの定義としては、注解たちが古典論理にしたがうことを要求せずに、

(1) 注解のなかに現れるセンテンス――簡単のために、単文であると仮定する――ごとに、それがしたがう論理――あらゆる論理にしたがわないことも、選択肢のなかにある――が指定されている。

(2)　センテンスに対して指定された論理が、そのセンテンスを他のセンテンスたちに結合する際の命題論理を決定する。

を採用する。センテンスが複文であるならば、節ごとに、それがしたがう論理が指定されている、と仮定し、さらに、引用部分をあらわす節たちがしたがう論理は、センテンスのしたがう論理を指定する際には無視される、と仮定しなければならないが、さきに述べたように議論を簡単にするために、センテンスの内部構造には触れないことにしているので、詳細は省略する。

中観帰謬論証派やキリスト教否定神学の論書でも否定文は現れて、否定として用いられているので、注解のなかのどのセンテンスの有限列に対しても否定演算子の作用はつねに定義されているものとする。[17] また、数学的には、二つの短い注解を一つの長い注解にまとめあげる操作も許容しておかなければならないので、注解のなかのセンテンスの有限列の有限個に対する連言演算子の作用も、つねに定義されているものとする。[18] そして、それらセンテンスの有限列のなかに、あらゆる論理にしたがわないセンテンスを含んでいない限り、否定演算子の作用と連言演算子の作用とは、矛盾律にしたがうものとする。

古典解釈学や、現代の諸言語のあいだの翻訳過程の分析においては、さきに上げた科学書や思想書の実例からただちにわかるように、センテンスたちのしたがう論理が古典論理ではないばあいを、つねに念頭に置かなければならない。しかし、センテンスの有限列がしたがう論理が古典論理ではないことをわれわれが察知し確定できるのは、それらセンテンスが、意味論的構造がすでによく知られている、いいかえれば、言語学がすでに確立されているような言語で表現されているばあいに限る。言語学がまだ確立されていない言語について、意味論的構造を、対訳資料や既知の言語で表現された注解などに頼って復元するばあいには、注解を、注解独自のセンテンスのすべてが古典論理にしたがうものに限定し、注解される談話／文章も、古典論理にしたがう注解が存在し得るものに限定するのが、適切である。量子論理や直観主義論理を自然言語を用いて誤りなく表現できる著者は、現代であっても多くはないので、このように限定しても、言語学を研究する際の障碍にはならない。

センテンスの有限列Pを一つ固定したときに、センテンスの有限列Pに対する注解の完全系を、たがいに両立する注解たちの集合であって、集合の包含関係について極大なものと定義する。（一つの）Pに対する注解の完全系を、（一つの）P

の解釈結果と呼ぶ。Pの解釈結果は、いわば、注疏の極限である。Pの解釈結果のすべてを要素とする集合$I(P)$は、通常では「Pの意味の広がり」と呼ばれているものに相当する。有限個の注解たちをとって固定したときに、それらと両立する注解の完全系すべてのなす集合を考えることで、任意の有限個の注解たちごとに、Pの解釈結果たちを要素とする、ある集合が定まることになる。このような集合たちは、集合$I(P)$のうえの集合族となっている。この集合族を、$F_{0,\mathrm{comment}}(P)$とあらわしておく。

つぎにわれわれは、二つのセンテンスの有限列PとP'に対して、それぞれの解釈結果を特定した状況での、同値性を導入したい。PとP'がたがいに異なっていれば、定義によって、$I(P)$に属する注解たちと$I(P')$に属する注解たちとでは主題が一致しないので、$I(P)$のある要素と$I(P')$のある要素とが同一であることはない。しかし、たとえば、論理学について論じており、かつ、情報伝達の効率性が無視されている文脈では、一つの概念を表わす名詞と、その概念の定義となる名詞句とは、つねに交換可能である。つまり、ある文脈では、たがいに異なるセンテンスの有限列の二つが等価とみなされる、ということが、実際に起きている。そこでわれわれは、センテンスの有限列P（あるいはP'）とその解釈結果i（あるいはi'）との順序対(P, i)（あるいは(P', i')）に対する、ある同値関係$(P, i) \approx (P', i')$が与えられており、この同値関係が特定の(P, i)と(P', i')とのあいだになりたつか否かは、言語直観によって判断される、ということを認めよう。注解が、その注解が作りだす文脈での可能な言い換えのすべてを決定するものと考えれば、むしろ、センテンスの有限列のあいだのさまざまなグルーピングが、それぞれに対応する解釈結果を作り出す、とみるべきかもしれない。したがって、数学的な公理系を与えようとするならば、センテンスの有限列Pに対して、ある点集合$I(P)$が与えられて、つぎに、$I(P)$ちのうえの構造として注解などが定義される、といった順序のほうが、おそらく適切であろう。本稿では、自然言語に対する直観から定式化をみちびく、という方向性を採用しているので、上述のような議論となっている。なお、ある文脈では、一つの複文が単文の積み重ねと同値になるので、ここで考えている同値関係は、センテンスの有限列の長さ——そこに含まれるセンテンスの個数である——を保たない。

二つのセンテンスの有限列P_{-1}とP_1があって、Pはセンテンスの有限列$P_{-1}PP_1$の部分である、とする。Pの解釈結果であって、そこに属する任意のPの注解が、$P_{-1}PP_1$のなかでのPの一つの注解になっているようなもののすべてがなす集合は、集合$I(P)$の部分集合である。つまり、可能な解釈結果の動く範囲は、文脈によって限定されている。この部分集合を、$I(P;(P_{-1},P_1))$であらわす。したがって、文脈(P_{-1},P_1)動くときの$I(P;(P_{-1},P_1))$たちのすべてがなす集合は、集合$I(P)$のうえの集合族を定める。この集合族を、$F_{o,\mathrm{context}}(P)$とあらわしておく。さきに定義した$F_{o,\mathrm{comment}}(P)$とこの$F_{o,\mathrm{context}}(P)$との合併$F_o(P)$は、やはり、集合$I(P)$のうえの集合族であるが、$F_o(P)$から生成される可算加法的集合族を$F(P)$であらわし、可測空間$(I(P),F(P))$のうえに、ある確率測度$\varphi_P$が与えられている、という状況を考える。$F(P)$の一つの要素に対する$\varphi_P$の値は、与えられた範囲に属する$P$の解釈結果たちがなりたつと見積もられる確率をあらわしている、とする。べつの言いかたをすれば、集合族$F_{o,\mathrm{context}}(P)$を生成する要素$I(P;(P_{-1},P_1))$に対する$\varphi_P$の値$\varphi_P(I(P;(P_{-1},P_1)))$は、$P$の置かれた文脈が$(P_{-1},P_1)$である確率をあらわす、とする。つまり、$\varphi_P$の値の小ささは、稀な文脈であることをあらわしている。語学教科書でもなければ、具体的な言語表現はすべて何らかの文脈をもっている。たとえば、"This is a pen. These are pencils."というセンテンス列が与えられれば、言語学研究者以外のひとは、語学教科書という文脈を生成して受け取るだろう。[19]また、詐欺は、多くのばあいに、ひとが文脈を自然に生成する傾向を悪用してなされている。したがって、このような確率測度φ_Pの存在を想定するのは自然である。

センテンスの有限列PとP'があるとする。これらから合成された（一つの）センテンスの有限列PP'は、文脈(ϕ, P')のなかにセンテンスの有限列Pがあるとも、文脈(P,ϕ)のなかにセンテンスの有限列P'があるとも、みることができる。このことから、確率測度たちφ_Pと$\varphi_{P'}$と$\varphi_{PP'}$のあいだに、これらが無矛盾に定まるための関係式たちがあることが、わかる。任意のPP'の注解は、形式的に、あるPの注解とあるP'の注解とを組み合わせたものとしてあらわせることを、すでに述べた。Pの解釈結果とP'の解釈結果とを組み合わせたものからPの解釈結果を取り出す操作は、Pの解釈結果のすべてがなす集合とP'の解釈結果のすべてがなす集合との直積集合から、Pの解釈結果のすべてがなす集合への射影写像そのものであるが、この射影写像によって定まる条件付き確率を用いることによって、これらの確率測度たちのあいだの関係式を導くことができる。Pの注解のすべてがなす集合とP'の注解のすべてがなす集合との直積集合から、P'の注解のすべてがなす集合への射影写像を用いることによっても、やはり、これらの確率測度たちのあいだの関係式を導くことができる。これらは、測度論を使い慣れていれば導ける種類のものなので、細部は省略する。ただ、確率測度の族 $\{\varphi_P\}_P$ のあいだには、しかるべき無矛盾性条件がなりたっていることを、注意しておこう。

生物学的存在としてのヒトの記憶容量には限界があるので、少なくとも可算無限個のデータを必要とする確率測度 φ_P たちそのものが、話し手／書き手によって記憶されている、ということはあり得ない。真相は、話し手／書き手のひとりひとりにとっての規範的なコーパス――ここでの「規範」は、政府や公的機関が定めた社会的な規範とは限らない――は、センテンスの有限列のなす、ある有限集合であるが、この有限集合のうえで、ある集合関数たちが定まっていて、この集合関数たちの一つ一つが、話し手／書き手の言語活動に際して、そのつど、確率測度 φ_P たちに拡張されるというところであろう。ただ、このような状況をいちいち精確に述べるのはめんどうなので、以下では、すでに確率測度 φ_P たちに拡張されている、と仮定して議論する。

なお、われわれは、古典論理にしたがう注解に限定しているので、論理演算と集合演算とが通常のあり方で並行しているとみてよい。したがって、可算加法族を生成するための集合演算たちが、それらが有限個の集合のみに定義されるものであれば、注解たちに対する論理演算と両立している、と考えてよいことにもなる。

言語は情報を共有する手段であるので、話し手／書き手ごとに定まるこの確率測度の族 $\{\varphi_P\}_P$ は、話し手／書き手をとりまく環境での現実の言語用法をある程度反映しているとみるべきだが、もし、この想定が正しければ、現実の言語用法の可能な用例のすべてを、話し手／書き手を含む集団から収集された巨大な規模のコーパスによって近似することで、この確率測度を、このコーパスにおける同種の量の測定値で近似できるだろう。こうしてこの確率測度は、コーパスにおいて測定された、センテンスのあいだの遷移確率に結びつけられ、統計言語学の対象となり得ることになる。じっさいには、センテンスのあいだの遷移確率よりも形態素や語句のあいだの遷移確率を考察するほうが適切であって、そのためには、センテンスたちの有限列を、形態素たちの、文法に適った有限列で置き換える必要があるが、本稿ではセンテンスの内部の単語や句や節については触れないことにしたので、細部は省略する。

われわれは、センテンスの有限列の二つを合成したものの注解を、センテンスの有限列の一つ一つの注解の合成物に分解した。この分解は、ある集合を、直積集合の部分集合として実現することに対応しているのだった。ここで、われわれのもっている幾何学的なイメージを述べれば、以下のようになる。あるセンテンスの有限列から出発し、その前後にセンテンスをつぎつぎと付加しているときの「意味」の総体について、われわれのもっているイメージは、無限直積空間の部分空間である。センテンスの有限列の一つ一つは、無限直積空間のなかでの柱状集合 **a cylinder set** のようなもの――有限直積空間の部分集合と、無限直積における残りの無限個の因子であらわれる空間たちのすべてとの直積を取ったもの――に対応している。センテンスの意味を復元することとは、無限直積空間の部分空間のなかの小さな部分集合――この小さな部分集合の一つ一つが、文脈を狭い範囲で限定した用例の一つ一つに対応する――を積み重ねて、ある柱状集合のようなものの幾何学的な形状を推定することである。推定する際には、対義表現や類義表現の用例に相当する小さな部分集合たちも集めて、意味を復元したいセンテンスの用例に相当する小さな部分集合たちとのあいだを、可能な限り単純なかたちをした境界を用いて、分離する。われわれの定式化では、パロールの大量の集積からラングを復元する手続きが、このような直観的イメージを伴っているので実行しやすくなっている。

もちろん、直積空間を用いたたとえは、極めて不精確である。ニュアンスの細かな違いを無視すれば、一つの複文を複数の単文の積み重ねで置換することができるので、センテンスの有限列のなかのセンテンスの個数をある空間の次元数に対応させることは、できない。このような置換は、複数の無限直積空間の、次元を無視した貼り合わせになっている。ただ、無限直積空間たちとそのなかの柱状集合たちは、確率論で頻繁に用いられており、数学的にイメージしやすいという利点がある。

われわれの議論の背後にある言語学上の仮定をあらわにいえば、われわれは、「ラングはパロールの集積のうえに入った構造、いわば、二次的な対象である」とする立場をとっている。この立場の正当化を、以下に述べておこう。パロールがラングに先行することの根拠としては、乳幼児による母語の習得過程がある。そこでは、辞書も文法書も使えない状況で、聞き取った大量のパロールから、言語に関する生まれつきの能力によって、そのうえの構造であるラングが生成されている。パロールの集積からラングが生成される過程が、成長後も続いているならば、自然言語の通時的変化も矛盾なく説明される。そこからラングが生成されるパロールの集積が、話し手／書き手のひとりひとりにとっての規範的なコーパスであるが、規範的コーパスには時間的な変動があるので、そこから生成されるラングの構造にも、規範的コーパスの時間的変動に連動する通時的変化が、起こり得ることになる。また、規範的コーパスが変動しないばあいであっても、複数の構造を許容するようなものであれば、それら複数の構造のうちでより単純で運用しやすいものが選択される、といったかたちで、ラングの断続的変化も起こり得ることになる。ラング単独では、数学的に定式化可能な構造に対して一般的にいえるように、それ自体では変化の契機をもっていない。このように、われわれの立場からは、自然言語に関するさまざまな事実について、整合的な説明を提供することができる。

一・四　翻訳過程の分析と対訳資料の扱い方——機械翻訳との関連

前小節で考察した、固定された一つの言語システムにおけるセンテンスの有限列に対する一つの解釈結果とは、定義によって、そのセンテンスの有限列に対するその解釈結果のもとで、他の言語システムへの翻訳結果が一意的に定まるという性質をもつものであった。翻訳結果を一意的に定めるのに充分な情報が、その解釈結果に属する注解たちによって与えられていた。したがって、われわれの定式化は、翻訳過程とそれらから生じる対訳資料の詳しい分析を行ないやすくする。

二つの言語システムLと$\tilde{L}$が与えられたとして、L（あるいは$\tilde{L}$）であらわされたセンテンスの有限列PやP'など（あるいは$\tilde{P}$や$\tilde{P}'$など）を考える。$\tilde{L}$に関する量の記号は、Lに関する同種の量の記号にチルダをつけてあらわそう。Pの解釈結果であって、言語システム$\tilde{L}$であらわしたときに$\tilde{P}$となるもののすべてのなす集合を$X(P;\tilde{P})$であらわすと、$X(P;\tilde{P})$は集合$I(P)$の部分集合であるが、じつは、$X(P;\tilde{P})$は可算加法的集合族$F(P)$の要素でもある。なぜならば、言語システム$\tilde{L}$であらわすときに必要なチェックポイントに関する情報は、すべて、高々可算個のPの注解たちによって与えられている、と仮定したからである。したがって、可測空間（$I(P), F(P)$）のうえの確率測度φ_Pによる値$\varphi_P(X(P;\tilde{P}))$が定義される。$L$と$\tilde{L}$とを入れ替えて、同様に可測空間（$\tilde{I}(\tilde{P}), \tilde{F}(\tilde{P})$）とそのうえの確率測度$\tilde{\varphi}_{\tilde{P}}$を考え、集合$\tilde{X}(\tilde{P};P)$を考えると、$L$と$\tilde{L}$のあいだの対称性から、集合$\tilde{X}(\tilde{P};P)$は可算加法的集合族$\tilde{F}(\tilde{P})$の要素であることがいえるので、やはり、確率測度$\tilde{\varphi}_{\tilde{P}}$による値$\tilde{\varphi}_{\tilde{P}}(\tilde{X}(\tilde{P};P))$が定義される。$\varphi_P$も$\tilde{\varphi}_{\tilde{P}}$も確率測度であるので、$\varphi_P(X(P;\tilde{P}))$も$\tilde{\varphi}_{\tilde{P}}(\tilde{X}(\tilde{P};P))$もつねに0以上1以下である。$\varphi_P(X(P;\tilde{P}))$が1すなわち$\varphi_P(I(P))$に近ければ近いほど、原文解釈の偏りが少ない。$\tilde{\varphi}_{\tilde{P}}(\tilde{X}(\tilde{P};P))$が1すなわち$\tilde{\varphi}_{\tilde{P}}(\tilde{I}(\tilde{P}))$に近ければ近いほど、訳文選択が的確である。したがって、原文Pの文脈が与えられていないばあいの翻訳が優れているか否かは、$\varphi_P(X(P;\tilde{P}))$ や$\tilde{\varphi}_{\tilde{P}}(\tilde{X}(\tilde{P};P))$ の値をみることで、原理的には判断できることになる。なお、ここでは訳文$\tilde{P}$の長さに制限をつけていないので、直観的に考えて、$\tilde{P}$の長さが充分に長ければ――訳注を伴う翻訳のばあいである――これらの条件は満たされるはずであるが、$\tilde{P}$の長さに制限があるばあいには、これらの条件を満たす訳文$\tilde{P}$が存在する保証はない。

原文Pとその文脈が与えられているばあいの翻訳について、考える。これは、文脈が与えられていることの結果として、集合$I(P)$のある真部分集合Yが与えられており、翻訳は、Pの解釈結果であってYに属するもののみを考慮して行なえばよい、という状況である。このとき$\varphi_P(X(P;\tilde{P}))$は、$\varphi_P(Y)$ 近ければ、優れた翻訳としての条件の一つは満たしている。訳文$\tilde{P}$に対するこの条件は、$\varphi_P(X(P;\tilde{P}))$ が1に近いという条件よりも達成しやすい。部分集合Yが充分に小さければ、可能な訳文がただ一つしか存在しないことになって、$\varphi_P(X(P;\tilde{P}))$ を評価する必要がなくなる。また、このときには、翻訳作業の結果としてもたらされる対訳資料において、言語システムLについての確率測度φ_Pが訳文に対して及ぼす影響が消えており、言語システム$\tilde{L}$だけに依存する情報が、原文解釈の不定性に由来する確率論的効果によって汚染されることなしに、取り出せる。言語システム$\tilde{L}$を対訳資料から再構成することは、言語システム$\tilde{P}$を復元するのに充分な用例たちを訳文$\tilde{P}$として確保することとして、具体化されることになる。

以上の考察を、言語学や古典学でおなじみの概念たちのみを用いて、述べてみよう。ある既知の言語とある未知の言語とで書かれた対訳資料があるとする。忠実な翻訳作業を通じて、ラングとしての構造は保たれないが「究極的なパロール」は保たれる。「究極的なパロール」は、それぞれの言語において、充分に長いが有限の長さをもつ言語表現によって、近似される。したがって、充分に長いが有限の長さをもつ言語表現は、翻訳過程を通じて、近似的に写り合うと考えることができる。すると、対訳資料における、既知の言語による言語表現たちと未知の言語による言語表現たちとのあいだに、制限された近似的な対応ではあるけれども統計的な考察に耐え得るもの――一般に、単語たちのあいだの対応には還元されない――が、構成されることになる。この手続きに続いて、さらに、その未知の言語において、パロールの大量の集積からラングを復元する手続きを適用する。これらの手続きでは、途中に近似が入っているので、結果も近似的なものでしかあり得ないが、パロールの集積が大量であることとラングの構造が整合的――しかも、生物学的存在としてのヒトの短期記憶で処理できるほどに整合的——でなければならないことを利用して、近似的な結果を精確な結果に移行させる。これらの手続きが有効に作動する対訳資料がみつかって、それにこれらの手続きを適用したならば、既知の言語であらわされたパロールの大量の集積から、未知の言語のラングを、復元できたことになる。

このように述べると、われわれの定式化のどこが新しいのか、という批評がありそうだが、ここでのわれわれの目的は、言語学や古典学での合理的かつ適切な既存の研究方法が現代数学によって説明できることを、示すことであった。われわれの定式化においては、二つの言語のあいだの対応が、言語についての研究者の主観的な感性の対象ではなく、客観的な分析を可能にする統計データとしてみえていることと、また、統計データの背後にある構造を考察するときに、直積空間に対する幾何学的直観を利用できることが、副産物として得られていることとに、注意されたい。

また、われわれの定式化とその背後にある直観的イメージは、近年における、深層学習を用いた機械翻訳の動向と、部分的に一致している。機械翻訳は、逐語的な対応に基づいて訳文を構成しようとした前世紀には、実用に耐える品質をなかなか達成できなかった。逐語的な対応から出発することを諦めて、大量の対訳資料を読み込ませて二つの言語のあいだの対応関係をブラックボックスとして造りあげたあとで、翻訳したい談話／文章を一括して入力して、訳文を出力させるようになってから、翻訳の品質が向上した。われわれの観点からすれば、翻訳はラングたちのあいだの対応ではなくて、パロールたちのあいだの対応であって、文脈を制限すればするほど原文解釈の不定性に由来する確率論的効果が減少するのであるから、語句へ分解しないことによって翻訳の品質が向上するのは、当たりまえのことである。二つの言語のあいだの対応関係をブラックボックスとして造りあげることは、確率測度φ_pの影響と確率測度$\tilde{\varphi}_p$との影響を分離せずに、原文と訳文との二つの変数についての確率分布にまとめたうえで、その確率分布を純経験的に推定することであるから、われわれの定式化におけるいくつかの概念を、基本概念への分解が不十分ではあるものの、受け入れていることになる。われわれの定式化と近年における機械翻訳の動向とのあいだの相違点は、二つある。まず一つは、われわれの目的のうちには、言語学についての理論的な知見を得ることもあるので、われわれは、深層学習を用いる手法のように翻訳過程をブラックボックスとして処理することは、しない。つぎに、技術的な相違点として、第一・一小節ですでに述べたことであるが、われわれは、過去の言語を研究対象に含めており、翻訳過程を純経験的に処理するのに必要な資料を追加することは一般に不可能なので、結果を信頼できるものにするためには、理論的考察を活用することが必要になっている。

二、満洲語文献の言語学と古典学への応用

本節では、前節で述べた数学的な枠組みが、満洲語と漢語とで書かれた対訳資料に対してそれを適用した際に、満洲語の語彙の意味論的構造に関する言語学上の結果と、満洲語文献の成立年代や著訳者推定に関する文献学上の結果と、満洲人の儒教理解に関する中国思想史研究上の結果とをもたらすことを述べて、この数学的枠組みが現代の人文学研究の場において意義をもっていることを、示す。

満洲語と漢語とで書かれた対訳資料であって、第一・四小節で述べた数学的な枠組みをただちに適用できるのは、官修または旗人官僚によって翻訳された、儒教書を中心とする漢籍古典の満洲語訳と、長編白話小説の満洲語訳との二種類の資料である。前者では、漢籍古典に対する伝統的な注解の堆積が、前節で定義した注解の役割を果たす。唐・宋以降の平易な漢語文言文で書かれた部分の翻訳ならば、解釈上の困難を伴わずに漢語の原文を理解できたであろうし、官修書あるいはそれに準じる書籍であるので、満洲語訳文も注意深く選ばれたことであろう。後者では、長編小説であることが、その各場面の文脈を強く限定しており、また、『金瓶梅』のような描写が細かい作品であれば、各場面それ自体のなかで情報が多く与えられているので、解釈される箇所の前後を含めた部分が、やはり、前節で定義した注解の役割を果たす。後者に基づく満洲語語彙の意味論的構造の分析は、言語学の立場から早田輝洋が、前世紀から今世紀にかけて、『満文三国志（演義）』と『満文金瓶梅』を素材として実行した。前者に基づく満洲語語彙の意味論的構造の分析は、最近、筆者が、順治初年から雍正年間に出版された官修あるいは官修に準じる満洲語儒教系書籍[20]に対して行ないつつある。筆者は、統語論的な分析も併せて行なった結果、満洲語儒教系書籍と満洲語カトリック書籍のあいだの言語学的レベル――文体論的レベルではない――での違いを検出し、西欧人カトリック宣教師のかなりの部分が、満洲語文法を誤解していたことを明らかにした。また、成立年代が不明であった満洲語儒教書たちの成立年代を限定した。さらに、康熙年間の満洲人知識層の朱子学理解の実態の一端を、満洲語の意味論的構造についての知見を適用することで、明らかにすることもできた。これらの結果の詳細については、筆者の前稿（渡辺二〇一三、渡辺

二〇一五、渡辺二〇一六、渡辺二〇一八A、渡辺二〇一八B、渡辺二〇一九A、渡辺二〇一九B、渡辺・掲載予定）を参照されたい。ここでは、本稿での観点の応用結果として、手短かに紹介する。

適用例一　意味論的分析：一つの満洲語単語が複数の漢語単語に対応するばあい

三つの満洲語形容詞tondo, tob（sere）, sijirhūnは、いずれも、漢語形容詞「正」の訳語として使われることが多い。漢語単語との対応をより詳しく述べるならば、満洲語形容詞tondoは漢語単語「正」「公」「忠」「直」の訳語として使われ[21]、満洲語形容詞tob（sere）は漢語単語「正」の訳語として使われ、満洲語形容詞sijirhūnは漢語単語「直」「正」の訳語として使われている。

前節で述べた方法で、対義語も含めて調べると、tondoは「本性が自然に現れて、（道徳的物理的に）まっすぐ」、tob（sere）は「偏らない」、sijirhūnは「抵抗をはねのけて、（道徳的物理的に）まっすぐ」であると推定される。幾何学術語「直線」はtondo jijunであるが（満洲語名詞jijunは「線」「線分」「字画」を意味する）、墨縄を張って測地線を引けばよいので、sijirhūnではなくtondoが選択されている。漢語動詞句「盡忠」を訳したtondo be akūmbu-は「徹底的にまっすぐである」ということになる。漢語名詞句「正理」を訳したtob giyanは、「偏らない秩序（原理）」ということになる。つまり、「正理」と対立するのは「邪な秩序（原理）」ではなくて「偏った秩序（原理）」である、と満洲人はみていたことになる（渡辺二〇一八B）。

漢語単語「忠」の満洲語訳語tondoは、その意味の広がりが漢語単語「忠」の意味の広がりと大きくずれている。一般に、乾隆年間中期以降の清朝政府による満洲語の語彙の改変では、このようなずれが解消される傾向にあった——漢語語彙の意味論的構造と整合的になるように満洲語語彙の意味論的構造が改変された——のだが、漢語単語「忠」の意味の広がりと満洲語単語tondoの意味の広がりが大きくずれている状態は、乾隆年間以降にも、例外的に維持された。これは、満洲語単語tondoが、満洲旗人の社会倫理であったために、政府が改変をためらったのではなかろうか。

適用例二　意味論的分析：複数の満洲語単語が一つの漢語単語に対応するばあい

二つの満洲語動詞tebci-とjen-の未完了否定形であるtebcirakūとjenderakūは、『満文古文淵鑑』では、いずれも、否定詞、または反語を伴う漢語動詞「忍」の訳語となっている。つまり、既存の辞書が基づいている、満洲語単語に漢語単語を対応させる方式では、用例が説明できない、または、類義語の違いが説明できない、という問題が生じる。

前節で述べた方法論にしたがって、『満文古文淵鑑』の用例を分析すると、**tebcirakū** の意味は「理性的に拒絶され感情的に嫌悪されるべき行為を、強く拒絶し激しく嫌悪する」として、**jenderakū** の意味は「正当化される側面があったり、悪質さの程度が低い行為を、感情に基づいて拒否する」として、復元される。

『満文日講四書解義』では、『論語』八佾篇の冒頭で、季孫氏が天子の礼である八佾を私廟で舞わせた行為に対する孔子の批評に現れる漢語動詞「忍」を、**tebci-** を用いて訳す。「季孫氏の行為は、あらゆる点で是認できない」と、訳者が解釈したことがわかる。『孟子』公孫丑章句上の、斉の宣王が犠牲に引かれてゆく牛を憐れんだ逸話に現れる漢語動詞句「不忍」を、**jenderakū** を用いて訳す。「牛を犠牲にすることは、礼制上は妥当な行為だが、感情面では受け入れられない」と、訳者が解釈したことがわかる。経書本文のそれぞれが適切に翻訳されたことが、循環論証にならずに論証できた（渡辺二〇一八B）。

適用例三　意味論的分析：既存の満洲語辞書のほとんどでの記述に問題があるばあい

既存の満洲語辞書では **‘naturally’** と解説されることが多い[22]満洲語副詞 **ini cisui** は、動作／変化の主体ではなく、動作／変化の作用因について述べる副詞であるが、「他者の作用を受けずに、それ自身の傾向性にしたがって」がその精確な意味である。この副詞は、意志をもつ主体の意図的な動作／変化についても用いることができる。このことは、漢文『資治通鑑綱目』の電子テキスト[23]と『満文資治通鑑綱目』とを組み合わせて用例を分析すると、確立される。結果として、満洲語カトリック書のいくつかにおいて、アリストテレス哲学[24]における「実体」概念を **‘beye ilihangge’**（「（ほかのものではなく）それ自体が、（存在）主体として存在するもの」）ではなく **‘ini cisui ilihangge’**（「（ほかのものではなく）それ自体が作用因となって、存在するもの」）と訳されているのは誤訳であることも、わかる[25]（渡辺二〇一九B）。

なお、センテンスの終わりに出現する満洲語単語 **inu** の統語論的挙動が、満洲語儒教書と満洲語カトリック書とのあいだで明瞭に異なる（渡辺二〇一六）こと――これは、満洲語の品詞分類が、満洲語カトリック書の翻訳者たちによって誤解されていたことを、意味する――なども考え合わせれば、西欧人カトリック宣教師の何人かの満洲語運用能力には深刻な問題があった、と結論される。徐光啓のようなカトリック知識人が満洲人のなかにはいなかったことも、ほぼ確実である（渡辺二〇一三）。

前節で定式化したさまざまな数学的な枠組み――そこには、現象の規模に着目して、言語学と文体分析と古典解釈学とを定量的に分離することも含まれる――と、記号力学系としての統語論的性質の分析――そこには、マルコフ過程の遷移確率の分析にほかならない周知のnグラム・アナリシス以外にも、統語論的機能と組み合わせた語句たちの、単独で存在する確率や共起する確率の分析も含まれる――とを同時に用いて、翻訳者ひとりひとりの文体の特徴をみる文体分析――原文を解釈する傾向の分析も含む――や、言語の通時的変化の分析に適用した結果を、つぎに述べよう。

ここでは、漢語のセンテンスや段落を満洲語に翻訳した訳文の、共時的変異や通時的変化をみる。段落までみれば、文脈の違いによって異なる訳語が選ばれた可能性を、かなり排除できる。翻訳者の違いに由来する訳文の違いと、言語変化に由来する訳文の違いとは、現象の規模で区別できる。さまざまな言語現象の各資料における出現頻度は、資料の成立年代以外に、著者または翻訳者の標本抽出の方式――話し手／書き手の集団からの標本抽出が行なわれた、とみる――にも依存するので、特定の資料における出現頻度の変化から言語の通時的な変化を結論する際には、確率論的／統計学的考察も不可欠である。

たとえば、『四書』のセンテンスがどう訳されているか、追跡すると、言語の通時的変化を確実に検出できる。[26]『四書』の解釈は、宋代か明代かの違いは考慮しなければならないが、朱子学系のものが基本であるので、多くのばあいには、訳文の違いが古典解釈の学派による違いから生じた可能性を、除去できる。『史記』、『漢書』、『後漢書』、『三国志』のセンテンスや段落――たとえば、諸葛亮『出師表』――の訳文を追跡するのも、言語の通時的変化を検出する際に有効である。

訳文の文体を分析する際に、原文の文体分析で確率分布を比較しているばあいには、確率分布を、原文の状況も変数に付け加えた条件付き確率分布で置き換える。[27]翻訳過程で「究極的なパロール」は保存されると考えたことが、この段階で、さまざまな数学的操作の前提として効いてくる。確率分布を条件付き確率分布で置きかえると、訳文の違いが有意であることを結論するためには、一つの言語で書かれた作品のばあいよりも膨大な資料サイズが必要となる。条件付き確率分布のある変数に関する積分が確率分布となるので、条件付き確率分布の数値は確率分布の数値よりもかなり小さくなるためである。筆者が官修満洲語書籍の文体を分析する際には、ASCIIテキストファイルで一四～一五メガバイトの大きさの生のコーパスを作成して、分析した。

清代前半における規範的な満洲語の通時的変化について、筆者が得た結果は、以下のとおりである。

適用例四　言語学：規範的な満洲語の通時的変化

第一段階は、清朝入関前から順治初年にかけての期間である。もっと精確にいえば、ドルゴン執政期が終わるまでである。この時期の満洲語は、第二段階以降の満洲語と比べると、漢語の影響が相当に稀薄であって、誰がみても、第二段階以降の満洲語と区別できる。第二段階は、順治年間後半から、『満文古文淵鑑』が成立した康熙年間半ばにかけての期間である。入関後に言語生活が始まった世代が話し手／書き手の集団の中心になってきて、語彙に対する漢語の影響も増えていった。『満文古文淵鑑』において、規範的な満洲語がひととおり確立した。第三段階は、『満文古文淵鑑』から乾隆初年までである。康熙年間半ばに確立した規範的な満洲語が維持された。この段階までは、入関前の満洲語を使っていた世代と直接的な接触があったためか、意味論において、漢語との隔たりが強く残っていた。第四段階は、乾隆年間半ば以降である。この期間は、乾隆帝による大幅な言語改変から始まっている。第二段階以降における漢語語彙の、形態論を保ったままの流入が停止されて、漢語由来の単語が満洲／モンゴル語的なみかけをもつ単語で置き換えられたことは、広く知られている。ただ、これは事実の一面にすぎない。筆者がもっている印象では、意味論的には漢語化が進行して、形態論と意味論とでまったく逆方向の変化が起こったようにみえる。大胆な言いかたをすれば、乾隆帝や彼よりも若い世代の満洲語は、漢語の意味に対して、満洲／モンゴル語的なラベル――意味と意味のラベルとを区別することについては、第一・三小節の冒頭を参照されたい――が貼り付いたものであるように、思える。

なお、同一の時代に複数世代が共存するため、多少の出入りはある。『満文小学』や『満文資治通鑑綱目』は、『満文古文淵鑑』よりもあとに成立しているが、前者は、翻訳者であった礼部尚書グバダイGūbadaiの世代を反映して、『満文古文淵鑑』よりも古い特徴を示す。後者は、人海戦術で翻訳したためか、言語に不統一なところがあって、『満文古文淵鑑』よりもやや後戻りした面がある（渡辺二〇一五）。

適用例五　文体分析と文献学：満洲語儒教書の成立年代の推定や翻訳者集団の世代構成の推定

満洲語儒教書の文体分析についていえば、『満文日講四書解義』（康熙一六年御製序）は、前半と後半とで、翻訳担当官の世代構成、あるいは、世代ごとの寄与度が着実に変化している。ここでは、単独の翻訳担当官ではなく翻訳担当官集団に異動があったことを、文体に関するある特徴の統計学的に有意な変化に基づいて、判断している。

満洲語儒教書の成立年代についていえば、『満漢字合璧四書集注』などの書名で知られる朱熹『四書章句集注』の満洲語訳が、現状のかたちになったのは、『満文日講四書解義』の成立後であることがわかる。この書籍は、『満文日講四書解義』の訳者と同じ世代、またはやや後の近い世代によって翻訳された。したがって、十中八九、康熙年間中葉までには成立していたとみられる。成立年代は、いくつかの蔵書目録がいうような乾隆年間でも道光年間でも、ない。『満漢朱子節要』として知られる、高攀龍『朱子節要』の満洲語訳は、康熙二〇年代半ばに成立した『満文古文淵鑑』よりも遅く、康熙年間後半に成立したことも、語彙からわかる。おそらく、『満漢朱子節要』は、康熙五〇年代に成立した『満文性理精義』に先行して成立した。蔵書目録にいう「康熙十四年」は、翻訳の底本が出版された年に過ぎない（渡辺二〇一八A）。

言語学的要因と文体論的要因の分析を終えたのちに、古典解釈学に属する要因を分析することが可能になる。筆者は、満洲人知識層による朱子学理解のあり方について、以下の結果を得た。

適用例六　儒教思想史：満洲人知識層の『大学』八綱領理解のあり方

本稿で述べた方法論のすべてを用いて、多義的な漢語名詞「事」の訳語として使われていた二つの満洲語名詞weileとbaitaの使用状況を調べると、以下のような通時的変化があったことが確立された。順治初年には、weileは「有形の結果をもたらす行為、またはもたらされた結果」「無形の結果をもたらす行為、または、もたらされた結果」「事件、できごと」を意味していた。baitaは、「職務上・倫理上の義務として判断・処理される内容、または、判断・処理の行為そのもの」を意味していた。康熙二十年代半ば以降、つまり、『満文古文淵鑑』以降には、weileは「有形の結果をもたらす行為、またはもたらされた結果」を意味するようになった。baitaは、「無形の結果をもたらす行為、または、もたらされた結果」「事件、できごと」「職務上・倫理上の義務として判断・処理される内容、または、判断・処理の行為そのもの」を意味するようになった。両者の中間段階では、まず、「できごと」のばあいの訳語がweileからbaitaに移行し、つぎに、「無形の結果をもたらす行為、または、もたらされた結果」がweileからbaitaに移行している（渡辺二〇一五、渡辺二〇一八B）。

以上の結果を、『大学』八綱領の初めの二つである「格物」「致知」と、それらに対する朱熹『大学章句』での注、関連するさまざまな儒教書の一節の満洲語訳の訳文に対して適用して分析すると、以下のことが導かれた。木下鉄矢が近年、朱熹の「格物」理解について指摘したこと（木下二〇〇九、木下二〇一三）と同様に、康熙二〇～三〇年代の満洲人知識層がほぼ確実に、漢語動詞句「格物」は「職務事項に透徹する」、漢語動詞句「致知」は「実践知を徹底する」として理解していたことが、ほぼ確実である。彼らにとって、「致知」は'to extend our knowledge'を意味していなかった（渡辺二〇一八B、渡辺・掲載予定）。

以上の適用例から、われわれの数学的枠組みは、満洲語言語学と満洲語文献の古典学とに対して適用した際に、充分に豊富な結果を導くことが、示された。

三、清朝考証学の性格に関する　いくつかの示唆

ここまでの議論において、言語学（特に意味論）や古典学を研究する際に多数の用例を列挙しなければならない理由として現れたものを、繰り返すと、

(1) 具体的な言語表現という、多数の要因が作用する複雑な現象において、各要因を統計学的な方法論を用いて定量的に分離するため、

(2) 未知の言語について、用例としてのパロールの集積から、文脈を一般化してラングの意味論的構造を抽出あるいは復元する際の、結果の精確さを保証するため、

(3) 集団による著作は、たがいに両立しない複数の意味論的構造を反映している可能性があって、確率論的方式で出力されたことを前提して分析しなければならないため、

という、三つの点になる。いずれも、確率論や統計理論、あるいは、それらの背後につねに存在する測度論、または測度論に類似する数学的構造をもっている。用例数が多数でなければならないことは、言語学的／古典学的分析が数学的にみて適切になされるための前提となっている。単なる博識の誇示ではないことは、もちろんであるが、「帰納と演繹」に関

する近代西欧の哲学者による考察よりも、はるかに具体的な数理科学の方法論が、ここでは問題となっているのである。

もちろん、「帰納と演繹」が有効な状況も、確かに存在している。音韻論や統語論は、もともと、意味論よりも自由度の数が少ないために、有限個――数学的な意味での「有限個」ではなく、情報技術における計算量の意味での「有限個」である――の要素を扱うだけでよい。したがって、音韻論や統語論については、時代と地域と社会階層が限定されているならば、均一かつ決定論的な法則が支配している、と考えることができる。そこでは、研究の前段階として資料の写本/版本学的考察を行なう際以外には、確率論的な要素は含まれていない。用例との照合は、法則を帰納によって発見すること、あるいは、仮説的な法則を検証することが目的となる。発見についていえば、適切な法則ならば、多くはない用例から帰納できるはずである。帰納するのに多数の用例を本質的に必要とする、複雑な法則ならば、その妥当性が疑わしくなる。検証についていえば、仮説を否定するばあいには、有効な反例がいくつか確立できれば充分である。したがって、多数の用例を必要とするのは、推測した仮説が統計学的に充分な根拠をもっていることを主張したいばあいに限られる。多数の用例が必要となる理由が、(1)、(2)、(3)とは異なっていることに、注意されたい。

過去の言語のすべてを復元しようとするならば、有限集合から無限集合を推定する際の原理的な困難――現存する文献資料は、過去の言語の一部分しか反映しない――がつきまとい、哲学的な意味での帰納の問題が現れるが、現存する文献資料の説明だけに問題を限定するならば、これは、有限集合から出発しているので、統計学の技術的な問題に還元されてしまう。したがって、哲学的な議論にもちこむ必要は、ない。清朝考証学の言語学的側面において、研究対象を現存する文献資料の言語に限定したことには、当事者が意識していたか疑問ではあるけれども、このような意味もあったことを、帰納について議論したついでに、述べておこう。

ここまでは、言語学や古典学に対する現代数理科学からの観点について、一般的な議論を行なってきたが、以下では、清朝考証学との関連に限定して考えてみよう。数学的な原理を背後にもつ現象に対して有効な研究方法は、どこかで数学的原理を反映しているはずである。先行研究で開発された方法論を、エピゴーネンたちが根拠を理解せずに適用する、ということは、多くの学問分野でよくみられることであるが[28]、方法論の開発者たちは、おぼろげながらも、現象の数学的原理に対する洞察、あるいは直観がなければ、適切な方法論を開発できなかったはずである。本稿で述べた方法論は、筆者が、現代数学では測度論と記号力学系、物理学では一次元格子系の統計物理学を援用しながら開発したものであるが、これらの数学理論や物理学理論は、一八世紀には存在しなかった。したがって、清朝考証学の成立期にこれらが参照されたことは、あり得ない。しかし、(1)の根柢にある、観察したデータの定量的な分析という方法論まで遡るならば、清朝考証学は無縁ではなかった。

ここでいうデータの定量的な分析とは、データに影響を及ぼす要因の列挙と誤差の定量的な評価や、データを生成した現象の背後にある数学的構造の抽出と検証である。これらは、アリストテレス哲学に典型的な概念分析では、処理できない。また、ユークリッド『原論』のような単なる演繹でもない。しかし、観測を踏まえた数理天文学[29]や測量技術の実際[30]などとは、学問的性格が一致する。そして後者は、十七〜十八世紀の中国本土にもすでに存在していたことは、すでに広く知られている。

したがって、清代考拠学の言語学的側面のすべてに関して、データの定量的分析という基本的な方法論が暗黙のうちによい影響を及ぼした、という仮説は、成立する可能性がある。ただ、この影響は当事者たちには自覚されず、清朝考証学のエピゴーネンたちによって共有されなかった、と筆者は推定している。したがって、この仮説は、歴史学的な方法論によっては論証できない。しかし、この仮説は、清朝考証学のエピゴーネンたちの方法論での問題点——見かけ上は多数の実例を列挙するが、実質的に多数ではないために、現象のあいだになりたっている規則性を確立できていなかったり、そもそも、そのような規則性の存在に気づかず、単なる博学を誇示する場と考えていたりする——と彼らの学問的素養とのあいだの関連について、一つの説明を提供する。[31]まだ、現代自然科学の専門家が科学史を研究する際にありがちな、言語学（特に意味論）や古典学に関する問題点についても、やはり、説明することができる。[32]したがって、現代も含めた学説史についての整合的な作業仮説としては、充分に機能する。

なお、この仮説が正しければ、「清初に政治的活動が弾圧されたために清朝考証学が発生した」という主張は、疑わしい。政治的に抑圧されたことが原因となって数学的な能力が発生するわけではないことは、現代において、広く観察されている。

おわりに——電子人文学の彼方へ

前世紀の末から急速な発展をみせた情報技術の人文学への

応用として、電子人文学として括られるさまざまな活動が、盛んになっている。その産物の一つとして、電子テキストや電子コーパスの作成がある。本稿で述べた結果は、すべて、満洲語文献の電子コーパスを組織的に作成して、そこからさまざまなデータを得ることから始まっている。そこでは、電子人文学を通じて作成されたデータを活用するために、活用の理論的基盤としての数理人文学が必要であることも、明らかになった。具体的な理論的課題としては、

(1) いわゆるビッグ・データが利用できない過去の言語についても有効な、計量言語学の理論を、開発すること、

(2) 単言語資料で開発された手法をそのままでは適用できない、二言語対訳資料に対して有効な、計量文献学の理論を、開発すること、

の二つを挙げておく。本稿で述べたことは、基本的方針のいくつかをスケッチしたに過ぎず、いずれについても、現代数理科学の方法論や直観をさらに応用する余地が、残っている。特に(1)は、原理的に、情報技術だけでは処理しきれない内容をもっているので、数学理論と言語学理論を用いて考察することが、要求されている。筆者にとっての具体的な課題としては、

(3) 本稿で述べた、意味論的分析の数学的な定式化について、適切な公理系を与えてそこからの帰結を調べることもある。

また、電子人文学および数理人文学について、自然言語処理における既存の手法に固執することなく、使える数学は使ったほうがよい、というのも、本稿で紹介した一連のしごとにおいて筆者が得た結論である。統語論的な情報と組み合わせた単語／形態素たちについて、隣接する位置たちのあいだだけではなく離れた位置たちのあいだでも、遷移確率あるいは共起の確率を考えて、ばあいによってはさらにそれらの和を取ることで、単語／形態素たちについての単純なnグラム・アナリシスから得られるものよりもはるかに多くの情報が、得られることを、ここで強調しておきたい。第二節の適用例三で触れた、満洲語カトリック書の満洲語と母語話者の規範的な満洲語とのあいだにみられる、文体レベルというよりも言語レベルで起きている違いは、統語論的な情報と組み合わせた単語たちについての統計データから、得られている。

人文学と数理科学との双方に関わる未開拓の領域は、一般理論についても具体的な研究手法についても、大きく広がっている。そして、清代漢学は、豊かな素材と厳しい判定基準を、現代のわれわれに対して提供している。

注

(1) もちろん、数学的処理に先立って行なわれるデータの収集については、二つの系統推定は大きく異なっている。

(2) 「音の基本的単位」を、音声に近いところで考えるか、抽象的なレベルで考えるかも、音韻論的構造を推定する際のモデルの自由度として残っている。そのために、「音素」と呼ぶことを、意図的に避けた。

(3) 共時的構造を分析する際には単独の、通時的変化を分析する際には複数の有限集合である。

(4) 自然言語の統計的処理においては、マルコフ過程の遷移確率に相当するnグラム・アナリシスを用いることが、頻繁にある。しかし、言語学としては、統語規則を、確率を含まないかたちで記述すべきであろう。

(5) これは、二言語辞書での語釈のあり方について、一つの言語の単語のおのおのに、ほかの言語の単語をいくつか対応させれば充分である、と考える立場に通じている。

(6) 儒教書のばあいには、経学の思想史的側面がここに属している。

(7) 集団で作成した作品において、ひとりの著訳者が作成した部分が充分に長ければ、用例の分布状況だけで著訳者の違いを検出することができる。しかし、ひとりの著訳者が作成した部分が短く、かつ、錯綜していれば、用例数の規模の違いだけで判断せざるを得なくなる。

(8) 統計物理学でいえば、粗視化して巨視的な構造を決定したのちに、微視的な構造を、巨視的な構造からのずれとして把握する、という手続きに対応している。

(9) 狭い範囲で作用する要因に支配されている現象の要因を、広い範囲で作用する要因と誤認してしまう危険性——たとえば、特定の資料の特徴を言語の特徴と誤認してしまう可能性——には、つねに注意しなければならない。また、その逆もいえる。

(10) ここでは、出発点についてだけ、述べている。

(11) 復元の可否の判定も、容易にできる。

(12) つねに有効な方法論に限定する。

(13) 一つの言語システムにおける談話／文章は、有限種類の記号のなす有限列であるので、一つの言語システムにおける談話／文章すべてのなす集合は、可算集合である。したがって、どのような言語システムの潜在的な表現力も、他の言語システムの表現力を近似的に実現できるほどに、豊富である、と仮定するならば、「高々可算個」であることは当たり前である。ここでは数学的な議論が行ないやすいように、分析的に述べている。

(14) 近現代の幾何学では、点と、その点の特定の座標系における座標の値とを、厳格に区別していることを、想起されたい。

(15) 関連性の認定を、暗黙の前提として含む。なお、翻訳過程を分析する際には、言語学的性質、およびそれらに関連する話し手／書き手の評価がすべて記述されていれば充分であって、事実関係に関する補足は必要ではないけれども、とりあえず、事実関係に関する記述も含めておく。

(16) 主題についての制限を置かずに、「言語表現$P_{-1}PP_1$があらわす情報と矛盾しないセンテンスの有限列」を「注解」として定義することも、選択肢としてはあり得るが、制御し難くなるので、ここでは避けた。

(17) 否定演算子の作用を考えるのは、注解に対してであって、注解の対象となる談話／文章に対してではない。皮肉の意味での否定表現が、論理学的には肯定表現であることを考えれば、ふつうの言語表現のなかの否定が論理学的な否定演算子であることを要請するのは、不適切である。

(18) 選言演算子を定義しなければ、直観主義論理や量子論理との衝突は回避される。
(19) ペンであったり鉛筆であったりすることは、みればわかるので、通常の会話ではありそうにないセンテンスたちである。
(20) 筆者が電子テキストを作成して分析した官修あるいは官修に準じる満洲語書籍のリストは以下のとおりである：『洪武要訓』（順治三年御製序、全文）、『満文詩経』（順治一一年御製序、全文）、『御製人臣儆心録』（順治一二年御製序、全文）、『満文大学衍義』（康熙一一年御製序、序表・巻一～二二）、『満文日講四書解義』（康熙一六年御製序、全文）、『満文日講書経解義』（康熙一九年御製序、全文）、『満文日講易経解義』（康熙二二年御製序、全文）、『満文古文淵鑑』（康熙二〇年代、巻一～二二・二九～六四）、『満文資治通鑑綱目』（康熙三〇年御製序、巻一～四）、『満文小学集註』（康熙三〇年前後、全文）、『満文性理精義』（康熙五〇年代、巻一～四・六～一〇）、『満文聖諭広訓』（雍正二年御製序、全文）、『満文孝経集註』（雍正五年御製序、全文。ヘス（和素）による翻訳とは別個の翻訳である）、『満文庭訓格言』（雍正八年御製序、全文）、乾隆六年『満文四書』（乾隆六年御製序、全文）。また、官修書ではなく、成立年代も不明なもののうちでは、『満文孔子家語』（東洋文庫本の全文）、『満文太上感応篇』（フランス国立図書館所蔵本の全文）の電子テキストを作成して分析した。満洲語カトリック書籍も、『天主実義』の二つの満洲語訳を初めとして電子テキストを作成して分析したが、あとで述べるように、満洲語カトリック書籍は満洲語言語学の資料にはならないので、詳細は省略する。
(21) 満洲語において、形容詞は、語形変化を伴わずにそのまま名詞としても用いられるので、ここでの「漢語単語」は、漢語形容詞と漢語名詞とを意味している。tob（sere）や sijirhūn についての以下の説明でも、同様である。
(22) 福田昆之『満洲語文語辞典』には「勝手に」という語釈もあり、ほぼ唯一の例外である。ただし、用例が偏っている。
(23) このばあいには、用例において記述される事件の経緯を追跡して、事件の法的側面まで明らかにすることが、満洲語語彙の意味論的構造の復元に必要であった。単語たち、あるいはセンテンスたちのあいだの対応をみるだけでは、復元できない。
(24) 精確にいえば、アリストテレス哲学のトマス的解釈というべきである。被造物の実体が創造されたものであることをも考慮して、初めて、満洲語訳語の当否が判断できる。
(25) 朱子学に言及する官修満洲語書籍では、満洲語副詞 ini cisui は、つねに、神による創造を否定する文脈で使われていることも、われわれの判断の根拠となっている。
(26) 言語変化が発生した時点をみているのか、すべての話者のあいだで受容され終わった時点をみているのかは、個別に検討する必要がある。
(27) 単言語資料における確率分布を二言語資料における条件付き確率分布で置き換えなくてはならないことの結果として、単言語資料において有効であった定量的な文体分析の手法（たとえば、村上二〇一六にみえるもの）は、すべて、そのままでは使えなくなる。
(28) ただ、このような態度は、既存の理論では扱われていなかった事象に対して既存の理論を適用することで、深刻な誤りをもたらす。
(29) 観測結果と照合するためには、天体の軌道を計算するだけではなく、観測者の位置に応じた座標変換や大気による屈折効果、観測器具の特性に到るまで、さまざまな要因を列挙し、その影響を定量的に見積もることが必要となる。

(30) 三角測量がなかった伊能忠敬隊の技術レベルでも、系統誤差の組織的な除去や、偶発的な誤差の平均操作による除去の試みは、行なわれていた。

(31) エピゴーネンたちの学問的能力が高くなかったために、数理科学に手を出せなかっただけであった、つまり、言語学や古典学についての実績とデータの数理科学についての能力とのあいだに存在するのは、直接的な因果関係ではなく相関関係である、という説明もあり得る。しかし、一九世紀西欧ではグラスマンの諸業績、清代中国では陳澧の諸著作、そして前世紀には言語学と数学とで構造主義が一世を風靡したことなどを考慮すれば、言語学（特に音韻論）についての能力は、数学的能力と無関係ではなかろう。ただ、数学のある分野についての能力が、つねに確率論やデータ科学についての能力を帰結するわけではない。数学における構造主義は、確率論にとって有害であった。

(32) 古代ギリシャ数学におけるいわゆる「幾何学的代数」の仮説や、前近代東アジアの数学史に関する資料の読解方法について、数学者による数学史研究が古典学研究者から批判されることがあるが、批判された数学者のなかに、確率論や統計物理学やデータ科学に詳しい数学者は、いない。それらについて詳しい数学者が、数学史を研究することがほとんどなかった、ということかもしれないが。

引用文献

木下二〇〇九　木下鉄矢『朱子　はたらきとつとめの哲学』、岩波書店、二〇〇九年

木下二〇一三　木下鉄矢『朱子学』（講談社選書メチエ）、講談社、二〇一三年

村上二〇一六　村上征勝・金明哲・土山玄・上阪彩香、『計量文献学の射程』、勉誠出版、二〇一六年

渡辺二〇一三　渡辺純成「『満文天主実義』の言語の特徴と成立年代について」、『水門　言葉と歴史』第二五号、勉誠出版、二〇一三年、左一〇七―左一五六頁

渡辺二〇一五　渡辺純成「清初の官修儒教系書籍にみる満洲語の通時的変化について」、『水門　言葉と歴史』第二六号、勉誠出版、二〇一五年、左一―左三一頁

渡辺二〇一六　渡辺純成「満洲語の文末の **imu** はコピュラか?」、『満族史研究』第一五号、二〇一六年、七三―八〇頁

渡辺二〇一八A　渡辺純成「『四書集注』、『小学』などの満洲語訳の言語の特徴と成立年代について」、『水門　言葉と歴史』第二八号、勉誠出版、二〇一八年、左七二―左一二四頁

渡辺二〇一八B　渡辺純成「『大学』「格物」は満洲語にどのように訳されたか（上）」、『満族史研究』第一七号、二〇一八年、一―四八頁

渡辺二〇一九A　渡辺純成「順治『満文詩経』と乾隆『繙訳詩経』の経学説に関する覚え書き」、『水門　言葉と歴史』第二九号、勉誠出版、二〇一九年、左一―左四三頁

渡辺二〇一九B　渡辺純成「満洲語副詞 **ini cisui** は「おのずから」とは限らない」、『水門　言葉と歴史』第二九号、勉誠出版、二〇一九年、左四四―左五四頁

渡辺・掲載予定　渡辺純成「『大学』「格物」は満洲語にどのように訳されたか（下）」、『満族史研究』第一八号、掲載予定

漢学は科学か？

——近代中国における漢学と宋学の対立軸について

志野好伸

しの・よしのぶ——明治大学文学部教授。専門は中国哲学。主な著書（いずれも共著）に、『世界哲学史3——中世Ⅰ 超越と普遍に向けて』（ちくま新書、二〇二〇年）、『聖と狂：聖人・真人・狂者』（法政大学出版局、二〇一六年）、『いま、哲学がはじまる。——明大文学部からの挑戦』（明治大学出版会、二〇一八年）などがある。

宋学は哲学であるが、漢学は科学であって哲学ではない、という固定観念はどのように形成されたのか。本稿は、「科学と人生観論争」期の張君勱や、胡適、馮友蘭らの言説を通じて、彼らの哲学観に、漢学と宋学の対立が持ち込まれていたこと、さらには哲学に没頭していた時期の王国維がすでにその対立を設定していたことを紹介する。

一、宋学は哲学であるという言説

近代中国における経学の問題として、まず想起されるのは、おそらく今文学と古文学との争いではないだろうか。すなわち、孔子に改革者としての姿を読み込む今文学の隆盛が、清末の改革運動を推進する一方で、古文学に左袒する劉師培や章炳麟らが革命派として政治に関わっていくという近代政治思想史の重要な局面がそれである。こと政治思想史に限れば、確かに今古文の争いは、まぎれもなく最も重要な論点と言えよう。しかし、より純粋な学術史からすれば、とりわけ「哲学」の編成という点からすれば、今古文の争いよりも長期にわたって議論の背景にあった対立がある。それが漢学と宋学の対立である。石井剛は次のように的確に問題を指摘している。

この（引用者注：宋学と漢学の）線引きは、近代に至って知の体系を近代的学科編成の下に再構成する際に役立つことになった。宋学は哲学へ、漢学が得意としていた小学は言語学へ、文献考証の豊かな蓄積は、哲学史、科学史、文学史といった専門史のための資料へと吸収されていくのである。（中略）これらの言説において、哲学的なものは宋学的であり、宋学的なものが中国における哲学を独占的に担っているのである。問題はここから始まる。なぜ、漢学的なものは、哲学的なものとは認知されないのか。中国哲学のナラティヴはなぜ漢学を排除するのか。(1)

中国哲学の言説における漢学の排除の一例として、李沢厚による現代新儒家の定義を参照しておきたい。李沢厚によれば、現代新儒家は、「辛亥、五四以来の二〇世紀における中国の現実や学術的土壌に根ざし、孔孟程朱陸王を継承し、発揚することを強調し、これこそが中国哲学や中国思想の根本精神だとみなし、それを主体として西洋の近代思想（「民主」や「科学」など）と西洋哲学（ベルクソン、ラッセル、カント、ホワイトヘッドなど）を吸収し、受容し、変革することによって、現代中国の社会、政治、文化といった方面で現実の活路を見出そうとしている」人々と定義されうる。(2) 李沢厚が同論文でとりあげる新儒家は、熊十力（一八八五～一九六八）、梁漱溟（一八九三～一九八八）、馮友蘭（一八九五～一九九〇）、牟宗三（一九〇九～一九九五）の四名であり、彼らはいずれも近代中国の代表的哲学者、思想家として世界的に認知されている。「宋学的なものが中国における哲学を独占的に担っている」ように見えるのは、近現代の「中国哲学」を代表するのが新儒家であり、彼らが「程朱陸王」を継承・顕彰しているからだと言える。本稿は、近代中国における「哲学」という学問の成立において、漢学と宋学の区分がどのように利用されているのかを繙き、この対立が「中国哲学」の範囲の確定に関与してきたことを検証しようとするものである。

二、科学と人生観論争(3)

宋学こそが哲学であり、漢学は哲学ではないという言説がある。この言説と共犯関係にあるのが、哲学が自然科学と根本的に異なる学問であり――アリストテレスやデカルトにとっては思いもよらない主張だろうが――、漢学は科学であり、宋学は科学ではないという言説である。この二つの言説は、漢学を科学として高く評価するか、それとも宋学を哲学として高く評価するかで立場を異にするものの、漢学と宋学の違いについては一致した認識を有している。

この図式が顕著に現れたのが、一九二三年の科学と人生観論争である。すなわち、その年の二月に張君勱（一八八七～一九六九）がアメリカ留学に向かう清華学校の理工系の学生を前にした講演で、科学では解決できない人生の問題が存在することを説いたのに対し、丁文江（一八八七〜一九三六）らが科学に解決できない問題はないとして、張君勱を批判したことに端を発する論争である。論争は、多くの知識人をまきこみ、様々な見解が提起された。

張君勱は「人生観」講演において、科学が客観的、論理的、分析的で、因果律に基づき、対象の同一性を想定するのに対し、人生観は主観的、直覚的、総合的、自由意志的で、独自性を想定すると述べた。これに対し、丁文江は、直覚や独自性も論理の対象となるなどと主張し、科学で扱えないものは真理ではないとした。丁文江は、張君勱に対して「玄学」派というレッテルを貼るが、この場合の玄学とは、空理空論をもてあそぶ形而上学の意味で用いられている。丁文江は、純粋な心理現象も科学の方法の支配を受けるとして、科学の万能性を標榜し、玄学を時代遅れの幽霊（「玄学鬼」）として糾弾するのである。彼はまた、張君勱が中国の精神文明と西洋の物質文明を単純に対比し、人生観と科学の対比をそこに重ねることを批判しているが、その際、張君勱が「孔子、孟子から宋元明の理学者」に基づき中国の精神文明を評価していることを咎め、次のように述べている。

張が「良心が自然と働いた」やら「孔子、孟子から宋元明の理学者は精神的生活の修養を重んじ、その結果、精神文明となった」と述べているのを仔細に見れば、西洋にいる玄学という幽霊が中国に来て、さらに陸象山、王陽明、陳白沙などの高らかに心性を語る友人の亡霊と合わさり、一緒になって張君勱の「私」へともぐりこんだようだ。(4)

一方で丁文江は、「科学の方法とここ三百年の経学者が学術を修めてきた方法が同じである」(Ibid., p. 57) として、人生観と科学の対立を、宋学と漢学の対立に重ねたのである。丁文江はまた、第一次世界大戦を招いた責任はヨーロッパの物質文明にあったのではなく、科学を顧みない政治家にあったとし、「玄学を体とし、科学を用とした」張之洞をヨーロッパの誤った政治家と同列に並べている (Ibid.)。

こうした丁文江の考えの背景には、胡適（一八九一〜一九六二）の思想史観がある。丁文江は張君勱への反論において、胡適の「梁漱溟先生の『東西文化とその哲学』を読む」や「五十年来の世界の哲学」を参照し、自説を補強するために用いている。胡適の経学観については後述するが、まずは丁文江の指摘を受けて、張君勱が漢学と宋学の対立を先鋭化させている様子を確認しておきたい。

張君勱は丁文江（字は在君）への再反論として、「人生観と科学について再論し并せて丁在君に答える」という文章を発表し、その中に「心性の学と考拠の学に対する私の態度」という一節を設け、自身の考えを表明している。すなわち、考拠や訓詁名物を研究対象とする漢学と義理や心性を研究対象とする宋学とは、同じく聖人の道を追求しながら方法論を異にするものであり、その違いはヨーロッパ哲学における唯物派と唯心派に重ねられる。そして、両者がそれぞれの長所をもつことを指摘し、人生観の領域を科学から独立したものとして確保しようとしている。梁啓超（一八七三～一九二九）(5)、胡適、丁文江は、漢学びいきの学者としてまとめて次のように指弾される。

自然界の研究や文字の考証については、もちろん漢学者や欧州の唯物派の言説が優れている（中略）。しかし人生の解釈や内心の修養に関しては、当然、唯心派の言説が優れている。私のこの発言は、自分でもきわめて公平で、偏りのないものだと思っている。しかし我が国の梁啓超や胡適といった学者は、清学の影響を受け、おおむね漢を称揚し、宋をさげすんでいる。（中略）胡適は清代の経学大師を崇拝し、彼らは西洋の科学的な方法に合致していると称している。在君はこれに同調し、漢学者のことばを引いて宋学を排斥している。 (Ibid., p. 116)

科学派＝唯物派＝漢学派と哲学派＝唯心派＝宋学派との対立はまた、イギリス哲学とドイツ哲学の対立にも重ねられる。張君勱は、次のように述べている。

世界の哲学には二つの潮流があり、イギリスとドイツである。イギリス人は外から内を解釈することを好むため、後天主義、唯感覚主義である。ドイツ人は内から外を解釈することを好むため、先天主義、唯心主義である。 (Ibid., p. 92)

そして、カント哲学を、自由意志に基づき人生の問題を扱う実践理性と、因果律に基づき学問——科学と置き換えてよいだろう——を対象とする純粋理性とを統合し、イギリスのヒュームとドイツのヴォルフの哲学を折衷したものとして、高く評価する。さらに、カントの後を受けて学術界に新しく貢献できるのは、英独の対立にとらわれないですむわが国の人にまさる者はいないと、ナショナリズムを露わにした発言を行っている（Ibid.)。

張君勱は、この二つの潮流を比較して、第一表としてヨーロッパの唯物派と漢学者のことばを並べ、第二表としてヨーロッパの唯心派と「孔孟以下、宋明理学者のことば」を並べているが、唯物派に挙げられるのは、ベーコン、ロック、ベンサム、ヒュームといった固有名詞のほか、英米の学者やプラグマティストであり、唯心派に挙げられるのは、カント、ベルクソン、オイケンなどである（Ibid., pp. 114-116）。アメリカに留学してデューイからプラグマティズムの手法を学んだ胡適と、梁啓超の欧州視察に同行しそのままドイツに滞在してオイケンに学んだ張君勱の経歴を比較すれば、張君勱自身がどちらに肩入れしているかは明らかで、カントが二つの潮流を調和させたように、第二表に挙げられる潮流によって第一表に挙げられる潮流を包摂しようという意図がはっきり見て取れる。第一表の漢学者には王引之、顧亭林、阮元、戴東源、章学誠が挙げられるが、第二表では宋明理学者の具体名は挙げられず、孔子、孟子、そして『易』や『中庸』のことばを「子曰く」として引用し、儒学の本流は後者にこそあると言わんばかりである。

李沢厚の定義が示すように、いわゆる現代新儒家は漢学よりも宋学を重んじる傾向が顕著だが、張君勱もまたその典型的な一人である。科学と人生観論争における張君勱の言説は、科学としての漢学と異なるものとして哲学の自立を宣言し、宋学の再評価に道を開いたものと言えるだろう。

三、胡適にとっての宋学と漢学

では、丁文江が自説の拠り所とした胡適は、漢学と宋学について どのように考えていたのか。彼の「格物」理解を中心に見ていこう。

胡適は、西洋哲学史と類比的なものとして中国哲学史を構築しようとする意図が顕著である。その姿勢は、一九一七年にコロンビア大学に提出した博士論文をもとに英文で出版した *The Development of Logical Method in Ancient China*（一九二二年、中国語訳名『先秦名学史』）にも見て取れる。その Introduction の冒頭、哲学は方法論、とりわけ論理的方法論に条件づけられるとし、西洋ではデカルトの『方法序説』、フランシス・ベーコンの『ノヴム・オルガヌム』をヨーロッパ近代哲学成立のメルクマールとして挙げる。そしてこれらの著作に匹敵する中国の文献として、胡適が挙げるのが『大学』、その中でも八条目、さらに言えば「格物」の二文字である。胡適は二程や朱熹の「格物」解釈が帰納法に十分近いことを評価しつつ、「物」を「事」として理解したために、研究の対象を人事や人間関係に制約してしまったことを批判する。さらに、胡適によれば、王陽明は「格」を「探求」ではなく「正」の意味だとしたため、格物の内容は、内なる「良知」の発揮へとさらに縮減された。その結果、「宋学がさまざまな事物の理を探求したとしても、その探求は「誠意」、さらには「正心」につながるかぎりにおいてであった。彼らもやはり、自然の対象を探究するための科学的方法を身につけることなく、道徳哲学や政治哲学の問題に関心を限定したのである」[6]。宋学の説く格物は、可能性はありながら科学的方法として運用されることなく終わる。代わりに胡適が試みるのが「非儒学派の回復」である。儒教の道徳倫理や理性による繋縛から中国哲学を解放するために、胡適は諸子百家の一学派として儒家を位置づけ、むしろ当時の非儒学派に着目したのである。具体的には、墨家や名家の論理学の再発見が、胡適の業績として特記される。一九一九年から二一年にかけて発表した「清代漢学家的科学方法」(『胡適文存』に採録する際、「清代学者的治学方法」と改称)では、『先秦名学史』と同様、『大学』の「格物」理解が「中国近世哲学」の「方法論」の焦点であったとして、程朱陸王の解釈を概観したのち、「中国の古くからの学術において、清代の「樸学」だけがまぎれもなく「科学」的精神を有していた」と述べている(H1, 371)[7]。さらに胡適は、「樸学」の文字学、訓詁学、校勘学について具体的事例を紹介したのち、清代の学者の研究方法を、大胆な仮説と細心の論証を行ったものとして称賛している(H1, 388)。

以上の中国学術史の評価は、一九一九年の『中国哲学史大綱』でも変わらない。第一篇「導言」で、胡適は、中国古代をギリシアに、六朝唐をローマ・中世に、宋元明清を合わせてヨーロッパ「近世」になぞらえるが、宋元明清の中心は清に置かれる。明代以降、漢学と宋学の区別が生じたが、嘉慶年間(一七九六~一八二〇)以前は儒家の内紛であったのに対し、その後の漢学者は諸子の書を積極的に活用し、むしろ儒家の書よりも上に置くようになったとし、近年の代表例として、孫詒譲と章炳麟を挙げる。したがって古代の学術の価値を明らかにした清代こそが、スコラ哲学を覆してギリシアの哲学や文学を再評価したルネサンスに比較しうる。胡適は、こうした記述に続けて、「我々の今日の学術思想には二つの大きな源泉がある」とし、「一つは漢学者から我々に伝えられてきた古書であり、一つは西洋の新旧の学説である」と述べる。そして、この二つの流れが合わさることで、中国に新しい哲学が生まれることに期待を寄せている(H5, 203)。

ただし、胡適が宋代の学術を一概に否定しているわけではない。二程や朱熹の「格物」解釈は、科学的方法とみなせるものとして、王陽明よりも高く評価されていた。丁文江も挙げていた「読梁漱溟先生的『東西文化及其哲学』」(一九二三)では、現代新儒家の一人に数えられる梁漱溟に対して、次のような批判を行っている。

> 近世八百年の学術史において、彼(梁漱溟)は「晩明の泰州の王氏父子、心齋先生(王艮)と東崖先生(王襞)

だけが自分の意にかなう」としているが、近代の思想に対する影響が最も大きく最も深い朱熹には一度たりとも触れていない。彼は朱子学や清朝考証学に対して、完全に目を閉ざしてみようとしていない。だから彼は「科学的な方法が中国には端的に言って存在しない」、と言うのである。結局、本当に存在しないのだろうか、それとも梁先生から「駆逐」されてしまったのだろうか。

(H2, 253)

ここでは朱熹は清朝考証学と並べられ、陽明学者とは区別されている。程頤・朱熹一派の「格物致知」は「大胆に過去を疑い、細心に考証する」という「厳密な理性的態度で、科学の道を歩むもの」とみなされ、顧炎武、閻若璩、戴震、崔述、王念孫、王引之、孫詒譲、章炳麟と同様の評価が与えられている (Ibid.)。

さらに胡適は、一九二三年から取り組んだという崔述の年譜編纂を一九三一年にまとめて「科学的古史家崔述」として公表するが、そこで以下のように宋学と漢学の関係を描き直している。

「漢学」と「宋学」は表面的にはまったく異なるように見えるが、実は清代の漢学の大師たちは、恵棟や江藩ら漢儒を妄信している人物を除いて、漢儒の精神からかけ離れ、むしろ宋儒、朱熹一派らと近接している。(中略)冷静に清代三百年の学術を観察すれば、朱子を崇拝した崔述と、朱子を最も手厳しく攻撃した毛奇齢、戴震とは等しく一本の道の上にいると認めざるを得ない。(中略)彼らの研究する音韻、訓詁、考証などについては、さらにはっきり朱熹以後の宋学の嫡流だと言える。

(H19, 192-193)

胡適にとって清代の「漢学」は漢儒の学問ではなく、むしろ宋学の「格物致知」の流れを汲み、西洋近代の科学的学問に接続するものであった。一九二三年から二五年にかけて執筆された「戴東原的哲学」では、「陸王は程朱が学問を論じることが多すぎることを嫌ったが、戴氏は彼らが学問を論じることが少なすぎることを嫌った」として、陸象山・王陽明と戴震を、程朱を間にして対極に位置づけている (H6, 396)。清末に鄭観応や王韜らによって、Natural Science や Physics の訳語として「格致学」という語があてられたが、胡適はまさに「格物致知」と西洋科学とを線としてつないだと言えよう。

四、馮友蘭にとっての宋学

現代新儒家の一人と目される馮友蘭は、胡適から批判された張君勱や梁漱溟の側に立ち、科学と異なるものとして哲学独自の立場を確立しようとする。「中国哲学史」を構築した馮友蘭が、どのように漢学と宋学を理解していたのかをみておきたい。

胡適と同じくコロンビア大学に留学した馮友蘭は、やはり「格物致知」を問題にして、「なぜ中国に科学はないのか」と問う。"Why China Has No Science?" と題する英語の論文で、格物の「物」とは何か、と胡適と同様の問いを立てるが、そこから導かれる帰結は胡適と正反対である。馮友蘭は宋学(Neo-Confucianism)において、「物」を外部の事物と理解する一派と心の内部の現象を指すとする一派があったとする。そして、朱熹をはじめとする前者の一派の試みは、外部の事物を一挙に調べ尽くすことが不可能である以上、実践不可能であるとし、後者の解釈、いわゆる心学的な解釈の方がより成功をおさめたと評価するのである(Fung, 2008, p. 591)。[8] 馮友蘭は中国に科学がないことを嘆いて、西洋的な科学を中国に見出そうとするのではなく、科学がないことを中国の特徴としてとらえ、西洋の文化と異なる価値観をもつ文化としてその独自の立場を顕彰するのである。より正確には、西洋も科学一辺倒ではない。馮友蘭の博士論文は、東西の哲学それぞれに共通する傾向を分析し、損道と益道——自然科学の思想はこの益道に属す——の中間を行く儒家、朱熹をはじめとする新儒家、アリストテレス、ヘーゲルを最も評価するものであった(*The Way of Decrease and Increase with Interpretations and Illustrations from the Philosophy of the East and the West*、中国語名「天人損益論」)。後年、一九三五年に行われた中国哲学会の年次総会での開会の辞で、馮友蘭は厳復とともに胡適(字は適之)の名を挙げ、その哲学理解の偏向を次のように指摘している。

> 厳復がミルの論理学を翻訳してから胡適之氏がデューイらの哲学を紹介するに至るまで、つねに経験主義が主な対象とされてきた。経験主義は、西洋哲学において決して主要な地位を占めてはおらず、理性主義こそが西洋哲学のプラトン以来の本流なのだ。
>
> (「在中国哲学会年会上的開会詞」、F11, 281)

こうした哲学観を有していた馮友蘭は、『中国哲学史』(上冊一九三一年、下冊一九三四年)で、「西洋で言う哲学は、中国の魏晋の人の言う玄学、宋明の人の言う道学、清人の言う義理の学と、研究する対象がほぼ同じだと言うことができる」と述べる(緒論、F2, 248)。馮友蘭は、清代の漢学から訓詁の学を切り離し、義理の学のみを抽出して、それを宋明の道学に連なるものとして評価するのである。胡適が科学的手法に程朱の学と漢学の共通性を見ようとするのに対し、馮友蘭は議論の話題に宋学と義理の学の共通性を見るのである。『中国哲学史』第十五章は「清代道学之継続」と題され、義理の学を語る漢学者について、「(彼らが議論するのは)理、気、性、命などであり、これらは宋明の道学者が提起した問題のままである。彼らが依拠する経典は、『論語』、『孟子』、『大学』、『中庸』などであり、宋明の道学者が提示した四書のままである」と述べている(F3, 384)。ちなみに、馮友蘭がここで挙げた「理、気、性、命」の四つの概念のうち、「気」を除く三つについては、後に論及する王国維(一八七七〜一九二七)が、それぞれについて、西洋哲学の理解を踏まえつつ、「釈理」「論性」「原命」という論文を著しており、中国の概念史を扱った先駆的な業績を残している。

議論の話題だけでなく、方法についても、馮友蘭は胡適と正反対の態度をとっている。

西洋哲学の方法論の部分については、中国思想史の諸子の学の時代には、まだ議論されていたが、宋明以降は探求する者がいなくなった。別の点から言うと、その後の義理の学は、やはりそれ自身の方法論をもっている。そこで語られる「為学の方」というのがそれにあたる。しかしその方法で問題にされているのは、知識を求める方法ではなく、修養の方法である。真を求めるためのものではなく、善を求めるためのものである。(F2, 249)

中国に科学がないことが嘆かれないのと同様、中国の方法論が真を求めず善を求めていることも非難の対象にはなっていない。むしろ、真を求める科学と、善を求める哲学とが互いに立場を異にすることが表明され、後者に対する共感が綴られている。朱子は論理的、科学的であることによってではなく、倫理的であることによって西洋哲学の伝統に比肩されるのである。

朱子が興味をもっているのは、倫理であって、論理ではない。プラトンにもこのような傾向があるが、ただし朱子ほど強くはない。中国哲学は、すべてこの方向に注意を払っている。(F3, 347)

一九三九年に発表した『新理学』でも、広義の科学と狭義の科学、すなわち自然科学とを区別し、「自然哲学について言うなら、哲学と科学は完全に二つの異なる学問である」(F4, 5)と述べ、哲学の優位性について、次のように説く。

哲学、最も哲学的な哲学は、科学を根拠としない。そのため、科学の理論の変化によってその存在価値を失うことはない。哲学史において、科学の理論を出発点としたり根拠としたりしている哲学は、みな、程なくその存在価値を失った。アリストテレスや、ヘーゲルや、朱熹について言うと、彼らの哲学のいわゆる自然哲学の部分は、今では歴史的な関心の対象となっているにすぎない。彼らの形而上学だけが、すなわち彼らの哲学の最も哲学的な部分だけが、永久にその存在価値を有するのである。その理由は、彼らの形而上学が当時の科学の理論を根拠としていないからであり、したがって科学の理論の変化の影響を受けたりもしないからだ。（F4, 14）

抽象度の高い「最も哲学的な哲学」は、科学的知見の進展や時代の変化に左右されないため、それは「空虚な学」という批判を甘んじて受けるものである。清朝漢学が宋学に向けた批判――それは胡適によっても首肯されうる――を馮友蘭は哲学に対する肯定的な評価としてとらえなおし、『新原道』において次のように述べている。

ある人はこう述べている。清朝の人が道学を批判するのは、それが「空虚な学」（顧亭林の語）で実用的でないからだ、と。（中略）これに対しては次にように述べたい。我々が問題にしているのは哲学である。我々は哲学についてのみ哲学を問題にしうる。哲学は本来空虚な学である。哲学は、人間を最高の次元に到達させることのできる学問であって、現実に向き合う知識や才覚を人に増し与える学問ではない。（F5, 134-135）

したがって、中国哲学の盛衰は、以下のように描かれる。

中国哲学の精神の発展は、漢朝になって退行し、三、四百年経過したのち玄学の時代になってようやく正しい道筋に入りなおした。中国哲学の精神の発展は、清朝になってまた退行し、また二、三百年経過したのち現代になってようやくまた正しい道筋に入りなおした。（中略）中国哲学史では、先秦の道家や、魏晋の玄学、唐代の禅宗などが、まさにこうした伝統を構成している。新理学は、こうした伝統に啓発されつつ、形而上学に対する現代の新しい論理学の批判を利用しながら、完全に「現実に密着しない」形而上学を作り上げるのだ。（F5, 126）

馮友蘭にとって、漢代と清代は哲学退潮の時代であり、『中国哲学史』でも西洋の哲学に近いと評価されていた諸子百家、玄学、その流れを汲む宋学こそが、新しい形而上学（新理学）のために参照に価する伝統なのである。馮友蘭が清代の学者として『中国哲学史』でとりあげるのは、清末の今文学者を除いて、顔元・李塨と戴震のみである。胡適は戴震と科学的思考の持ち主としての朱熹との近さを指摘するが、馮友蘭は、顔元、李塨、戴震の理気や性についての見解は、劉蕺山（劉宗周）や黄梨洲（黄宗羲）と共通する点があり、蕺山と梨洲は心学の継承者であるから、顔元、李塨、戴震もこれらの問題についての主張ではやや心学に近いとして、戴震と心学、つまりは陽明学との関連を指摘するのである（F3, 410）。

後年、馮友蘭はまさに「漢学」と「宋学」の言葉を用いて、胡適と自身との違いを以下のように説明することになる。

> 胡適の『中国哲学史大綱』は資料の真偽や文字の考証にかなりの紙幅を割いているが、哲学者たちの哲学思想について言えば、その論述は、透徹さ、綿密さという点で十分ではない。（中略）私の『中国哲学史』は諸思想家の哲学思想に対する理解と体得という面において、より詳しい説明を行なった。これは「漢学」と「宋学」の方法論上の違いに他なるまい。（F1, pp. 190-191）[9]

馮友蘭は、張君勱や梁漱溟と同様、哲学と科学を分け、漢学ではなく宋学が哲学に結びつくことを一貫して主張したのである。

五、王国維の先見性

以上、科学と人生観論争をきっかけとして、科学と哲学がことさら区別され、そこに漢学と宋学の対立が持ち込まれてきたことをみてきた。最後に以上の論点のほとんどが、王国維によってすでに問われていることを確認したい。

田岡嶺雲（一八七一～一九一二）や藤田豊八（一八六九～一九二九）を通じてカント哲学を学んだ王国維は、馮友蘭と同じく、漢代と清代を哲学停滞の時代として捉える。「論近年之学術界」（一九〇五）では受動的、能動的という区別を用いて以下のように整理し、西洋思想の流入を、仏教に匹敵する外部からのカンフル剤として歓迎している。

> 漢代以降、天下は太平で、武帝は孔子の説を復活させてこれにより思想を統一した。当時秦による焚書を被ったばかりで、儒家は残された断片を大事に守ることに汲々としており、諸子の学問に従事する者も、先師の説を守るばかりで、新たに創造ようという考えがなく、学界は徐々に停滞していった。（中略）ただその当時、我が国に固有の思想とインドの思想は互いに並行して流通し交じり合ってはいなかったが、宋儒が現れてそれらを調和すると、学界は受動の時代から抜け出して多少能動的な性質を帯びるようになった。宋以降、本朝に至るまで、思想の停滞ぶりは、両漢と同様であったが、今日第二の仏教がまた出現した。それが西洋の思想である。（W2, 301）[10]

王国維はその上で、厳復が導入したイギリスの功利主義と進化論哲学を、純粋な哲学ではないとして、厳復の貢献を限定的なものと断じている。

厳氏が信奉しているものを見てみると、イギリスの功利論と進化論の哲学に限られており、彼の興味は、純粋な哲学にはなく、哲学の各分科にある。経済学や社会学などが最も好まれているものである。したがって厳氏の学風は、哲学的ではなく、どちらかと言うと科学的である。これが我が国の思想界を揺り動かすことができなかった原因である。(W2, 301-302)

厳復の学風を哲学ではなく科学だと述べていることにも注目したい。王国維の言う純粋な哲学がカント、ショーペンハウアーなどドイツ哲学を主とするものであったことを考え合わせれば、科学的なイギリスの学問と、哲学的なドイツの学問という、張君勱が一九二三年の時点で提示した構図が、一九〇〇年代の王国維の言説にすでに現れていることがわかる。馮友蘭が厳復を胡適と結びつけて漢学派に分類していたことは、既述のとおりである。

漢学者の中で、哲学としての宋学を継承する者として戴震を評価するのも、王国維が先鞭をつけている。(11) すなわち、「国朝漢学派戴阮二家之哲学説」(一九〇四)において、「近世哲学の歴史において、最も浅薄で内容に乏しいのは国朝の三百年である」と清朝を総括した上で、その中で最も価値があるものとして、戴震の『原善』、『孟子字義疏証』、阮元の『性命古訓弁証』を挙げている。ただし、彼らは「その説の奥深さ、高度さという点では、宋代の人にはるかに及ばない」とされる(W1, 403)。王国維にとって、哲学としての一つの頂点を迎えるのは、宋学であり、清代はその対極に位置づけられる。同論文で王国維は、中国の哲学は現実的な性質をもち、その特徴は孔子や墨子に代表される北方の学派に顕著だとする。北方の学派に老荘に代表される南方の哲学とインド哲学の一部が混合し、「宋、元、明三朝の学術ができあがったが、国朝になると三者の説はいずれも衰えてしまった」とする。考証学の視点で古代の「性命道徳の説」を研究した戴震や阮元によって北方の哲学が復活したが、それは「国朝の漢学派の一般的な思想を代表するとともに、わが国人の一般的な思想を代表する」ものとされる。以上のことから、王国維は「理論哲学はわが国人の性質に適さないことがわかる」と結論づける(W1, 408-409)。

王国維にとって、現実的な性質と対置される理論哲学こそが純粋な哲学であり、「当代の用と関係を持たない」哲学と芸術こそが、世界で最も神聖で最も尊い学術なのである(「論哲学家与美術家之天職」、一九〇五。W1, 181)。こうした哲学観も、馮友蘭の見解と完全に軌を一にする。「哲学弁惑」(一九〇三)では、中国にも元来哲学が存在していた証拠として、阮元宋代の周敦頤の『太極図説』、張載の『正蒙』、邵雍の『皇極経世書』を例にあげている（W1, 257）。[12]

一方で馮友蘭との違いもある。先述のとおり、王国維は中国の伝統思想から「理」「性」「命」といった概念を取り出し、西洋哲学との比較検討を行ったが、そのうちの「釈理」（一九〇四）の一部を以下に引用する。

朱子の言う「理」は、ギリシアのストア派の言う「理」と同じく、いずれも客観的な理を前提しており、それを、天地人が生じる以前から存在するとし、自分の心の理はその一部にすぎないとみなされる。したがって理という概念は物理学上の意味を越えて、宋代以降、形而上学的な意味を獲得した。（W1, 274）

馮友蘭が「格物」解釈で、内心の理を追求する心学の立場を是としたのに対し、王国維はここに見られるように、理の客観性を理の先験性と結びつけ、そこに形而上学を見出している。これは科学的手法の点で朱熹と清朝漢学の継承関係を強調する胡適の考えにむしろ近い。同時期に王国維は、「宋代之金石学」という文章も公表しているが、そこでは金石学を確立した宋の時代を褒め称え、哲学、科学、史学、絵画や詩歌、考証学などもきわめて盛んであったとする（W4, 185）。ひとり哲学だけでなく、科学や考証学なども等しく宋代の成果として評価されており、国学大師としての片鱗を覗かせている。

王国維の願望は、科学的な形而上学を求めることにあったと言えよう。しかし形而上学的、哲学的であることと、科学的であることは、王国維にとっても両立させがたいものだった。純粋な哲学か科学的学問か、この両者で王国維は煩悶し、ついに哲学を捨てるに至る。一九〇七年の「自序二」の一節は、王国維の哲学を論じる際に必ずと言ってよいほど参照される文章であるが、あらためてここで引用し、中国の哲学をめぐるその後の言説が、いかに王国維の提示した対立軸を引きずっているかを確認したい。

私は前々から哲学に疲れてきている。哲学上の説は、おおよそ愛しうるものは信じられず、信じられるものは愛しえない。私は真理について知っているが、また私はその誤謬も愛している。偉大な形而上学や、高邁な倫理学、純粋な美学は、私がきわめて好むものである。しかし自分が信じられる者を追究すると、知識論での実証論であり、倫理学での快楽論であり、美学での経験論である。信じられるものは愛せないことが分かり、愛しうるものは信じられないことが分かって、これがここ二、三年来の最大の煩悶となっており、最近の関心はしだいに哲学

から文学に移り、その中に直接的な慰めを求めようとしている。(W1, 403)

愛しうるが信じられない学問、それは哲学であり、ドイツ的な学問であり、中国の思想史で言うなら宋学である。一方、信じられるが愛せない学問、それは実証的で、計算可能な学問、イギリス的な学問であり、中国の思想史で言うなら漢学である。

王国維が果たしえなかったこの両者の調停や超克をめざす試みが皆無ではなかった。例えば上述のとおり、張君勱は、実際の偏向は措くとして、建前上は、カントをイギリス哲学とドイツ哲学の調停者ととらえ、その延長上に孔子の教えを位置づけようとしていた。他にも、論理実証主義によって「道」の概念を新たに定義しなおした金岳霖の『論道』（一九四〇）などの著作は、信じられる上に愛しうる哲学を目指したものと言えるだろう。また、いわゆる中国哲学を対象にした今日の研究は、もちろん実証的、科学的に行われている。

しかし、例えばアメリカで中国哲学といえば、まず宋学が意識されるといった状況——おそらくは馮友蘭も含めた新儒家たちの影響力による——が今なお存在するのは、王国維以来の対立軸、科学と人生観論争を経由してさらに固定化された対立軸が、今なお命脈を保ち、「中国哲学」を考える際のバイアスとなっていることを示しているのではなかろうか。漢学と宋学という対立は、「中国哲学」の可能性を制約することになってはいないか。この対立軸が形成された近代の思想史をたどりなおすこと[13]は、あらためて「中国哲学」とは何かを考えるきっかけとなるだろう。

注

（1）石井剛『戴震と中国近代哲学——漢学から哲学へ』（知泉書館、二〇一四年）六頁。

（2）李沢厚「略論現代新儒家」（『中国現代思想史論』東方出版社、一九八七年）二六五—二六六頁。

（3）本節に関連する論稿として、筆者は科学と人生観論争におけるベルクソン評価を例に、中国の知識人がどのように「哲学」をとらえようとしたのかを検討した「哲学の境界画定——近代中国におけるベルクソン受容の一例」（『中国哲学研究』二四号、二〇〇九年）を発表している。

（4）張君勱・丁文江等（『科学与人生観』山東人民出版社、一九九七年）五一—五二頁。引用は、『新編原典中国近代思想史4』（岩波書店、二〇一〇年）所収の原正人による訳文に基づき、一部変更した。

（5）実際には梁啓超を漢学派に位置づけることは難しい。梁啓超は、確かに科学と人生観論争の二年前に『清代学術概論』を著しており、その中には宋学批判も見えるが、漢学を全面的に支持しているわけでもない。その証拠に、「人生観と科学」（一九二三年）と題された文章では、自分は論争を裁定する立場にないとことわった上で、張君勱と丁文江どちらにも批判を加えている。また『儒家哲学』（一九二七年）では、人を本位とする儒家は、形而上学（玄学）ではなく、むしろ科学の立場に近いと主張している。その上で梁啓超は、朱熹や陸象山が無極太極の議論を行ったのは玄学に類するが——ただし、梁啓超の批判は朱熹に向けられており、陸象山は論争に巻き込まれた側と理解すべきである——、それは儒家の中心的な論点ではなく、孔孟や陸象山・王陽明は、そうした空虚な存在論を脇に追いやったと述べている。梁啓超は王陽明を一貫して高く評価しており、一九〇三年に発表された「近代随一の哲学者カントの学説（近世第一大哲康徳之学説）」でも、「カントを過去の東方の哲人になぞらえると、理論を説く点でシャカに似ており、実践を説く点で孔子に似ており、理論によって実践を貫く点で王陽明に似ている」と述べている。丁文江や胡適のような漢学＝科学派からすれば——後述の通り、胡適は格物理解について、朱熹を是として王陽明を非としている——、このような王陽明評価は全く受け入れられるものではない。

（6） Hu Shih, *The Development of Logical Method in Ancient China*, Shanghai: The Oriental Book Company, 1922, p.5.

（7）『胡適全集』第一冊（安徽教育出版社、二〇〇三年）三七一頁。以下、『胡適集』からの引用は、Hと略し、冊数、頁数を附記する。

（8） 後年、馮友蘭は「格物致知」をプラトンの説くイデアの想起になぞらえ、「豁然貫通」の境地と結びつけている（『新原道』第九章「道学」、F5, 119）。以下、『三松堂全集』第二版（河南人民出版社、二〇〇一）からの引用はFと略し、巻数と頁数を付す。

（9）『三松堂自序』第五章。本書は一九八一年に執筆・口述筆記され、一九八四年に出版された。引用は、吾妻重二の訳文による（吾妻重二訳注『馮友蘭自伝2——中国現代哲学者の回想』、平凡社、二〇〇七年、五五頁）。

（10）『王国維集』第二冊（中国社会科学出版社、二〇〇八年）三〇一頁。以下、『王国維選集』からの引用は、Wと略し、冊数、頁数を附記する。

（11） 王国維の戴震評価については、石井剛『戴震と中国近代哲学——漢学から哲学へ』三九—五八頁を参照。

（12） 一九〇六年の「奏定経学科大学文学科大学章程書後」でも、王国維は同様の例をあげて、哲学を大学から排除しようとする張之洞に反対している（W1, 14）。

（13） 今回取り上げることはできなかったが、明治期の日本の中国哲学理解もこうした理解に一役買っていることは否定できない。一例として、遠藤隆吉が宋代の朱子、（陸）象山、陳龍川（亮）、葉水心（適）を挙げて、「秦以来哲学隆盛第一の時」と述べていること（『支那哲学史』叙論、一九〇〇年）、西田幾多郎が「シナの道徳には哲学的方面の発達が甚だ乏しいが、宋代以後の思想は頗るこの傾向がある」と述べていること（『善の研究』第二篇第一章、一九一一年）を挙げておく。

附記 本稿は科研費基盤研究（B）「グローバル化する中国の現代思想と伝統に関する研究」（研究代表者：石井剛、17H02280）の成果の一部である。

執筆者一覧（掲載順）

川原秀城	井ノ口哲也	平澤　歩
田中良明	古橋紀宏	池田恭哉
南澤良彦	木下鉄矢	水上雅晴
陳　捷	新居洋子	渡辺純成
志野好伸		

【アジア遊学249】
漢学《かんがく》とは何《なに》か
漢唐および清中後期の学術世界

2020年6月30日　初版発行

編　者　川原秀城《かわはらひでき》
発行者　池嶋洋次
発行所　勉誠出版株式会社
〒101-0051　東京都千代田区神田神保町3-10-2
TEL：(03)5215-9021(代)　FAX：(03)5215-9025
〈出版詳細情報〉http://bensei.jp/

印刷・製本　㈱太平印刷社
組版　デザインオフィス・イメディア（服部隆広）
ISBN978-4-585-22715-1　C1322

247 移動するメディアとプロパガンダ―日中戦争期から戦後にかけての大衆芸術

西村正男・星野幸代　編

248 明治が歴史になったとき―史学史としての大久保利謙

佐藤雄基　編

245アジアの死と鎮魂・追善

原田正俊　編

246和漢のコードと自然表象　一十六、七世紀の日本を中心に

島尾新・宇野瑞木・亀田和子　編

243中央アジアの歴史と現在 ―草原の叡智

松原正毅　編

244前近代東アジアにおける〈術数文化〉

水口幹記　編

241 源実朝 ―虚実を越えて

渡部泰明　編

242 中国学術の東アジア伝播と古代日本

榎本淳一・吉永匡史・河内春人　編

240 六朝文化と日本 ―謝霊運という視座から

蒋義喬　編著

倭独自の文様を持つ小型鏡の創出と展開　脇山佳奈
倭鏡に見る「王権のコントロール」　林正憲

Ⅲ　三角縁神獣鏡と関連の鏡

三角縁神獣鏡生産の展開と製作背景　岩本崇
黒塚古墳三角縁神獣鏡の鋳上がりと切削研磨の程度からみる製造状況—二面同形二十号・三十二号鏡の調査から　三船温尚
画文帯神獣鏡の生産　村瀬陸
華北東部の銅鏡をめぐる諸問題　馬渕一輝
斜縁鏡群と三角縁神獣鏡　實盛良彦

Ⅳ　銅鏡から歴史を読む

新見東呉尚方鏡試考　朱棒／藤井康隆（訳・解題）
二・三・四世紀の土器と鏡—土器の併行関係と出土鏡からみた暦年代を中心として　久住猛雄
日本列島における銅鏡の流通と政治権力—二～四世紀を中心に　辻田淳一郎
跋文　銅鏡から読み解く二・三・四世紀の東アジア　實盛良彦

238 ユーラシアの大草原を掘る　—草原考古学への道標

草原考古研究会　編

序言　草原考古研究会

Ⅰ　総説

草原考古学とは何か—その現状と課題向　林俊雄

Ⅱ　新石器時代から初期鉄器時代へ

馬の家畜化起源論の現在　新井才二
青銅器時代の草原文化　荒友里子
初期遊牧民文化の広まり　髙濱秀
大興安嶺からアルタイ山脈　中村大介・松本圭太
アルタイ山脈からウラル山脈　荒友里子
バルカン半島における草原の遺跡—新石器時代から青銅器時代を中心に　千本真生

Ⅲ　冶金技術

草原地帯と青銅器冶金技術　中村大介
草原地帯の鉄　笹田朋孝

Ⅳ　実用と装飾

鹿石　畠山禎
初期遊牧民の動物紋様　畠山禎
草原地帯における青銅武器の発達　松本圭太
鍑—什器か祭器か　髙濱秀
草原の馬具—東方へ与えた影響について　諫早直人
帯飾板　大谷育恵
石人　鈴木宏節

Ⅴ　東西交流

蜻蛉（トンボ）珠からみる中国とユーラシア草原地帯の交流　小寺智津子
草原の冠—鳥と鳥の羽をつけた冠　石渡美江
草原の東から西につたわった中国製の文物　大谷育恵
ビザンツの貨幣、シルクロードを通ってさらにその先へ—四～九世紀
バルトゥオーミエイ・シモン・シモニェーフスキ（翻訳：林俊雄）

Ⅵ　注目される遺跡

トゥバの「王家の谷」アルジャン　畠山禎
スキタイの遺跡—ルィジャニフカ村大古墳を巡る問題　雪嶋宏一
サルマタイの遺跡—フィリッポフカ古墳群を巡って　雪嶋宏一
サカの遺跡—ベレル古墳群について　雪嶋宏一
匈奴の遺跡　大谷育恵
突厥・ウイグルの遺跡　鈴木宏節

239 この世のキワ　—〈自然〉の内と外

山中由里子・山田仁史　編

口絵／関連年表
序章—自然界と想像界のあわいにある驚異と怪異　山中由里子

都市・チャリティ・動物—動物虐待防止条例の成立からみる「香港社会」の形成　倉田明子

香港におけるアヘン小売販売制度の域外市場について—十九世紀中葉のオーストラリアに着目して　古泉達矢

植民地行政当局の下層民統制—三門仔水上居民と船灣淡水湖建設　岸佳央理

言語システムの転換と言語の政治問題化　吉川雅之

「香港人」はどのように語られてきたか——九四〇年代後半の『新生晩報』文芸欄を中心に　村井寛志

香港本土派とは—対中幻想からの決別　張彧暋

Ⅳ　香港研究最前線

香港の財界人たち—「商人治港」の伝統　阿部香織

二十世紀転換期の香港と衛生問題—集権化と地方自治・経済的自由主義のはざまで　小堀慎悟

反爆竹キャンペーンに見る一九六〇年代香港の青少年　瀬尾光平

方法としての新界—香港のフロンティア　小栗宏太

香港における「依法治国」の浸透—「参選風波」事件をめぐって　萩原隆太

235 菜の花と人間の文化史 —アブラナ科植物の栽培・利用と食文化

武田和哉・渡辺正夫　編

総論　アブラナ科植物の現在—今、なぜアブラナ科植物なのか　武田和哉・渡辺正夫

Ⅰ　アブラナ科植物とはなにか

アブラナ科植物と人間文化—日本社会を中心に　武田和哉

アブラナ科植物について　渡辺正夫

植物の生殖の仕組みとアブラナ科植物の自家不和合性　渡辺正夫

【コラム１】バイオインフォマティクスとはなにか　矢野健太郎

Ⅱ　アジアにおけるアブラナ科作物と人間社会

アブラナ科栽培植物の伝播と呼称　等々力政彦

中国におけるアブラナ科植物の栽培とその歴史　江川式部

パーリ仏典にみられるカラシナの諸相　清水洋平

アブラナ科作物とイネとの出会い　佐藤雅志

【コラム２】栽培と食文化がつなぐ東アジア　鳥山欽哉

【コラム３】植えて・収穫して・食べる—中国史の中のアブラナ科植物　江川式部

Ⅲ　日本におけるアブラナ科作物と人間社会

日本国内遺跡出土資料からみたアブラナ科植物栽培の痕跡　武田和哉

日本古代のアブラナ科植物　吉川真司

日本中世におけるアブラナ科作物と仏教文化　横内裕人

最新の育種学研究から見たアブラナ科植物の諸相—江戸時代のアブラナ科野菜の品種改良　鳥山欽哉

【コラム４】奈良・平安時代のワサビとカラシ　吉川真司

【コラム５】ノザワナの誕生　等々力政彦

【コラム６】近世から現代に至るまでの日本社会におけるナタネ作付と製油業の展開の諸相　武田和哉

Ⅳ　アブラナ科作物と人間社会の現状と将来展望

学校教育現場での取り組み—今、なぜ、植物を用いたアウトリーチ活動が重要なのか　渡辺正夫

植物文化学の先学者たちの足跡と今後の展望—領域融合型研究の課題点と可能性　武田和哉

【コラム７】アブラナ科植物遺伝資源に関わる海外学術調査研究—名古屋議定書の発効で遺伝資源の海外学術調査研究は何が変わるか　佐藤雅志

231 中国雲南の書承文化 —記録・保存・継承

山田敦士　編

232 東アジア古典演劇の伝統と近代

毛利三彌・天野文雄　編

アジア遊学既刊紹介

229 文化装置としての日本漢文学
滝川幸司・中本大・福島理子・合山林太郎　編

序言　滝川幸司・中本大・福島理子・合山林太郎

Ⅰ　古代・中世漢文学研究の射程

平安朝漢文学の基層—大学寮紀伝道と漢詩人たち　滝川幸司

長安の月、洛陽の花—日本古典詩歌の題材となった中国の景観　高兵兵

後宇多院の上丁御会をめぐって　仁木夏実

誰のための「五山文学」か—受容者の視点から見た五山禅林文壇の発信力　中本大

Ⅱ　江戸漢詩における「唐」と「宋」

語法から見る近世詩人たちの個性—“エクソフォニー”としての漢詩という視点から　福島理子

室鳩巣の和陶詩—模倣的作詩における宋詩の影響　山本嘉孝

竹枝詞の変容—詩風変遷と日本化　新稲法子

近世後期の詩人における中唐・晩唐　鷲原知良

Ⅲ　東アジア漢文交流の現実

通信使使行中の詩文唱和における朝鮮側の立場—申維翰の自作の再利用をめぐって　康盛国

蘇州における吉嗣拝山　長尾直茂

Ⅳ　漢詩・和歌が統べる幕末・維新期の社会

幕末志士はなぜ和歌を詠んだのか—漢詩文化の中の和歌　青山英正

漢詩と和歌による挨拶—森春濤と国島清　日野俊彦

西郷隆盛の漢詩と明治初期の詞華集　合山林太郎

Ⅴ　近代社会の礎としての漢学—教育との関わりから

明治日本における学術・教学の形成と漢学　町泉寿郎

懐徳堂と近現代日本の社会　湯浅邦弘

Ⅵ　新たな波—世界の漢文学研究と日本漢詩文

英語圏における日本漢文学研究の現状と展望　マシュー・フレーリ

朝鮮後期の漢文学における公安派受容の様相　姜明官（康盛国訳）

越境して伝播し、同文の思想のもと混淆し、一つの民族を想像する—台湾における頼山陽の受容史（一八九五～一九四五）　黄美娥（森岡ゆかり・合山林太郎訳）

あとがき

230 世界遺産バリの文化戦略 —水稲文化と儀礼がつくる地域社会
海老澤衷　編

まえがき

Ⅰ　バリ島研究とそのイメージ形成

「バリ島」イメージの形成と日本　海老澤衷

クリフォード・ギアーツの人類学とその後の人類学的研究　西村正雄

スバック・グデ・スウェチャプラと王朝の伝統　三浦恵子

Ⅱ　バサンアラス村の調査から

スバック・バサンアラスの形態的特質と東アジアの水利社会　海老澤衷

バサンアラス村における神聖と不浄の生活空間　三浦恵子

バサンアラス村の奉納舞踊ルジャン　河合徳枝

Ⅲ　バリ島の世界遺産と農業

バリ州の文化的景観—世界遺産登録の過程と地元農民の期待と課題　三浦恵子、イ・マデ・サルジャナ

コメと倉—バリ島稲作社会の民族考古学調査　細谷葵

バリ島の在来イネ　菊地有希子